U1021296

苏州大学校史丛书

总主编 王卓君 朱秀林

东吴大学史料选辑

（历 程）

王国平 张菊兰 钱万里 张 燕 等编

苏州大学出版社

图书在版编目(CIP)数据

东吴大学史料选辑：历程/王国平等编．—苏州
：苏州大学出版社，2010．4
（苏州大学校史丛书/王卓君，朱秀林主编）
ISBN 978-7-81137-450-6

Ⅰ．①东… Ⅱ．①王… Ⅲ．①东吴大学—校史 Ⅳ．
①G649．285．33

中国版本图书馆 CIP 数据核字(2010)第 073650 号

东吴大学史料选辑(历程)
王国平　张菊兰　钱万里　张燕等编
责任编辑　施　放

苏州大学出版社出版发行
（地址：苏州市十梓街 1 号　邮编：215006）
丹阳市教育印刷厂印装
（地址：丹阳市西门外　邮编：212300）

开本 787 mm×1 092 mm　1/16　印张 23.5　插页 6　字数 600 千
2010 年 4 月第 1 版　2010 年 4 月第 1 次印刷
ISBN 978-7-81137-450-6　定价：45.00 元

苏州大学版图书若有印装错误，本社负责调换
苏州大学出版社营销部　电话：0512-65225020
苏州大学出版社网址　http://www.sudapress.com

苏州大学校史丛书编审委员会

主　任： 王卓君　朱秀林

副主任： 江　涌

委　员： （按姓氏笔画排列）

王书昭　王春元　王顺利　王家宏　叶伟衡　田晓明
白　伦　印其章　朱巧明　朱和生　朱炳元　刘　林
刘有儒　江　村　江　静　芮国强　杨一心　吴融如
何寿春　沈雷洪　宋锦汶　宋肇棠　张云朋　张良田
张学光　张建初　张菊兰　张雪根　陆匡宙　陈一星
陈克潜　杭晓平　罗时进　金　均　周孝谦　周炳秋
周德欣　郑薇青　赵经涌　施明干　姜礼尚　姜建明
姚焕熙　秦和鸣　袁沧洲　袁勇志　夏昌明　顾　钢
顾佩兰　钱培德　徐惠德　殷爱荪　高　敏　高祖林
唐忠明　诸镇南　黄文锦　黄金玉　曹　鄂　葛建一
喻叔英　路建美　蔡衍郎　熊思东

执行主编： 王国平

总　　序

苏州大学的历史，追溯最早源头，自东吴大学创办至今，已经一百多年了。

历史的偶然性往往使人们惊异不已。近代中国第一所西制大学不是诞生在浸润着欧风美雨的上海等沿海大都市，而是诞生在有着深厚的古老历史文化传统的姑苏。对历史偶然性的惊异又总会激发人们对历史必然性的思索。正因为苏州有着上千年崇文重教传统，才会在近代新的历史条件下宽容地接受了一所异质的教会大学。正因为苏州有着发达的科举文化，当甲午战争失败给社会以空前刺痛之时，才会有一群科举士子毅然转向西学以救亡图存，为大学的兴办创造了难得的生源与际遇。正因为苏州不是沿海大都市，在近代社会转型之际，它更少都市的商业喧嚣，以厚重的文化素养使现代大学茁壮成长……

鸟瞰苏州大学的百年历程，名校汇聚，群贤毕至，千帆竞发，如同百川归流，激荡成壮阔的历史长河。1952 年院系调整，苏南文化教育学院、东吴大学文理学院及江南大学数理系合并组建苏南师范学院，不久更名为江苏师范学院。1982 年，江苏师范学院改为苏州大学。苏州蚕桑专科学校、苏州丝绸工学院、苏州医学院又先后于 1995 年、1997 年、2000 年并入苏州大学。星移物换，万象更新，今日之苏州大学正跨越世纪，攀上历史的高峰，前面是更为辉煌的未来。

这套丛书将向您展开苏州大学一百多年的历史长卷。我们希望，她所承载的历史文化积淀，以及附丽其上的历史记忆、历史评论等等，能让您开卷有益。

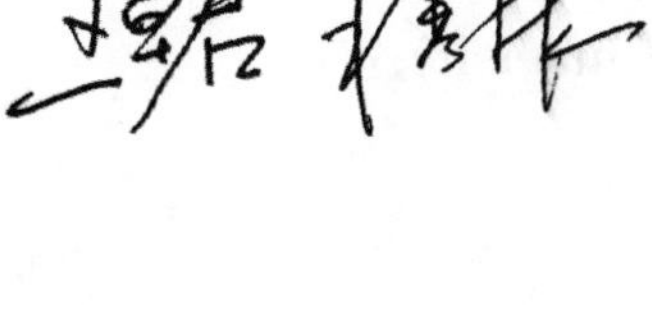

Preface

The history of Soochow University today can be traced back to the establishment of the former Soochow University (1900—1952), one of the earliest universities in the country over a hundred years ago.

Amazingly, the first modern Western university in China wasn't born into the coastal metropolis like Shanghai which had been westernized much earlier, but coincidentally in the ancient city of Suzhou which enjoyed great cultural profundity and historical tradition. This amazing coincidence certainly inspired people to reflect its inevitability. It was Suzhou's traditional homage to culture and education that nurtured an open field to a mission university from the West. It was also its developed Imperial Civil Service culture that enabled a group of Suzhou elite scholars to determinedly turn to Western learning for the survival and revival of the nation after the humiliating Sino-Japanese war in 1894. Furthermore, it was the non-coastal metropolis location that made Suzhou less commercialized during the social transformational period and favored, with its rich cultural attainments, by education pioneers. All these helped to create rare opportunities for an institution of higher learning and its maturity.

The centennial history of Soochow University has witnessed mergence of well-known institutions, assembly of the virtuous, and prosperity of attainments, and continuation flows of historical development. During the national reformation of colleges in 1952, Southern Jiangsu Teachers' College, very soon as Jiangsu Teachers' College was formed on the mergence of the School of Liberal Arts and Science of the former Soochow University, Southern Jiangsu College of Culture and Education and the Department of Science of Jiangnan University. Soochow University was renamed in 1982, and in 1995, 1997 and 2000 respectively, Suzhou College of Sericulture, Suzhou Institute of Silk Textile Technology and Suzhou Medical College were merged into Soochow University. With great changes, Soochow University in the 21st century is renewing itself with each passing day for the peak of its historical glory and bright future.

The book series are opening a demonstrative display of the centennial history of Soochow University. It is sincerely hoped that the accumulation of culture, to which historical memories and comments attached will provide readers a beneficial review of the University.

Wang Zhuo-jun　Zhu Xiu-lin

《东吴大学史料选辑(历程)》编委会名单

王国平　张菊兰　钱万里　张　燕
王丽燕　唐建平　惠　林

东吴大学史料选辑(历程)编辑说明

1. 东吴大学在半个世纪的办学过程中,累积了丰富的历史文献。这些文献主要收藏于苏州大学档案馆、苏州市档案馆、上海市档案馆、中国第二历史档案馆、华东神学院图书馆,以及美国的田纳西州档案图书馆、耶鲁大学神学院图书馆、范德比尔特大学图书馆、艾默里大学图书馆等处。编者拟将已经收集的历史文献按《历程》、《人物》、《教学》、《学生》等分别编辑出版。本书定名为《东吴大学史料选辑(历程)》。

2. 本书辑入有关东吴大学发展历程的校史资料,涉及东吴大学及其前身学校中西书院、博习书院与宫巷书院。

3. 本辑史料按相关学校分别编排,依次为中西书院、博习书院、宫巷书院、东吴大学。

4. 相关史料按其所涉事件的时间先后为序。

5. 所有中文史料均按文字内容原始面貌辑入,不作更动。英文史料辑入译文,不录英文原文。

目　录

再造(1949—1952)

前身院校

中西书院报告（1887 年）

书院的组织、宗旨和管理与去年一样，在此不再赘述。也许陈述一下目前要达到的一些目标及实现它们的方式，就足以说明书院在中国人心目中的情感态度和受资助的情况了。由于这种有利的估计，目前政府对拥有书院文凭的年轻人需求激增，这种文凭我们正计划颁发给学生，许多书院的学生要求充实到政府成立的部门中去，而这些部门需要他们提供服务。我们也可以满意地说，尽管很多学生没有学完全部课程就中途退学，但是申请入学的学生多过退学的学生，因此今年学生数大大超过了我们能承担的范围。我们处于两难境地：（1）需要有教师来满足我们教学的要求；（2）正如上文所提到的一些学生过早退学以加入到政府部门工作。然而这些事实也预示了书院正在朝一个我们所预期的目标健康发展。我们必须要有雄厚的师资力量，随着学生学习程度的深入，班级增多，要求有充足的师资。要是没有教师队伍的扩大，我们就不能满足所有学生的入学申请，这种现象在开学初就出现了。

今年我们限制了招生名额，最多招生 100 名，但数额还是超过了，因为我们发现一些申请者确实很优秀，能直接跟班就读。

一年来，学生纪律很好，尤其在遵守秩序、注重责任、尊敬教师等方面，值得表扬。今年书院的宗教工作开展得比往年都好。一位表现突出的年轻人，他来自朝鲜，目前已经转变信仰，接受洗礼；他表达了成为牧师的愿望，目前正充满热情地全身心投入到崇高事业的准备工作中去，他在学生当中起了榜样作用，并很有影响力，在许多方面产生了良好的效果，通过他积极热情的努力，书院里许多学生已加入社团组织，并进行日常的社团活动，如戒酒会，主要是戒酒、戒鸦片，同时也成立了一个《圣经》学习班，学生可以学唱圣歌，并参加祈祷。所有这些都用英语来交流，通过这种方式既可以使他们增长知识，也可将知识运用到实践中去。这些活动由学生自发组织开展，教师只在社团成立仪式上经邀请才出席，正如邀请函上所表述的那样，是为表示对社团活动的支持，并增加仪式的庄重性。除了上述提到的社团外，书院还有一个由一位教师主持的定期的周祈祷会。周日早晨，在书院教堂里有一个主日学校，使用英文教材，还提供其他主日学校的文献资料。许多学生转变了个人信仰，这将引导他们接受基督教，并公开承认自己是基督徒；但由于家人反对，有时甚至是用很粗暴的方式反对，这些学生的信仰问题还未最终解决。在我们事业的这个阶段，尤其当出现上述情况时，我们应该虔诚并有耐心。

一年来，我们增添了不少仪器及其他必需的设备，但远远不够，在此就不一一陈述了。随着需求的增长及资金方面的允许，我们将不断增添设备。

在其他项目中我们计划聘请 4 ~ 5 名本地教师，这将很快得以实现，因为聘请这么多的教师一年也只需 600 ~ 750 元。

迄今为止一年来的收入情况如下：

春季及部分秋季学期的学费	$1 350.00
住宿费,课本费等	123.00
	1 473.00
同期支出	464.40
结余和书院在银行的存款盈余(每年增长)*	$3 600.00

* 注:在本年度结束前,由于要偿付债务,这个数目将减少到大约2 500元。

秘书林乐知敬上

会计冯昌李

Minutes of the China Mission Conference of the Methodist Episcopal Church, South.

中西书院报告（1888 年）

书院成立将近 7 年了。在组织管理特色方面并没有明显的变化。注册登记的学生刚好 108 名。

汉密尔顿(Dona Hamilton)小姐已经在负责一、二年级,共四个班级。一年来,她的注册本子上登记了 110 名学生,在春季学期末,一个班级的学生已经升入到下一年级,以便为刚入学的学生腾出空间。这些班级的学生从英语初级读本开始,已经在初级的阅读、语法、写作、算术和生理学方面取得了不同程度的进展。

露娜・H. 利普斯康(Lula H. Lipscomb)小姐教三、四年级,也是四个班级。她报告说有 53 位学生注册,其中一些来自低年级,从而这部分数字被统计了两次。这些班级在英语语法、写作、历史、地理、算术和书法等方面都取得了令人满意的成绩。

两个新增的班级由我自己来教,只有 10 位学生。这些学生中有 2 位目前留在学校。其他的,除 1 名学生外,都陆陆续续地走掉了,有的是为了在海关做职员,有的是为了在政府开设的学校拿奖学金,或者是自己去经商了。例外的那一位是尹志昊,是一位朝鲜人,最近离开书院去美国范德比尔特大学继续完成他的大学学业。

高年级的学生已经在学习英文写作、修辞学、历史、化学、物理学、天文学、几何学和生理学。

选择参加周六、周日学习的所有学生将定期接受宗教指导。许多学生在这些课程中显示了极大的兴趣;很多迹象表明,圣灵以其令人信服的能力,已经使得一些学生开始改变信仰,笃信上帝。

至少有 6 名学生明确表示要皈依基督教,其中 3 名在经过一段时间的考察后,于 1887 年 10 月 10 日接受洗礼,加入教会。另外一名成为南方浸礼教会的成员,剩余的 2 名学生,由于遭到他们父母及亲朋好友的强烈反对,认为权宜之计是推迟宣布他们的信仰皈依。他们也被列入考察对象,我们祈祷上帝会帮我们加快扫除障碍,为这些学生及更多的年轻人神圣的信仰开辟道路。

书院的课程仍然沿用原有课程。由于很少有学生在四年之后能留下来,因此设置更高层次的课程比较困难。在掌握了一定的英语基础之后,如果学生及其家长仍然对所取得的成绩感到不满意的话,他们便会失去继续读书的耐心。一有机会获得即使是中等收入的工作,他们便会离去,只要他们一想到银元就在眼前,他们内心就在说"去挣吧",而将学校的反对和意见以及个人的爱好置之脑后。

大部分学生来自商业阶层,这个阶层似乎没有人愿意接受高层次的文学教育,甚至不愿学习中文,并且他们有些人根本不喜欢学习中文,愿意付双倍的学费全天学习英语基础入门,而不愿意花半天时间学习中文。

未来,书院需要本地学者的加入,他们必须在自然科学和数学方面接受过良好的培训,但至少目前尚未感到有此必要。然而通过配备齐全的设施,增加优秀的数学教授(包括理论数学和应用数学),就可有助于显示我们高级课程的优势,从而满足上述的需求。

除了刚刚提及的需求外,目前拥有的外籍教师已能满足手头的工作。至于中文部,没有什么特别要说的。主要由威望高的中国教师和指导教师宋先生主持,这个部门已经赢得了一定的声誉,也获得了不少赞助。

在春季期间,由于宋先生持续几周的重病,中文部在纪律和发展方面遭受了相当的损失,并有所退步;但自从他恢复后,往常良好的秩序和勤奋现象又回来了。这名老先生是一个虔诚的基督徒;但年龄已达 81 岁,他的体力和健康状况正在下降,由于这个原因,要是没有其他合适人选,最好准备派人来监管中国教师和他们的工作。

书院设备还不够,缺少一架天文望远镜及其他一些工具仪器;但是一年来我们已经增添了不少物理和化学设备,也收集了 300 种标本、样品,作为地质学和古生物学的教学之用。

会计的财务报告将说明书院的财务状况和前景。

代理校长冯昌李敬上
1888 年 10 月 10 日

上海中西书院财务状况汇报(1888 年 10 月 1 日)

现金收入	墨西哥元	
1887 年结余	1 254.50	
迄今为止学费	1 516.00	
住宿费 175.50;课本费 283.26	458.76	
捐助	178.60	
杂费	60.89	3 468.75
现金支出		
外籍教师工资(1)	911.87	
学校物资	249.51	
目前支出和本国教师工资	680.41	
设备和实验室	864.55	
维修和改善	113.89	
杂项	70.18	
纪念册	25.00	
健身房	20.00	
办公用品	5.00	
收益和损失	1.00	2 941.41
迄今为止现金结余	$527.34	

投资于定期存款的资金,5%的利息,1 679.86 两 =2 183.81 美元

中西书院会计冯昌李
1888 年 10 月 1 日,上海

Minutes of the China Mission Conference of the Methodist Episcopal Church, South.

中西书院（1889/7/25）

我很高兴地汇报，一年来书院又成长了不少。今年取得了不一般的进步与发展。注册学生为158名，平常的出勤数是146名。许多人申请入学，但由于他们申请加入的班级名额已满，所以不能接受他们，初级班已经满员。

书院的特色和宗旨、组织、课程和方式等显示了书院的特点，此不赘述，这是众所周知的。其中有一个特色，尽管已在春季学期特别介绍，但是还要再说说。如何使用奖学金的参照标准已经制订完毕。设置奖学金的目的是为来自不同差会的、逐渐增多的学生减轻负担和提供帮助。有一批聪明、勤奋的年轻人到目前为止都只缴纳一半学费，但是很明显我们不能再通过那种方式从上述基督教资源中获取足够的资金来满足了。因而求助于上述体系，这将有助于提高基督徒的教育水平，因为通过这种方式他们的孩子将会是最大的受益者。上个学期，21名这种情况的学生入学，我们希望能维持一个持续的班级，并希望每年都能增加这样一个班。为了实现这个目标，也有必要扩展我们的教师队伍，尤其在初级，我们正采取措施训练和考核一批更高层次的学生，但是他们工资的支付将超出我们书院的收入额度。目前正在考虑，也许完成这个目标的最好方法，正如会督和董事会已经认识到的那样：教会的职责是给书院提供必要的外籍教师；同时让书院留下收入，自由支配，用于诸如此类的发展之需。在这一点上，也许留出一部分资金用于工作人员和目前外籍教师的服务的奖励会更合适，他们每一个人都值得给予最高的奖赏和补偿，因为他们对工作忠诚而不知疲倦。学生们非常感谢利普斯康和汉密尔顿小姐为他们提供了许多宗教方面的指导，而由他们创办的"禁酒会"也组织了很多与之相关的有益活动。

一年来有20名年轻人表达了他们想与教会保持紧密联系的愿望，另外2名经过预先考察，已经接受洗礼加入教会。

出席主日学校和布道仪式的人很多，在仪式中仍旧有许多学生团结、热心，但是由于家庭的阻拦，虽不能公开信仰，但与教会保持密切的联系。

图书馆增添了大量的图书，大约有200册。

校园和宿舍里增添了不少设备，环境得到了极大的改善，所需费用总额达2 000美元以上，所有这些由书院收入支出。

关于书院的财务账目由会计做好了，附在报告后面。

感谢上帝庇佑，祝愿大会圆满成功。

校长林乐知敬上

1989年12月11日

财务状况

（上海中西书院，1889 年 7 月 20 日）

收　　入	墨西哥元
去年报告中结余	527.34
学费（看注释）	1 389.00
收益——定期存款	2 396.27
奖助学金捐助	971.80
课本费	229.85
住宿费	59.00
利息和杂费收入	46.02
总　　计	5 619.28
支　　出	
维修与改善	2 127.83
目前支出	843.10
利普斯康小姐工资	986.18
学校供应	263.23
T. H. Yun 贷款	271.60
学生膳食	146.45
杂费	115.39
仪器设备	88.58
图书	21.20
试验设备	7.20
纪念册	5.60
办公用品	3.80
去年报告中失误	7.89
目前余款	731.23
总　　计	5 619.28

注：大部分的学费已计入去年的财务统计中，已在 1888 年的年议会记录中出版。

中西书院会计冯昌李
1889 年 7 月 20 日，上海

Minutes of the China Mission Conference of the Methodist Episcopal Church, South.

中西书院年度报告（1889—1890年）

书院又度过了成功的一年。登记注册的学生比去年多,但是出勤数仍然一样,即注册了162名;实际出勤的有146名。申请读初级班的学生总是超出我们能容纳的范围,一年来,由于外籍教师缺乏,其中一名高年级的学生来帮忙做助教,虽然学生们在一定程度上对本国教师授课有异议,但书院并未因缺少外籍教师而受到一点影响。

我们已经订购了大量需要增添的设备,目前自然科学实验室急需的设备也得到了及时的补充。

一年来,书院学生的宗教热情很高,目前各种宗教活动的出席率令人满意。大约有5名学生进入试用考察期,还有5名学生已接受洗礼,加入教会。书院满足了中国人的需求,在外籍教师方面,我们配有能干的师资,他们给传教事业提供了非常有效的服务。

书院的财务状况良好,由财会提供财务报告。

校长林乐知敬上

1890年10月16日,上海

中西书院财务报告

（1890年7月31日）

收　入	墨西哥元
去年结余	731.23
学费	1 984.00
差董会拨款	960.49
奖助学金捐助	675.22
书本费和学校物资	191.01
住宿费	77.50
银行存款利息	27.66
杂费	19.50
总计	4 666.61
支　出	
目前支出	1 074.26
英语助教	332.00
学生膳食,奖学金	247.10
维修与改善	166.30

课本和学校物资	269.73
仪器设备	512.12
杂费	117.48
图书馆	57.40
实验设备	30.48
W. M. Society 特殊支出 25 美元	30.73
Liang Kwe Fong	30.00
办公设备	3.00
总计	2 870.60
现有余款	1 796.01
	4 666.61

错误或遗漏不在此限
中西书院会计冯昌李
1890 年 10 月 10 日,上海

Minutes of the China Mission Conference of the Methodist Episcopal Church, South.

中西书院报告（1890—1891年）

书院又度过了比较成功的一年。本地师资力量有所加强，在外籍教师方面有一些小变化，他们在工作、纪律和成果上都取得了令人满意的成绩。

书院招到学生172，出勤人数为161，比去年有所进步。其中大约有17名学生或多或少地获得了奖学金的资助。同时，值得注意的一点是，许多来自上海学校申请加入我们学校的学生，因为他们已有了一些基础，因而能直接插入各班，刚好填补了那些退学的名额。

书院宗教的影响继续维持。各种宗教仪式的出席，除开始与结束仪式外，其他都是自愿的，同时在主日学校、布道仪式和平常的祈祷会上有很多学生参加。一年来有13名学生加入教会，其中2名是通过信件，2名通过公开表达信仰，9名通过洗礼。其中后者有1名是教师，获得文学学位。令人满意的还有我们高年级的1名学生，他已获准成为一个布道者，他工作认真，充满激情，不仅在学生当中，而且在街道教堂和其他地方都起了很好的作用。

大多数学生学习的目的是从商，但是也有不少学生期望能从事社会公共事业。据估计至少有200名学生受雇于政府部门，从事于中西文化发展方面工作——在外国公使馆、领事馆、海关、电报和铁路部门，也有在教育系统工作的。新近成立的技术学校，也迫切要求我们培养专业学生，为政府企业提供合格的中国经理和主管。

但是不管他们的目标是什么，我们要让他们深刻地了解到，在我们学校读书，不仅要学习我们先进的文明，而且特别要学习基督真理。

书院的自然科学设备比较充足，目前还没有增添的必要。坐落在上海，自然科学部门师生在任何时候都比较容易得到，也很方便，我们发现几乎所有科学的实际应用设备和展示说明都能迅速获得：如煤气、电灯、水管，化学实验器材，电报、电话办公室，所有种类的机器和蒸汽的应用，一个自然历史博物馆，等等。

在一系列显著的成就中，两件事情得提一下。第一，我们开始感觉到要增加更多的空间（主要是英语部）作为教室、实验室和存放仪器等，有人提议，将原本用作书院教堂之用的大房间空出，以满足上述需求。并尽可能在校园内建立一幢独立教堂建筑，既供部分本市的教徒使用，也可用来作为书院的平常礼拜之用。目前书院掌握的大量余款，加上母会给予的资助，将使我们不难实现上述的计划，在设施上得到很大的改善。第二，总会已采取措施给我们书院及其他学校颁发许可证。若这个计划能成功的话，我们在这里的工作将建立在更持久的基础上，并将永久地提升它的影响力与能力。书院的财务状况良好，将在报告后附财会的报告。

校长林乐知敬上

中西书院财务报告

（1891 年 7 月 31 日）

收　　入	墨西哥元
去年余款	1 796.01
学费	1 822.00
住宿费	103.00
课本费和学校物资	149.65
奖助学金捐赠	194.71
银行利息	42.61
总计	4 107.98
支　　出	
现金支出	835.44
课本与学校物资	316.12
学生膳食（奖学金）	166.13
维修与改善	77.30
杂费	77.20
英语助教	18.00
实验室设备	16.40
仪器设备	16.94
税收	16.46
Waters 夫人返还的捐助	70.00
固定存款	2 000.00
小　　计	3 609.99
上年余款	497.99
总计	4 107.98

错误或遗漏不在此限

中西书院会计冯昌李

1891 年 10 月 1 日，上海

Minutes of the China Mission Conference of the Methodist Episcopal Church, South.

中西书院报告（1891—1892 年）

本书院度过了令人满意的一年。学生的出勤数与去年差不多，即 162 名，但是由于受益人更少了，收入相对增加，达到了 2 500 多美元。我注意到本地教师构成有了很大的改进，从而相应提升了中文部的工作质量，纪律也更好了。同时，书院的基础设施改善不少，大约需 1 000 美元的支出，图书馆也增添了大量有价值的中文书籍，大约有 3 000 册。

书院的宗教特征仍然保持，一些学生和年轻人已表明想成为基督徒的愿望，但由于他们一般在书院里的时间有限，书院无法在他们离校之前完成对他们的考察。

书院的财务状况良好；有一笔余钱存在银行里。请参阅财会的报告。

校长林乐知
1892 年 7 月 18 日

中西书院财务报告
（1892 年 8 月 31 日）

收　　入	墨西哥元
去年余款	497.99
学费	2 340.00
课本费等	142.65
住宿费	111.00
捐赠	286.51
银行利息	12.14
总计	3 390.29
支　　出	
现金支出	782.50
学生膳食（奖学金）	118.26
学校物资	166.51
杂费	182.03
维修与改善	1 054.10
税收	330.89
H. L. Gray 膳宿	200.00
Tsong Kia－tsing	150.00

图书	188.00
体育馆	10.00
仪器	5.00
实验设备	6.85
上次计算误差	5.85
假钞的损失	6.00
总计	3 205.99
现有余款	184.30
	3 390.29

错误或遗漏不在此限
中西书院会计冯昌李
1892 年 9 月 8 日,上海

Minutes of the China Mission Conference of the Methodist Episcopal Church, South.

中西书院报告（1892—1893 年）

一年来共有 175 名学生在书院就读。秋季学期有 83 名学生，他们一直由指派的 2 名外籍教师上课。春季学期有 52 名学生，他们在秋季学期回来上课，同时我们招到 91 名新生，因此春季学期共有 143 名学生。大约有 60 名学生是初学者；另外的学生已在别的学校或多或少学过英语，就插班上课。

在这些学生中，一些聪明的学生喜欢他们的课本，学习好，进步也快。一些普通学生能跟得上班级课程，而剩下的学生学习进度很慢，不喜欢读书，占用了教师很多的时间和精力，并拖了整个班级的后腿。

就在春季学期开学后不久，W. J. Callahan 从日本写信要求成为书院的教师。我们认为他一定会来，就招了许多学生。但他没有来，而招来的学生得有人教。一名年纪大些的学生被选为班长，在他的帮助下，1 名教师能教 100 多名的学生，尽管这名教师不得不加班给新生上课。在这种情况下，书院工作一直进行到 6 月 1 日，就在那时施多德先生（Studd）作为助教加入到我们工作中来，直至学期结束，而那位学生班长则留在中文部任教。

在春季学期有 3 名学生只学习英语，还有 1 名只学习半天英语。其他所有学生都是半天学习英语，半天学习中文。

几年前招收了一批在膳宿和学费方面得到资助的学生。经过一段时间的试验后，这种计划被取消了。只有 1 名学生目前接受膳宿资助。如果他们不住宿，一般有 10 ~ 12 名学生学费得到减免，如果他们住在学校，那么学费和租金都要缴。他们（学生）一般能负担伙食费，最好能如此。在某些情况下学费的减免适合每个人，主要由学生的成绩所决定。

关于书院的财务报告令人满意，一年来收到了大约 2 500 美元的学费。从美国朋友收到的奖学金则很少。

宗教指导定期举行。教师和学生在开学和学期结束时每天都参加宗教礼拜。日常的课堂教学为教师提供了传授道德和基督真理的机会。书院被认为是教会学校，是一个通过训诫和榜样作用传授基督教的地方。

主日学校和布道及周三祈祷会定期举行。参加仪式的学生除了住校生外都是志愿的。他们一些人周六回家或者去他们的朋友家，直到周日晚上或者周一早上回来。所有不出去的学生要求参加所有的宗教仪式。出席率远远低于所期望的。出席人数 25 ~ 50 不等。有些学生在其他教堂参加礼拜。幸运的是宗教指导并不仅仅在礼拜日举行。

只有两名学生进入考察期，没有人接受洗礼。部分学生本来已被列入考察者名单一段时期，但由于他们来自其他教派的基督教家庭，根据过去的经验，我们认为最好不要让他们加入教会。仅仅由学生组成的教堂很难管理，因为他们的流动性比较强。多年前我们希望在书院旁边建造一所教堂，成员由男、女教徒和小孩组成。当然也有牧师，他不是书院里的教师。今年，代理校长负责管理书院，他每天都有教学任务，在主日学校教一个班级，每个周日布道，主持周三的祈祷会。这对学生来说并不是最好的，对他本人来说也不好。

许多学生的生活发生了显著的改变，虽然他们并未公开信仰基督，但是已经很明显，上帝已在他们心中撒好了种子，并将长出果子。

只有上帝知道真正的结果。

图书馆增添了一套完整的最新的百科全书。今年被借阅的书很少。

去年冬天，我们就担心将失去老宋(Sung)先生的帮助，他自书院开办一直与我们在一起。体力不支不允许他再上课了，但是他可以负责招生工作，照看中文部等等，仍全身心投入到工作中，对工作充满了热情，已为书院服务了12个年头。

我们希望他能继续工作几年。

总的来说，这是成功的一年，能与前年相媲美。

上帝将护佑书院。

代理校长刘乐义敬上

中西书院财务报告

(1893年8月31日)

收入	墨西哥元
去年余款	184.30
学费	2 630.00
住宿费	133.75
幸福街道学校捐赠	85.85
银行存款利息	23.00
杂费	2.00
总计	3 058.90
支出	
现金支出	796.50
助教	112.50
税收	130.87
杂费	149.54
学生膳食	70.50
学校物资	44.62
维修与改进	23.43
图书馆	76.14
仪器设备	40.00
饥荒救济	25.00
总计	1 469.10
现有余款	1 589.80

3 058.90

注：课本费，并未计入收支项中。

会计冯昌李

1893 年 8 月 31 日

Minutes of the China Mission Conference of the Methodist Episcopal Church, South.

中西书院报告（1893—1894 年）

我很高兴汇报书院又度过了成功的一年。登记的学生有 141 名，说明社会上报考书院的人还是比较多的，同时班级和出勤学生的品德令人满意。去年秋季，我们教师队伍和教学设备得到了大大的增强，增加了玛丽·艾伦（Mary L. Allen）小姐和 T. H . Yun 先生，玛丽·艾伦（Mary L. Allen）小姐是由差会派遣的，而 T. H . Yun 先生是书院以前的毕业生，受聘于书院。

在秋季学期，鉴于刘乐义先生健康状况不佳，很有必要减轻他的负担，我们征求了冯昌李教授的意见，他也很乐意接替刘先生的工作，在这学期尽可能地监管班级和学生。由冯昌李教授接替他的工作。

报告后附有财会关于书院的财务报告，财务状况良好——在满足所有的经营支出，预留 500 墨西哥元用于在美国租界内建立一座新教堂外，现有余额 898. 75 墨西哥元。此外，在银行有定期存款 2 304. 22 墨西哥元，这个数额包括了去年留下的余款。

一年来我们在维修和改善方面做了一些改进，目前，也许除了宿舍楼需要彻底整修外，各方面都处于良好的状态。目前中文部只有一间教室和宿舍，因而我们确实需要增添一幢新的教学楼，以满足中文部教室和宿舍的需要。

每年很多学生被吸收到中国政府办的技术学校，这些学校主要依靠中西书院及类似的教会学校为它们提供合格的学生。今年我们提供了 11 名学生——7 名到北洋医学堂（the Imperial Medical College），4 名到天津的中国电报学堂。我们经常收到来自中国的或者外籍负责人的信，最令人满意的报告是关于他们的个性与进步，以及在离开公办学堂时所表现出的优良品行。就在几天前，收到一篇报道，侧重于夸奖他们的良好品行，赞美书院学生质量和教学工作，我们迫切希望能在这方面给公办学校以更多的帮助。

我们留意到与此相关的一件事，此事对我们将是非常重要和有意义的。随着许多教会学校的学生和信仰基督教学生的增多，政府试图尊重他们，并授予他们过基督安息日的权利，他们可以利用安息日参加主日学校及在国立学校附近的差会教堂的活动。我非常高兴提到这个事实，因为这似乎意味着有宗教信仰的学生一毕业，政府就开始承认和授予他们宗教自由。因而随着我们学生在政府部门服务中的突出表现，这将对所有的基督徒带来最大的好处，他们在人们心目中的地位将大大提高，这对传教事业也将是一个很大的好处。

美国租界的一所教堂——从一开始我们就期望有一所附属于书院的教堂，如上所述，已专门预留 500 墨西哥元。迄今为止，宗教仪式已定期在书院教堂里举行，但是却不能容纳外面的人来做礼拜。给书院在人口密集的美国租界内提供这样的一所教堂，它将成为母会和妇女会的福音和学校的发展中心。因此，我们期望这里的教会和母会能快速筹集资金提供足够的设备——书院和总体的传教工作都需要，而这已得到了大会的一致认同认识（参阅去年的会议）。

校长林乐知敬上

1894 年 10 月 10 日

财务报告

（监理会中国差会中西书院 1894 年 8 月 31 日）

收　入	墨西哥元
去年余款	1 589.80
学费	1 895.00
书本费等	340.85
盖韩伯，Loan Ret'd	216.00
住宿费	98.00
杂费	4.50
总计	4 144.15
支　出	
助教	425.00
设备仪器	100.00
学生膳住	48.65
现金支出	877.00
虹口教堂基金	500.00
杂费支出	234.12
维修与改善	610.11
学校供应	434.19
税收	16.33
总计	3 245.40
现有余款	898.75
总　计	4 144.15
以上余额	898.75
银行固定存款	2 304.22
共　计	3 202.97

错误或遗漏不在此限

中西书院会计冯昌李

Minutes of the China Mission Conference of the Methodist Episcopal Church, South.

中西书院报告（1894—1895 年）

今年是书院历史上平常的一年。注册学生 152 名，仅略微超过去年，随着学生数的增加，我们的收入相应增长。校园里的建筑以及周围土地都得到很好的修缮和维护，书院又从历年所累积的盈余中拨款 3 600 墨西哥元，新建了一所住宅。对书院而言，这所住宅不但有用，同时也是必须的。

书院财政——来自学费和住宿费的收入除支付外籍教师薪水外，已足够满足书院的经营支出，还留下一小部分余额和银行的定期存款。具体请参阅会计的财务报告。

一个严重而又紧迫的问题摆在书院面前，那就是如何保持一支合适的教师队伍——中国和外籍教师都存在这个问题。外籍教师经常流动，不稳定，看来是不可能来改进了。就我个人而言，在过去的三年，我一直在搜寻年轻有为的人来担任书院的院长职务。

学院的当务之急是组建一支稳定的教师团队，他们有能力也非常愿意为促进书院的进一步发展而努力。只有等到那些负责传教事业的领导者真正认识到此事的重要性后，这个问题才能得到圆满的解决。这显然要越快越好。

一年来已经有 2 名教师退休——即冯昌李教授、T. H. Yun 先生，Allen 小姐将在这个月末退休。Yun 先生的位置由一个不错的小伙子代替了，他是曹子实先生的儿子，C. K. Marshall 的别名叫曹子实；但是其他 2 个退休教师的位置有待于充实，校长位置也是虚位以待。我们希望能够尽快找到合适的人选，而留给我们的时间很紧迫，因为我们认为书院的未来和发展前景，应该成为推动中国进步的新动力之一。

几年前我们曾尝试统一差会的教育工作，并试图按照章程实施合并，但是这个想法在差会一直处于初始阶段，这一计划如今似乎也被差会所遗忘。如果没有其他什么事可做，那么至少应该像国内类似的学校一样，允许书院成立一个董事会。

另外一件事不能不强调一下，就是急迫需要在美国租界内建立一所教堂，服务书院以及附近人口密集的社区。这已经得到了书院的部分捐助，现在希望我们国内能快速采取措施，给我们提供大量的急需的设备。

关于书院与目前教会、国家需求之间的关系本应说说，但是我想事实就摆在那里，相信各位都已知晓了。如果得到以上我提到的援助，那么我可以预言书院的未来一定与时代共进步，能够随着这个伟大国家的发展获得最大的利益，在上帝的光辉照耀下，将促使差会工作获得成功。

书院的财务状况，请看会计提交的财务报告。

校长林乐知

9 月

监理会中国差会中西书院财务状况

（1895 年 8 月 31）

收　　入	墨西哥元
去年余额	898.75
学费收入	2 027.00
住宿费和土地的租金	124.00
课本费	218.50
学生膳食	40.00
S. M. M 税	130.83
冯昌李　售仪器所得	110.00
退钱	1.60
幸福街道的学校	127.00
部分定期存款	1 419.43
H. & S. 银行利息	47.41
总收入	5 144.52
总支出	4 521.91
余额	622.61
支　　出	
助教，英语部	32.00
学生膳食	61.00
学校物资	296.51
现金支出	813.35
杂项支出	159.14
维修与改善	145.21
居住楼和林乐知先生住所的维修	75.90
新居住楼的承包商	2 400.00
校役住房和新居住楼的杂项支出	250.00
总计	4 521.91
以上余额	622.61
银行定期存款	1 000.00
共计余额	1 622.61

错误或遗漏不在此限

中西书院会计刘乐义

Minutes of the China Mission Conference of the Methodist Episcopal Church, South.

中西书院（1896/7/31）

在上届年议会上，我被亨德瑞克斯（Hendrix）任命为书院监院，11 月份我来到上海开始工作。

在我到达学校时，我发现书院有六七十名男生。秋季学期，总招生数大约是 85，但正如往常一样，他们中有些人中途随时会以各种各样的理由退学。

除了我一开始就担任的教学任务之外，我还开始着手改善学生的膳宿条件。大部分被闲置的宿舍几乎处于荒废的境地，非常脏，到处都是灰尘，门要么没有安装铰链，要么就锁死了；窗户大多数没有玻璃，只用木板代替或者就用纸糊上，而餐厅也完全处在被弃用状态，20 多名学生睡在那里，前提是要在校外饭馆吃饭。

我立刻尽我所能着手修复宿舍，共花费了 250 美元，把原先低矮的楼梯增高，换上新的楼板，旧的已腐败了，窗户安装了玻璃，门安装上铰链，将木板漆上漆，粉刷了墙壁等等。

在充分了解学校的基本情况后，我在学校总体政策上做了些必要的调整，如课程学习、学生管理等方面。

春季学期在 3 月 2 日开学，结束于 7 月 25 日，共有 213 名学生，我们的接纳能力已经达到了最大的限度。所有能用的房间及其每寸空间都被我们用来做教室、宿舍、餐厅等。几间在教学楼里长期废置的房间，或者堆放杂物的房间，都被打扫干净，装修好，配上桌子和椅子给学生用。我们作了所有努力尽可能留下申请入学的学生，但还有部分学生不能入学。

除以往的常规课程如英语、中国古典文学外，我又增设了自然科学、数学、地理和教义阅读（Christian books）课程，这些课程都用中文教学。大约 90 名学习这些课程的学生现在正在学习算术、几何和地理，基础科学，天道溯源等。我希望将这项工作持续逐步推进，直到书院大部分的学生使用中文学习常规课程，这样一来，学生们既能够学习他们迫切希望掌握的商务英语，还可以接受真正的教育，从而为他们日后能够在中国国内刚刚启动的改革运动中发挥重要作用做好准备。如果这一政策能够正确执行的话，那么类似我们书院这种性质的教育机构将会获得更多的发展机会。然而，要想掌握真正有价值的知识，非常重要的一点就是引导学生使用他们自己的母语来学习自然科学和数学等课程。因为，对一个普通学生而言，要用英语学好这些课程，首先必须花费很多时间学英语；而一旦他们英语水平达到这一程度，90% 的人将会退学离校，凭其学到的英语知识去谋生。

教学工作由刘乐义、潘慎文夫人及我自己来做，戈达德先生（Bro. Goddard）有时也会帮忙。同时还有 3 位会说英语的中国人来帮助我们教基础英语，4 位本土教师教中国古典文学。

夜校从 3 月中旬开始一直持续到现在，学生住在书院附近，一些校外学生每天晚上学习约 2 个小时。晚上 5 间教室供学生使用，3 间教室用于中文教学，2 间用于英语教学。潘慎文夫人和我在1名学生的协助下，每天晚上负责英语教学，而中文班则由中文教师负责。

对三楼进行粉刷、安装日光灯等装修改善后，目前有了3个比较舒适的房间，其中一个用来做学生的阅览室，另外一个被用作实验室的一部分，第三个目前将被用作车间。在北角搭建了一个可以自由移动屋顶，我在那放了一架望远镜，可以很好地观察天象，这架望远镜是冯昌李（Bro. Bonnell）为书院弄到的仪器。

随着书院的发展，目前有三项比较紧迫的事情需要我们去做。

1. 我们需要更多的更好的宿舍空间。我们拥有的房间不仅在数量上而且在质量上，都远远不够。

2. 在校园周围我们必须有一堵更高的更坚固的围墙。目前我们低矮不牢固的围墙不能阻止学生夜里外出，在任何一处都可以爬墙出去，特别是靠着墙间隔种植的树，正好为他们创造了条件。

3. 我们非常需要一座教堂，不仅能繁荣当地的传教事业，而且也可以为其他需要的人使用。

我希望这些事情能在差会和美国方面的帮助下实现，我们将制订出计划来实现这些改进，这些改进非常必要。

学校财务报告如下。

监院潘慎文

中西书院财务状况

1896年8月31日

收　入	
去年结余	$622.61
学费、膳食费和住宿费	4 797.54
书本费	316.10
仪器费	165.00
密苏里教会厄普卫司联盟会	63.83
幸福街道学校	55.40
空地的租金	42.00
总计	6 062.48
支　出	
膳食支出	1 083.85
教师与佣人工资	1 393.90
刘乐义住房的结余	720.29
书本	483.90
修缮	788.91
学校物资与杂项	430.39

税	55.62
希尔先生(M. B. Hill's)到美国的费用	657.62
总计	5 614.48
盈余	448.00
F/D 款项 1 000 美元	6 062.48

会计潘慎文

Minutes of the China Mission Conference of the Methodist Episcopal Church, South.

中西书院（1897/8/31）

刚刚过去的一年是书院丰收的一年。招到学生244名，包括15名夜校的学生和约25名基督教徒学生，他们被允许缩短学制。在秋季和春季两学期很多申请就读的学生被拒绝了，因为我们实在没有足够的教室容纳他们，也没有足够的师资来教他们。

总体上来说，学生在学业上取得了满意的成绩。书院有史以来第一次能够让全校学生都学习数学和中文。我决定在今年的春季学期强制推行这项政策，令我感到惊讶的是他们都比较适应这项政策。这先行的一步对以后我逐步要推行的政策，即让全体学生系统学习中文和英语，是重要的一环——用中文学习数学、自然科学、基督教义等课程，英语只作为其中一门课程，而此前英语则是除中国经典以外的一门主课。

除了全校学习数学外，约45名学生正在学习完整的中文和英语课程。秋季学期开学时这批学生又增至65名。这些学生正在学习数学、物理、化学、地理、生理学和基督教义，除英语和中国经典外，全用中文教学。我们期望通过这些安排能使他们在学习英语的过程中，学到真正的知识，受到精神熏陶。

我相信：虽然一大批学生来自非基督教家庭，但是书院的基督教氛围浓厚，因而基督教影响是占主导地位的。书院有30多名基督徒学生和大约20名被考察者，连同基督徒教师（14名教师除了2名外，都是公开的基督徒），在学校里形成了良好的风气，这肯定对大多数学生产生了好的影响。

这一年各种宗教活动正常，有布道、主日学校、厄普卫司联盟会（The Epworth League）、基督教青年会组织、祈祷会、考察会、妇女会、布道会，等等。我们树立了信仰者的信念，引导学生及其他人掌握耶稣真谛。我们感到上帝在佑护着我们，相信他确确实实存在着。

我们有14名教师，其中3名外籍教师，11名是本国教师。外籍教师队伍包括刘乐义、潘慎文夫人和我自己，同时在春季我们得到了科利尔夫人（Mrs. C. T. Collyer）的帮助，她正在等待合适的时间去朝鲜。

孙乐文夫人帮我们教了大约2个月的英语课，鲁宾逊先生（Mr. Robinson），一名独立的传教士，帮我们教了大约4个月，每月付他工资50美元。毕理（Brother Pilley）在春季学期的最后一个月，也给了我们宝贵的帮助。在中国教授当中，其中4名专门教授中国古典文学，2名专门教英语，1名是临时的助教，其他几名教师都毕业于博习书院，教数学、地理、自然科学、基督教义、中国古典文学、英语等。夜校今年一直保持着，我和夫人负责英语课程。

去年秋季，又增加了一幢宿舍楼，并准备春季学期开学时使用。这幢楼花费了2 495墨西哥元，可提供60个床位。原先宿舍楼的底楼打通了5个房间，经过装修粉刷好，被用作餐厅，尽其所用。尽管相比原来的小餐厅改进不少，但这也是临时凑合着用的，我们一直准备将房子装修好以满足实际需求。

我再重复一遍去年报告中提到过的一件事，我们迫切要有一所教堂。由于目前的困境,我们的教会成员不能再发展。只需2 500美元(黄金)就可以给我们建造一所很好的教堂了,这将大大促进我们在上海传教事业的发展。有谁愿意为这项重要的神圣的工作捐助?

在美国的一些朋友设立部分奖学金,我愿意就这方面多费些笔墨来谈论。有很多优秀的学生负担不起膳宿费与学费,他们有些是基督教家庭出身,有些是传教士子女。他们如果得到国内一些朋友的资助,接受5~6年的教育,将会在他们的同胞中发挥巨大的作用。资助一名大学生每年需费用25美元,如果个人、社会或主日学校能承担1~2名学生的费用,我将每季度或者半年把书院的整体情况,尤其是受资助的学生的情况向你们汇报。

总体而言,在中国对英语和西方教育的需求迅速增长,任何一所学校如果能提供足够的设备、资金,来满足这种需求的话,那么将会有很多人来报考。我们通过中西书院在中国将大有所为。

但如上所述,我们的设备十分匮乏,我们无法抓住这个机会。我们需要更多的教师、更多的资金,一旦拥有足够师资的话,我们将建造合适的校舍,添置设备,这项工作迫在眉睫。我们有大片闲置的土地,还值不少钱,但是我们没钱来改善它。如果我们有25 000美元,我们将建造一些校舍,同时也能造一些房子用来出租,而得到的租金将是书院一笔不菲的收入,可以用来支付外籍教师工资,以及书院的其他支出,同时每年也会留下一笔剩余资金。

到了我们必须做些事情的时候了,假如不能从美国朋友那里得到帮助,我们将不得不出卖其中的一块地,所得资金用于改进其他剩下的财产,以便于用来支付税收,并从中得到微薄收入,而这一步是我们所有人都不愿意看到的,如果这样做了,我肯定我们一定会后悔的,但是将为时已晚。

我们非常欢迎葛赉恩夫妇加入到我们的工作中来。他们的加入对于加强我们的力量将是非常及时和有效的。尤其是他们在美国有学校工作的经验。随着他们加入到我们伟大的事业中来,我们祈祷上帝给他们最真诚的祝福。

潘慎文

财务报告

收　　入	
董事会拨款、学费、房租	$8 080.10
差会拨款	623.86
书本费	496.81
空地租金	357.00
希尔(M. B. Hill's)旅费贷款返回	657.62
仪器销售	57.10
幸福街道主日学校	29.60
固定存款和利息	1 046.19
去年收支余款	448.00
总收入	11 796.28

支　出

大约140个床名10个月费用	$2 718.56
教师工资和仆役佣金	1 958.92
书籍和文具	613.79
维修和家具	1 372.08
仪器和供应	453.06
林乐知博士房子的维修、煤气安装	317.92
杂项支出	293.03
新宿舍楼	2 495.00
固定存款	1 500.00
总支出	11 722.36
平衡余额	$73.92

注：墨西哥元

潘慎文

Minutes of the China Mission Conference of the Methodist Episcopal Church, South.

中西书院（1898/8/31）

非常遗憾书院院长不能在这作报告。他和他的妻子于今年1月1日离开上海。在离开前不久，将书院的事务管理权移交给我。

前任校长在秋季学期考试前离开，因而这次考试在我的监管之下，我对学生们在学习上所取得的成绩非常满意。

回顾以往，今年在书院的历史上是最成功的一年。在大学部有328名学生登记注册，比去年增加84名。如果有充足的床位和教室、教师，我们也许能招到400名学生。

由于校长的离开，书院只有2名外籍教师了，其中1名每天只花一个半小时教书，其他剩余的时间用于语言学习和其他的任务。2名会英语的中国教师一整天都教英语，还有1名每天用3/4的时间教书，剩余的时间用于学习。4名中国教师全职教授中文课程。1名教师已经在教中文和基督教义，也教基础地理学和基础数学。2名教师已经在全职教授数学，还有1名已在教科学和基督教课程。

所有的学生都学习英语和数学，他们许多人选修所有的课程，但是也有一些学生只学自然科学而不学中文。所有从春季学期开始学习科学的学生都已缴学费，没有像以往一样有减免的。更多的学生学习科学，他们为所学的课程付费。夜间的学习课程如往常一样持续进行。

尽管已在教育和思想文化方面做了很多，我们并没有忽视对心灵的启迪和训练。

在学期开学和结束时，学生和教师参加了在书院教堂举行的两次日常宗教礼拜仪式。主日学校继续维持，每个安息日如往常一样举行两个宗教仪式，一个在早晨，一个在下午，而厄普卫司联盟会和书院的基督教青年会组织在每个周日晚上举行宗教仪式。每周二晚举行祈祷会，所有的宗教仪式住校的学生都必须参加。除了住校生，许多住在家里的学生参加主日学校和周日上午的礼拜仪式。厄普卫斯联盟会也在每个周五下午放学后举行宗教仪式。

在春季学期，与书院基督教青年会组织一起开办了3个圣经班，他们每周定期见面。每个班级大约有20名学生。

尽管今年只有25名学生和2名教师成为被考察者，但是书院加强了道德和宗教指导，播下了良好的种子，我们希望并相信以后会有大丰收。一年来有1名教师和2名学生接受了洗礼。

很多公开的基督徒和被考察者离开书院，从事商业工作，进入公立学校。

在春季学期期末举办了公开的宗教仪式，据悉，所有参与者都是真心赞成的。

书院一年来成果显著。教师之间团结、和睦，秋季学期也有一个成功和鼓舞的开端。

今年我们所取得的良好成绩，归功于上帝，真诚祈祷他能继续赐福书院以及与书院有关的所有人。

刘乐义敬上

中西书院财务状况

1898 年 8 月 31 日

收　入

空地租金	$420.00
书本费	385.40
住宿、学费和房租	8 767.84
特别款项:资助学生	105.61
幸福街道主日学校资助学生	86.00
卡布(Cobb)小姐资助学生	75.00
坎德勒博士资助付贝尔小姐工资	191.45
潘慎文夫人旅行支出,贷款返回	534.05
Fr. 地方教堂牧师工资	32.04
银行利息	49.81
去年余额	93.32
固定存款和利息	1 560.00
总计	$12 300.52

支　出

10 个月住宿支出	2 858.68
教师和仆役工资	2 625.09
课本、纸张和文具用品	437.28
维修和家具	307.34
Dr. Park-Supplies Fr. America	332.65
贷款给潘慎文夫妇旅行费用	1 117.85
维修林乐知博士的房子	86.25
杂项支出	308.11
总计	$8 073.25
余额	$4 227.27

注:墨西哥元

葛赉恩

Minutes of the China Mission Conference of the Methodist Episcopal Church, South.

中西书院报告（1899/8/31）

1898 年秋季学期我离开书院去美国，这个学期由刘乐义先生代我管理书院。今年 2 月份我回到中国时，很高兴看到书院的状况良好。

秋、春两学期学生注册人数都不错，我们利用所能利用的空间，很多人由于书院缺乏教室和教师被拒绝。

学生进步很快。学生对书院的集体荣誉感正在形成，这也成为激励他们的一种重要因素。很多学生已决定留在书院，直到学完所有课程，获得毕业文凭，有些在预科部，也有一些在大学部。有相当部分学生已经签约留在学校，从两年到六年不等。

去年春季，在惠会督回美国前夕，差会召开了一个会议，决定将博习书院并入上海的中西书院，而属于博习书院的设备、房产等移交给孙乐文先生掌管的宫巷书院。到目前为止，书院的搬迁工作很顺利。博习书院的学生继续学习在苏州时的课程，他们浓郁的宗教与道德氛围给中西书院的学生留下了深刻的印象。他们在数学和科学方面的良好成绩也给中西书院的学生以很大的鞭策，激励中西书院的学生更努力学习这些知识。

我们要做的工作已经在博习书院做了：（1）我们要为差会训练本地助手；（2）我们本地的牧师和全体的基督徒至少在某种程度上将有机会让他们的孩子受教育，以不超过他们的财力为限。

学校的宗教状况良好。大约有 60 名学生是教会成员，约有 60 名是被考察者。很多人参加了基督教青年会组织，厄普卫司联盟会，主日学校，以及周日布道会，周二晚祷等活动，不时有学生被列入教会的考察对象。

教师队伍：19 名外籍教师和本地教师。外籍教师是刘乐义先生、文乃史先生和我自己。葛赉恩先生秋季学期还在教书，现已被惠会督调到苏州去了，文乃史先生被调来接替他的位置。

我们迫切需要新的宿舍、更多的教室、一座教堂、一个健身房等，我们热切盼望母会已经在努力筹集资金了，尤其是惠会督，我们迫切需要资金来改善学校条件，这些改进将会带来丰硕的成果。越来越多的实践证明基督教教育是中国传教事业中重要的因素之一，成功的几率却由于缺少工作方式的多样性而受到限制。

除了常规书院工作外，作为书院的传教士，我还做了以下工作：

1. 我是上海教会一个委员会的成员之一，将《旧约全书》翻成上海口语。这个委员会每周碰头商量工作上的事。

2. 上海教会另外一个委员会的工作是，准备一本上海方言的《英汉词典》。我是其中的一员，每个周二下午参加工作。

3. 1890 年传教总会指定成立一个委员会，我是其中一员。准备为整部《圣经》作注释，《新约全书》已经出版了，《旧约全书》的工作正在进行中。

4. 作为中华教育会的总编辑,我负责搜寻教育会的兴趣点,负责联络工作,参与书籍出版工作,销售书籍,看管账目等。

5. 我还参与了其他各种委员会的工作,这种组织在上海有很多,这也占用了我一年里的很多时间。我很高兴能有机会在力所能及的范围内推进各项传教活动。

我借此机会感谢上帝让我妻子完全康复,由于她的原因我不得不在1898年1月份回到美国。她的健康现在比十年前要好多了,现在她除了照看住在"传教士之家"的住宿生(这些住宿生自从我们2月1日回到中国以来,已从1名发展到10名)外,还能全面负责位于虹口的4所蒸蒸日上的日校。

潘慎文　敬上

中西书院1899年8月31日财务报告

收　入	
去年余额	$2 667.27
学费和住宿费	10 815.20
书本费	317.05
空地租金	62.00
美国田纳西州佩尔森夫人和罗斯维尔夫人	19.90
潘慎文夫人旅行费用贷款返还	583.50
潘慎文返还未使用的余额	8.60
来自差会给博习书院的拨款	1 308.92
新奥尔良幸福街主日学校	83.27
总计	$15 866.01
支　出	
住宿费用	$ 4 166.74
教师和仆役工资	3 415.00
书籍和文具用品	504.80
维修和家具	951.33
设备和供应	235.50
差会财产税收	1 096.72
杂项支出	571.71
孙乐文给苏州学校的贷款	1 000.00
F/D 的收费	3 700.00
余额	224.21
总计	$15 866.01

* 墨西哥元

错误或遗漏不在此限
潘慎文敬上

Minutes of the China Mission Conference of the Methodist Episcopal Church, South.

中西书院报告（1900/8/31）

过去的一年很有收获。书院总体上的发展令人满意。秋季学期招到200名学生,春季学期180名,这两个数字分别是这两个学期设定的最大招生数。

学生常规课程学习取得了良好的成绩,部分学生学习成绩特别优异。去年春节2名预科班学生毕业,4名以前是博习书院的学生从大学部毕业。

在文乃史主持下,一个神学班于春季学期开办,5名学生就读该班,我们确信这5名学生将会成为我们传教事业的得力助手。文乃史将就此事作更深入的阐述。

书院宗教情况良好。我上次报告中提到的各种宗教活动仍然持续进行,并且有很多学生定期参与其中。

教师队伍有刘乐义、文乃史及我自己,还有15名本地教师,他们都对工作负责认真。

上次年议会,差会决定将我们的教育工作主要放在苏州,因此,目前差会不必将大量的资金用于中西书院,当前书院的校舍和设备已足够使用。在东吴大学建立之后,如果书院觉得有进一步改进之需要,仍旧可以随时获得资助。

一年来,我的常规工作继续进行,这些工作有:担任教育会的总编、各种《圣经》修订委员会成员(正准备给《圣经》作集注),并正在制定一份上海方言表。

北方暴乱在一定程度上对上海附近的书院都有影响,书院的常规工作受到了一定影响。我们最好将春季学期提前一周结束,常规的期末考试也将取消。目前9月12日开学的秋季学期学生入学数也在一定程度上减少了:本学期招生150名,春季学期则有180名。

今年书院宗教工作发展势头良好。通过写信或公开宣布其宗教信仰,我们已经吸收20人成为教会成员,并有15人成为教会的考察对象。我们还推行了形式多样的宗教工作,如周日布道、主日学校、厄普卫司联盟会、基督教青年会、祷告会、街道教堂、妇女会等。在本站的布道者和规劝者当中,很多人来自我们书院,上帝保佑他们。

潘慎文敬上

Minutes of the China Mission Conference of the Methodist Episcopal Church, South.

中西书院（1901/8/31）

去年秋季学期学生数为165，而春季学期学生数是180，减少的原因是北方义和拳运动爆发以及这场运动对中国各项事业造成的混乱和不确定性。今年春季学期，来书院就读的人数为200名，这也是我们所能容纳的极限。而在这之前，由于教室、师资等方面的问题，一大批学生被拒绝入学。

所有部门都取得了良好进步。尽管几乎所有学生都在学习英语，而且许多科目用英语教学，但是用中文教自然科学和数学的制度在学校已很好地建立起来，除学习英语和中国古典文学这类常规课程外，所有学生通过中文教学学习数学，大多数学生也通过中文教学来学习自然科学。令人满意的一点是越来越多的年轻人渴求学习真正有用的知识，而不仅仅是学习一点英语知识，以便他们能在海关或电报局谋得一份薪酬丰厚的工作。在预科和大学部，大部分学生选修了自然科学和数学的全部课程。我们用中文教数学的做法，取得了良好的反响。我们的学生比那些没有用中文学习所有课程，仅仅为了在海关或其他地方谋职的学生更能经受考试的检验，在各类考试中得心应手。因此，这也为书院赢得美誉，即书院培养的不是那些只懂英文的学生，而是真正有知识的年轻人。

去年秋季学期师资包括：刘乐义、文乃史和我自己，以及15名本地中国教师。2月，刘乐义回国休假，文乃史3月份调到苏州，葛赉恩顶替他在书院的工作。春季学期，葛赉恩夫人协助教学，每天上1小时的课。

书院宗教氛围很浓。几名学生已成为考察对象，所有常规的宗教工作参加人数众多，我们有理由相信对学生的思想已产生了深刻的影响，并引导他们成为基督徒。

我们非常迫切需要增加校舍。目前我们拥有的部分宿舍年久失修，已不能再使用了，住宿条件确实不令人满意。很需要在虹口地区建立一所教堂，我们希望这一天能够早日到来。

今年秋季的开学工作相当成功，208名学生已预付部分费用来校注册，中国科举制度正在经历一场变革，这使得中国对西学的需求与日俱增，因此教会学校将要承担更多的工作。我们相信，我们真诚的祈祷、书院提供的良好设施以及我们所付出的不懈努力，必将为中国日后的复兴产生积极的影响。

潘慎文敬上

Minutes of the China Mission Conference of the Methodist Episcopal Church, South.

中西书院报告（1902/9/30）

一年来书院在各个方面都很成功。秋、春两个学期的名额都满了，主要由于宿舍、教室与师资的缺乏，我们招生的最大限额是200名学生。书院的教师构成：4名外籍教师和14名本地教师。外籍教师是：葛赉恩先生，鲍文（A. C. Bowen）先生，葛赉恩夫人及我自己。教师们都勤恳工作，在他们的指导下，学生在期末考试中取得了显著的成绩。有一件事令我们感到很遗憾，去年秋季，贝尔（Brother Bell）不得不放弃书院教师的职位，主要是因为他得了肺病。我们希望他能重新回来继续做老师，但是他目前的状况不适宜回到书院工作。他已去位于太原府的山西大学教书。期望那里干燥的气候能使他完全康复。

我们每周六上午召开例会，先是全体教师参与，接着是外籍教授的会议，在会上我们经常讨论书院的工作情况和它的发展计划，这样做对书院的发展很有必要。我很高兴地说本地教师在书院的发展中起了很重要的作用，他们现在正尽力将工作做得最好。

课程设置基本上跟以前一样，这实际上已写入了我们公开的制度规章中，但也有新的变化：采用了新的中文教学方法，英语课程引用了一些新的教材。目前我们正在对整个课程进行修订，期望在春节前出版，从而能在明年的春季学期可以用。

书院宗教状况总体上令人非常满意。各种形式的宗教仪式为学生和所属基督徒定期举行，正如去年报告中所提到的。所有的住宿生要求参加日常的教会活动。而走读生（day pupils）则自由选择。有很多学生已对基督教感兴趣了，一些人已经报名成为考察对象。很多学生已信仰《圣经》真理，但是由于受某些方面的影响不便公开承认信仰耶稣基督，这种现象很普遍。毫无疑问，在这些年轻人中，许多人最终将会成为完完全全的基督徒。至于剩下的那些人，很明显，他们以往生活中的偶像崇拜已被打破。尽管他们也许不会承认自己相信耶稣，但他们所学到的真理让他们在日后的人生中学会控制自我，净化心灵。

我们与其他人一样遭受了肆虐全国的传染病影响，如在夏季和初秋季节流行传播的霍乱、猩红热和特别厉害的疟疾。到目前为止据我所知只有3名学生死亡。这发生在他们自己家中，书院里没有发生死亡。

我们必须保持这所学校并推动它发展。尽管我们在苏州已有一个规模庞大的计划，但还是有必要保留这所学校。在这里能得到大量的资助，而这些资助不会流到苏州去，同时苏州也不可能有这么多的房子来容纳所有想接受西方教育的学生。我们的教育旨趣将会增多而不是减少。人们迫切希望接受西方教育，为了能够满足这些需求，我们必须全力以赴。

从学费中预留了部分资金用于维修和其他支出，现在我们请求董事会批准建造一幢宿舍楼，这非常迫切。我们已经找到的地皮估计值4 700两。建造宿舍楼能增强我们硬件设施，同时能使书院工作更有效率。我们希望它能建成，并为明年春天做好准备。

潘慎文敬上

中西书院财务状况(1901/9—1902/8)

收　入		
费用——住宿费、学费和杂费		$12 764.55
奖学金		446.64
彼得·夏普的馈赠	$100,35	
新奥尔良的幸福街道	16 196	
海伦·佩尔森夫人		53.38
墨尔萨普斯大学		76.85
Dale St. Ep. League, Springfield. Mo.		54.10
书本费		143.85
杂项:学校打字机、设备等		50.70
目前银行账户上的利息		66.81
去年未报告的费用——居住设施的返还		34.19
去年余额		762.86
总计		14 269.60
支　出		
住宿支出——大约120名学生10mos.		3 923.91
中国教师工资		3 135.50
书——课堂用书和图书馆的书		1 042.65
书院和两所居住楼的维修		235.67
仆役的工资		535.00
学生理发和洗衣		469.57
燃料、灯和水的供应		150.83
兵操制服和设备		723.03
杂项支出		312.55
固定存款(Yohohama Specie 银行)		2 000.00
总计		12 528.71
1902年8月31日余额		1 740.71
存在横滨正金银行的固定存款	$2 000	
存在香港上海银行的存款	2 894	

财会葛赉恩敬上

Minutes of the China Mission Conference of the Methodist Episcopal Church, South.

中西书院（1903/9/30）

我们非常高兴向大会报告书院又一年成功的工作。我们定额招收 180 名学生，两个学期都满了。已有 4 名学生从预科毕业，4 名从中文大学部毕业。4 名预科毕业的学生已升入大学学习，他们的目的是为了完成大学的课程。3 名从中文大学班毕业的学生，留在大学，半工半读，一半时间用来给学生上课，另一半用来学习英语。1 名大学毕业的学生，在一所由浙江南部地区一位地方官举办的学校里教书。还有 3 名基督徒学生也于今年离开大学在教会学校教书：1 名在 San Jau Boo，1 名在 Tsang Yen，另 1 名在上海北部的一个村庄工作，那里有一所与我们虹口教堂有关系的日校和附属教堂。还有另外的 2 名基督徒学生利用兼职做上海妇女会 2 名女士的家庭教师。

一所新的宿舍楼已建造好，花了大约 6 300 墨西哥元，它将提供 42 个床位，这些是除了仪器设备外，我们最需要的，也是最受学生欢迎的设施。宿舍楼的经费来自学费收入，这是我们专门为此目的而预留的款项。新宿舍楼的建成可以让我们在秋季学期接收更多的学生。秋季学期共有 202 名学生注册在校，实际到校人数为 195 名。

今年增加了一些新的奖学金，现在我们已有 12 名学生得到特别资助，这些资助来自于美国的朋友——有个人的、有主日学校的、厄普卫司联盟会的等等。我们希望看到这些工作能够扩展，25 美元已足够一个学生在中西书院一年的支出。没有比资助一名基督徒学生更值得做的事了。在这里，学生将会接受教育和培训，成为我们传教士各项工作的助手。

书院的宗教氛围与往年相比并没多大的变化。各种形式的常规宗教活动一直保持着，学生按部就班地出席。我们有理由充满信心：许多学生对基督教深信不疑，他们将成为基督徒。

教职员工有 19 名：5 名外籍教师，14 名中国教师，其中 2 名是学生助教，我们非常希望能够再聘请 1 位外籍教师，因为随着书院工作的拓展，目前的师资力量无法兼顾到每一个学生。

对西式知识的需要持续扩大，加上书院在上海地区的特有优势，我们必须保持目前的发展态势，而且要挖掘各种潜力，使得它成为我们差会在中国的强力助手。

潘慎文

Minutes of the China Mission Conference of the Methodist Episcopal Church, South.

中西书院报告(1904/8/30)

总体上说来今年是成功的,尽管没有什么需要详细汇报的事件发生。秋、春两学期招生名额都已用完,像往年一样,申请入读的学生比我们能接收的还多。

教师数量与去年一样,但是教师的人员结构有些变化。就在春季学期结束前不久,大约是7月1日,葛赉恩夫妇回国休假,他们的离开,令我们感到人员严重不足,并且很难有合适的人选来替代他们的位置。魏廉士夫人,我岳母,已经答应来校每天上4个小时的课,这能部分弥补葛赉恩和他夫人离开带来的损失。她在圣弗郎西斯科有过较长时间的教学经验,是书院里一名难得的教师。目前我的兄弟 R. A. Parker 也在帮忙,可能一直要等到10月份年议会那时我们才能安排固定的人手来接替工作。

去年毕业典礼在春节,3名学生获得预科毕业证书,3名从大学部毕业。书院全年的宗教活动情况良好,常规的会议照常举行,所有的寄宿生和大部分的走读生参加了这些活动。

毫无疑问,许多学生已经证明他们对《圣经》有深厚的兴趣,如果他们能坚定其信仰的话,马上就可成为基督徒了。我很高兴报告已有2名英语课程学得最好的学生,已经公开宣称他们信仰基督教。其中1名学生已经写了一封信给我,他在信中说:“自从来了书院,已经过去6年了,在这6年里,我得到的最珍贵东西,不是英语知识、数学、科学和中文,而是对基督教的深深信仰。”同时他已表示决心成为一名基督徒,他非常清楚这意味着什么,当他回家时他将为此受到烦扰,但他意志坚定,我相信,在上帝眷顾下,他会坚持的。

春季学期工作的一个新特色是开设了《圣经》课,4名想成为传教士的年轻人已经在学习《使徒行传》。他们对这门特殊的科目颇感兴趣,我相信上帝的精神正在引导他们将自己奉献给福音传播,在中国同胞中布道还有2名将在秋季学期入读该班。我希望大家祈祷:这些年轻人能坚定他们的信仰,不久之后将成为最真诚最可靠的布道者。

在全国各地,教会学校对基督徒教师需求比较大,但是我不得不拒绝向我要教师的人,因为我没有教师提供给他们。需求大于供给,许多年轻人已离开书院,到我们差会或其他差会开办的学校里当教师。我们的一位毕业生已经去南京一所教会大学教书了,我了解到他在那里表现令人满意。

像中西书院这样的学校,一个主要的目标是为中国的教会培养人才。我希望大家为书院祈祷,书院的最高目标将会越来越受到人们重视。

潘慎文

Minutes of the China Mission Conference of the Methodist Episcopal Church, South.

中西书院（1905 年）

在刚刚过去的一年里，书院没有出现什么新的或是不同寻常的事件。工作像前年一样顺利，招生额是 185，像往常一样满额。我们不得不拒绝一大批申请者，因为我们无法容纳他们了。

我们的师资力量大减，原因是葛赉恩和他的夫人在美国，再加上秋季学期我数周的病假，使我不能在书院工作。师资的缺乏得到了部分补充，首先是我的兄弟 R. A. Parker，他去年 9 月份过来帮忙，第二，来自斯托特斯（Stotts）夫妇的帮助，他们是独立的传教士，去年秋天正逗留在上海，拿出了一部分时间在书院教书。白约瑟夫人每天去书院上 1 个小时的课。威廉士夫人每天上 4 个小时的课，我们用学校的基金给她支付金额极少的工资。在大家的帮助下，我们成功渡过了难关。但是在缺乏教师的情况下，要像以往那样非常圆满地完成工作是不可能的。在中国教师队伍中有一些变化，但是人数与人员构成与去年一样。

去年夏初，当李多玛回国休假时，我们认为最好是暂时关闭他在松江的学校。那里大约有 15 到 20 名的学生，他们渴望学校能继续开办下去，因此我们决定将他们并入书院，学习在松江一样的课程。这使得学校在财务方面有所损失，因为他们所缴的费用未能满足他们膳宿等费用。但是作为同一个差会的学校，我们都为同一个目的而工作，我们认为有义务让这些学生进书院学习，直到李多玛从美国回来，那时学校将重新开办，这些学生将回松江学习。

一年来书院宗教状况良好，很多学生不时流露出想成为基督徒的愿望。这些人当中已经有数名非常聪明的皈依者。威廉士夫人已特意引导她的学生决心成为耶稣基督的追随者。他们中有人已经表示愿意成为教堂的布道者，他来自一个背景富裕的家庭，现在的问题是他的家人是否会因此反对他。

一个拥有 5 名学生的神学班继续保持，专门学习《圣经》中的《使徒行传》和《使徒书信》部分。其中一名学生参加了本次大会，我们有理由相信今后将有更多的学生献身于传教事业，在他们的同胞中传播福音。

潘慎文

Minutes of the China Mission Conference of the Methodist Episcopal Church, South.

中西书院报告（1906 年）

去年大会上，潘慎文博士被任命书院院长，这个任期一直延续到秋季学期末，就在春节前夕，因为在学期中途更换院长不太合适。董事会于 12 月份碰面开会任命我在秋季学期期末接替潘慎文博士的院长职位。

尽管潘博士仍然在主持书院工作，但自秋季开学以来，他经常不在书院，因此许多书院的管理工作落在我肩上。去年秋季学期学生数是 185，工作如往常一样，外籍教师有：白约瑟、白约瑟夫人、葛赉恩夫人、威廉士夫人及我自己。威廉士女士的薪酬由书院所得支出，此外书院还招聘了 12 名本地教师，他们的工资从学校的基金支出。

春季学期中国教师除个别有变化外，没有大的变化。白约瑟承担半天的教学任务，并承担了春季学期的会计任务，随后他回国休假。葛赉恩承担半天的工作，威廉士夫人再次受聘承担半天的工作，我把所有的时间都用于书院的教学与管理，承担大半天的教学工作，其余时间都用来管理班级，我认为我们在书院工作上所投入的时间和精力没有白费，取得了显著的成绩。大部分的中国教职员工作认真负责，一些人表现令人满意。师生的精神状态都不错，学生遵守规章制度，书院很少用严厉的纪律来约束学生，教堂与课堂的出勤率尤其令人满意。

在秋季学期结束前夕，为防止报名拥挤，我们已经宣布春季学期只招收 170 名学生，我们强烈感觉到招生数额应该控制在财力承受能力范围之内，不要勉强去招收更多的学生。招生数在秋季学期结束前就已经满了，很多申请者不得不离开。

学生的宗教活动非常丰富。书院举办了数场复兴布道会，很多学生对基督教采取开放的态度。许多学生和一名教师已经接受洗礼入教。有些已经申请洗礼，但是我们认为最好再等等。考察对象人数多并且很有朝气，每周在特殊的会议上，助理牧师和我都参与，我对此充满信心。通过今年与去年数据的比较发现，今年的基督徒学生比去年少，但是相差并不明显。以前显示的数据包括父母是基督徒的学生，而不管他本人是否是教会成员，而这次的数字仅包括学生本人是教徒。统计数据时有些其他教会的教徒会被忽视，但是教会成员的人数比去年要多。在去年的报告里，学生中基督徒的人数为 60，而今年只有 38 名，但他们都是教会的成员。对于这个差别我就解释这么多。

一些高年级的学生在校内外对基督教的工作都比较热心。在基督教青年会和厄普卫司联盟会的赞助下，一个大规模的学生组织继续开展其工作。

在春季学期内，书院以前的学生组织了一个机构，有 100 多名成员。林乐知博士（Dr. Allen）20 年前教的一位学生现在是会长。

他们以各种形式对学校表示关心，我认为那个组织将对以前的学生或书院都有益。

我们非常怀念白约瑟为书院提供的忠诚服务，而魏斯特夫妇（Estes）已经到校，并全身心投入工作，激起了我们的勇气和希望。我们热烈欢迎他们的到来。

我很高兴能借此机会，向那些曾经对我们工作提供过支持和帮助的中外兄弟、朋友们表示感谢，尤其要感谢我们的教师们，他们不懈的努力使得这项困难重重的工作获得成功。

葛赉恩敬上

Minutes of the China Mission Conference of the Methodist Episcopal Church, South.

中西书院报告（1907年）

去年历尽艰辛，困难重重，但是我们有幸做这一项工作的人却认为我们付出的努力最终换来了书院工作的顺利开展。

书院管理井井有条，还没有出现严重的问题，还没有严重违纪的现象。中国籍教师队伍没有变化，并且所有人工作都认真负责，也很受学生欢迎。

为中文部寻找合适的教师是一个非常困难的问题，但是我们对目前这个部门所取得的成绩感到比以前更满意。这意味着我们不得不花比以前更多的钱，也许是以前的两倍。在过去一年半的时间里，所有部门的中国教师工资已涨了53%，而且还有增长的趋势。而书院其他教师的收入却大幅削减。

以下这些信息将是你们所有人都有兴趣了解的：尽管各种等级的国立学校以前所未有的速度增长、各种各样的私立学校大量涌现，但书院的学费收入却在大幅增加，来书院就读的人数还在增加，我们不得不拒绝许多年轻人的入学申请，因为我们没有足够的校舍。去年秋季学期末，所有的地方都被准备春季学期使用，而每个地方都需要付费使用。本学期开学当天，除四个地方外，所有的地方都已住满，在校的学生们住在里面，而一些因生病或其他紧急情况无法按时到校的学生，也通过交纳学费的方式，让书院为其预留位置。在过去一年半时间里我们将住宿费、学费提升了20%，如果将兵操练习计算在内的话涨了35%，而申请入学的学生数是有增无减。

每学期我们招到185名学生，其中140名住宿生，45名走读生。82%以上的学生是老生，85%以上的上学期学生已在本学期登记注册，但是也有部分学生由于各种原因未能报到。有些学生将在春节后来报到。

雇用了10名中国教师和2名学生助教。找到了1名全职的外籍教师，也雇请了1名兵操教习。所有这些教师的工资都由书院收入支付。

魏斯特和我全身心投入工作，能承担一学期的课程，葛赉恩夫人则能承担全年的课程。当白约瑟在国内度假时，我们非常怀念他为书院付出的辛勤劳动。

去年秋季学期，我们给11名完成预科课程和1名学完全部课程的学生颁发了证书。那些没有留下来继续学习的学生都有一个好前途。1名学生已经去美国学习了。在这一年里，有几位书院以前的学生，被清政府派往国外从事特殊的工作。

书院大约花费了10 000墨西哥元来建造房子和基础设施。一幢楼房已建好，二楼作为学生的食堂与阅览室。校园和其建筑物附近的场地得到改善，这使得公共场地环境更卫生。墙壁得到整修，所有学生楼都已装上电灯，这些改进的灯具很漂亮。

这些用于改善条件的费用有2 000多墨西哥元，由学生与毕业的学生筹措捐助，其余部分都来自书院的收入，这些钱是书院几年来辛苦积攒下来的。特别需要提醒的是我们需要更多的钱。

最好的事情放在最后讲。就宗教方面工作来说,它给了我们很大的鼓舞,《圣经》学习正常进行,并且很成功。书院里的每位学生根据年级分班上《圣经》课,我相信学生对《圣经》也会产生越来越浓厚的兴趣。每位学生每周上《圣经》课两次,其中一些人上的次数更多。我们正在帮助20多名年轻人和男童,他们学习《圣经》的时间要比其他人更多。书院有一些传教士的孩子,他们的数量正在逐步减少。我们有一个定期举办活动的学生宗教组织团体,许多优秀学生对福音的兴趣愈来愈浓。大量有效的宗教活动在校外开展,一些年轻人积极参与到主日学校、街道教堂及其他形式的的宗教活动中。几位中国教师也积极参与基督教工作。

并没有很多学生加入教会,但是这个数字不足以反映学生的宗教兴趣。随着我对年轻人生活的了解,我发现他们很多人还是愿意放弃很多,与我们在一起的,尽管有很多严重的阻挠。我们决不可以让他们失望。

唐牧师在书院工作,这是书院的福气。由于他的住所离书院有一段距离,大半年来他的工作受到影响,但是我们已经将他安排在书院住,这一安排给书院带来的好处已经体现出来。他工作热忱,我觉得他正熟悉他的工作和同事。我相信他将在接下来一年的工作中取得更多进展。

为主日学校和布道仪式寻找场所让我们不胜其烦。我们确实需要一所教堂。我们无法吸引街道上的人前来参加我们的活动;当我们的学生和教会成员入座时,位置都满了。我们希望得到渴盼已久的教堂。我认为我们差会不可能找到比我们定期集合学生来开展福音传播工作更好的机会了,我们在虹口教区就很容易拥有大批的会众。

葛赉恩敬上

Minutes of the China Mission Conference of the Methodist Episcopal Church, South.

中西书院报告（1908 年）

我愿向大会提交 1907 年 9 月到 1908 年 8 月书院的总体情况报告。

教师队伍——外籍教师有白约瑟、葛赉恩夫人和我，惠会督同意魏斯特去年秋季学期留下来帮忙，今年春季学期，我们得到了 2 名来自上海的欧洲籍教师的帮助。同时我们全年还得到了 1 名外籍兵操教练的帮忙。12 名全职中国教师和 2 名学生教师构成了中国教师队伍。他们有些人协助教英语课，有些用中文教数学和自然科学，教授中国语言与文学的常规工作仍然继续。

尽管我们得到差会明确的答复已经有一段时间，差会将从国内派遣一名新教师来从事差会指定的专门工作，但到目前为止尚未落实。最近的消息是合适的人选还未找到，但是差会将尽一切可能保证在春季学期兑现这一承诺。我们尽自己最大努力坚持到最后，直到他的到来，但是这期间我们不得不超负荷工作。

学生——按照我们制定的章程，我们限制学生入学人数为 180 名，其中 140 名住宿，40 名走读，但实际上，每个学期我们都多招了几名，因为在某种场合下是很难拒绝的。学生在校时间有所延长，这一增长的趋势越来越明显，为了证明这一点，也许简单回顾一下一年来书院的学生人数是必要的。

大约 88% 的学生是老生。其中：65% 的学生是在学校呆了两年或者两年以上的；40% 以上的达三年之久；25% 以上是四年或四年以上的；约 15% 的学生跟我们学习了 5 年，而有些学生甚至学了 6 年或 7 年，当然其中有些是我们不愿意留的。

我简要地总结了这种情况，主要是为了引起大家对情况变化的注意。这些注册学生的变化主要由书院实行考试的规定而引起的，几年前，很难劝学生在我们学校留下来，学习足够长的时间以学到大量有用的知识。

尽管如此，目前所有学校都受学生离校现象的困扰，这些学生希望能够在某处获得他们理想中的教育。这给我们书院的发展提供了更为广阔的空间，因为我们一直强调《圣经》学习的重要性，并且要求每个人都参加教堂举办的宗教仪式。也许还要提到一点，就是我们的费用几年来一直持续增长。

教会希望我们能够在中国传播福音，如果要对这项工作有所期望，在我看来，就必须做得比以往更好。通过与李博士——受人尊敬的中国传教士谈话之后，我对这项工作信心大增，他自己以前是书院的老师，我们正在商讨大体计划：《圣经》教学与宗教工作，他对此表现出极大的热情和支持，他还指出了这些工作所需达到的目标，并提到他住在书院附近期间所观察到的结果。他随后大胆地提出，通过日常课程来教授《圣经》可以起到和传教机构相同的作用，对于他的这个观点，我多少还是有些惊讶，尽管我很清楚地了解他笃信布道的力量。他说，他的工作让他走遍了所有的教区。他经常要被问及传教工作要采取何种方式更为有效，以及哪个教区工作最为突出这样的问题。他说，在他传播福音初期，他曾期望能够在他工作的教区内找到理想的基督徒,而在那里布道是唯一的,又或是主要的方式。随着传教经验的不断累积,他发现将《圣经》作为常规课程教授的学校才是教区里传教成效最明显的地方。虽然有很多在学校学习《圣经》的人最终并没有成为基督徒,但正是因为有了这样的学习经历和基础,才有了日后一些人的信仰转变,这是其他方式所无法做到的。他还多次提到,我们长期以来在这方面付出的努力让他对这项工作充满信心。我认为李博士对我们的信心应该成为鼓励我们前进的动力。

在春节前不久的秋季学期末,8 名年轻人获得了预科毕业证书,他们在学校学习了 2 ~ 5 年,其中 6 名在春季学期重新进入我们学校学习。

我们以减免学费的形式给 26 名学生以资助。他们大多数人已经缴了膳宿费。其中 6 名是本次大会成员的儿子。通过以前书院受益者的资助,数名学生有可能留下来学习。他们所做的这种表达方式我觉得值得一提。

宗教活动——学生一周都上 2 节以上的《圣经》课,某些人甚至每天一节《圣经》课。我发现他们在学校呆的时间越长,他们的学习就越好,他们上《圣经》课的节数也越多,所有学生参与布道、日常的祈祷。

我们有一个活跃的学生基督教组织,由学生主持,每周集合。这在学生当中产生了良好的影响。一个自发组织的《圣经》学习班维持了一年。入学人数众多,志趣不变。

一些老生参加了虹口监狱囚犯的基督教工作。所有设备由当局提供,监狱长布鲁斯向我转达了他对这些学生工作的满意,并希望能继续下去。其他基督教学生也通过其他的工作,表现很好。我认为我们正通过这种方式,帮助发展一些基督教有用之才。这种工作方式已经得到了我们所能给予的鼓励。我从不知道还有谁比这些年轻人所做的宗教工作更多、更认真了。

一些学生希望能投入到牧师工作中,还有些人期望做一些其他具体形式的宗教工作。

我们有一所不错的主日学校,由于主日学校和教会仪式都在书院教堂举办,所以学校承担了大部分的工作,同时也得到了更多的好处。一年来出席者达到了 350 名,我们不知怎么感谢谢洪赉,他是我们忠诚的监管。他全身心投入到工作中,使工作顺利发展,大家都知晓他关心拯救学生灵魂的工作。近来他不佳的身体状况牵动着我们的心,我们和他都期望经过几个月的调养后,他能重新工作。

就在学期结束即将放暑假前,学生召开了一个“誓师大会”,12 多名年轻人决心过基督徒的生活。他们中某些人是学生中的佼佼者,他们在许多方面态度上的转变是他们信仰程度加深的结果。这次会议的举行没有受到外界的压力,也不是一时的心血来潮。我在中国工作的经历中,从没有像这次会议这样增强我传播福音的信心,这项工作是我一直努力在做的。

这种环境与一名学生在春季学期去世有一定的关系,在很大程度上是他的去世导致了这个会议的召开。尽管在学校五六年的时间里,他从未公开过他的信仰,但是他的同学都知道他是个信仰者。在他生病的最后阶段,他向他的父母坦白了自己的信仰。他的故事,给全体学生留下了深刻的印象。

财政收入——书院一年来收入约 20 000 墨西哥元,我们的支出成功地保持在这个数字的范围内。在维修和长期的改善方面支出约 4 000 元,并且我们为此多付了 1 000 元。仅靠今年的收入来支出是不可能完成这项工作的,还得从数年里积蓄下来的经费中支出。我们花了约1 000元来支付外籍教师,简言之,在支付个别传教士薪水和税收支出之外,我们平衡了所有支出,包括教师工资,书院和住宅的保险费、维修费、保养费,甚至包括了我们的教学楼的扩张。今年我们给外籍教员提供了一处住所。我们认为财务单显示并不坏。

在回顾了一年来工作之后,我认为今年是成功的。书院在某些方面遇到了我在中国所遇到的最棘手的一个问题。这项工作任务重,还会有意想不到的挫折,但是工作已经在做了,我认为总结成绩,将会起到激励作用。

校长葛赉恩敬上

Minutes of the China Mission Conference of the Methodist Episcopal Church, South.

中西书院年度汇报（1909年）

汇报一下1908年秋季学期至1909年春季学期的情况。

1. 教学和教师队伍——5名美籍教师,10名中国教师,1名兵操教习,及招聘到1名学生乐队指导。学院的师资队伍从未这么强过,几年来,我们已经精心组成了一支中国教师队伍,他们的效率从未像现在这么高过,在工作中,没有比看到中国教师责任感和兴趣的增长更令人开心了。

出于工作需要,我们聘请了一些校外的外籍教师,他们为书院提供的帮助,和以往相比,令人非常满意。

课程学习已作了些调整,开设了商业系。母会没有帮我们找到一个人来长期从事这项工作,这使我们感到非常失望,也对工作造成了严重的滞后。但我们非常幸运找到了牧师H. V. S. Myers,他是一名经验丰富的会计师,利用部分时间来帮忙操作这项工作。我们相信这项新的事业在务实思想的指导下,将大大拓展书院的工作。我们已得到许诺将派一人长期专门从事这项工作,我们必须要请人来开展这项工作。

在学生兵操练习和学生乐队方面,我们已经取得了实质性的进展。虽然这些工作并未作为学校的首要工作来考虑,但这在学校纪律和团队精神建设过程中是一个不能忽视的因素。

在上一学年期末时,3名年轻人完成全部课程而毕业。其中1名现在美国学习,另外2名在中国做教师。5名获得预科文凭,其中4名留校继续深造。目前的班级是书院有史以来最大的一个班。

书院的毕业典礼非常有意义,很多人出席了典礼。海军提督萨镇冰、美国驻沪总领事田贝和上海商会会长作了演讲、致词。

学生——书院招生的最大限额仍然是180名。尽管外面学校的竞争又激烈,但是招生额还是满了,并且我们每学期不得不拒绝部分申请入学的学生。由于书院没有足够的宿舍,因此在安排学生住宿问题上,我们颇为被动。我们需要更多的教室和宿舍,如果有的话我们会充分利用。老生占全体学生85%以上。

我们继续推行奖学金、贷款等制度,为部分学生减免学费,他们有前途,但是经济能力有限。长期以来我们在这项工作中的成功促进了这项工作持续进行。我们在资助对象上优先考虑自己人,也包括其他教会的成员。我们牧师的儿子不用缴学费,也不用缴其他的费用。我们能吸引一些教外的年轻人,尤其是南方的一些年轻人,他们自己付费学习。

在这一年里,我们派遣了1名学生帮助东吴大学筹备第一个神学班,我们将派遣更多的人前往东吴大学。

书院的新老生及书院的一些朋友筹备书院25周年纪念庆典,时间定于6月4日。大家对这个庆典充满热情,并且作了精心准备。尽管那天有暴雨,但是大约有两千多人出席了这次庆典。美国 Consul-General Wilder、李提摩太等人作了演讲致词。为感谢母校的栽培，校友们捐助了图书，并为改善教学楼捐款。

2. 宗教工作和努力——学生的宗教生活与工作给了我们很大的鼓舞。在日常的《圣经》学习中，学生表现出了极大的兴趣和勤奋。这项工作在书院教学体系中占有非常重要的地位，每一位学生对此也非常清楚。我坚信很快我们就能看到这项工作所带来的成效，我也很确定，这种课堂教学，在很大程度上将拉近一大批优秀学生和上帝之间的距离。

3 名年轻人在春季学期接受洗礼了，他们分别跟了我 3 年、5 年和 7 年。

春季学期，书院举办了一些特殊的宗教活动，许多学生投入到基督教的生活中去，他们在此种生活中得到了切实的提高。我尽可能比以前抽出更多时间与老生谈话，我想这个举动起了作用。

我们的主日学校办得不错，出席率高，并且参与者热情高涨。我们吸引了基督教青年会和其他几所主日学校的学生，使人数达到 370 人。我们的礼拜仪式是鼓舞人心的，给人以启迪。

由学生计划与实施的宗教工作持续发展。几个志愿《圣经》学习班持续开办，并且出席人数众多。书院继续为市监狱的囚犯提供每周的宗教服务，并开展各种其他的活动。

基督教青年会在学校里非常活跃，在夏季及其他学生会议人员安排方面成绩显著，我们的年轻人表现出色。我认为我们许多学生的日常生活是对基督教信仰的一个强有力的证明。

财务——除了给两名已婚传教士和一个单身传教士的薪水外，我们所有的钱都用于工资、经营支出、日常及特殊的维修支出。在母会的授权下，昆山路 18 号的维修与分配工作完成，安排了两家传教士的住宿。所有这些，以及日常的维修工作开支都从学院收入中支出，同时我们还得还债。新生入学的费用虽已提高，但支出也增多了。

一些来自校友会的捐助，及今后更多的捐助都将用于建造房子。

我们遵循教会指令，尽力为主服务。我们意识到已经存在的不足。在这项工作中我们期待您真诚的祝福与合作。

葛赉恩敬上

Minutes of the China Mission Conference of the Methodist Episcopal Church, South.

1910 年中西书院汇报

(1909 年秋季学期至 1910 年春季学期)

今年的汇报除涉及以往关注的问题之外,还要汇报一些书院负责的相关事宜。

这学年在春节结束,在某些方面是创纪录的一年。今年毕业的班级是有史以来毕业生最多的一年;5 名学生学满 7 年课程,14 名学生毕业于预科班;常规学费收入从未像今年这么多。

秋季学期,尽管利用了学校所有空间,我们还是拒绝了一批条件不错的学生的入学申请,但相比往年,今年拒绝的人数要少。今年春季学期,虽然有大批申请者无法达到书院的入学要求,但那些达到书院要求的申请者人数要比我们预期的少得多,这是五年来第一次出现这种情况。

这种现象可以归因于许多已经完成预科学业的学生提前离校。今年完成预科课程的学生比以往多得多。他们和一大批已在书院呆了四五年的学生,受各方诱惑,准备在新年之初就离开书院。有些学生离校后当教师,有些从事商业,而更多的人则进入各类公办学校。教会总部早就承诺将给书院提供各种教学资助,然而这一承诺却迟迟未能兑现,这让学生们倍感失望。因此,我有理由认为,这也是导致学生离校的原因。

去年中国政府对教会学校采取了一些间接性的限制措施,这在学生中引起恐慌,并导致学生离校事件的发生。在这方面,中西书院并不是唯一的受害者。据我所知,所有教会学校的高层都被要求认真应对这一情况。我们对于此次事件的反应也许要比其他教会学校更为敏感,这是因为,我们比他们更依赖正常的学费收入。

我们可以采取一些做法来挽回书院的声誉:用大学的教学模式向预科生讲授各种课程;向学生们强烈暗示,政府部门的优差只会留给官办学堂的学生;让学生享受最大的优惠,并减少学习和其他工作的时间——这对那些在正常情况下受教会学校严格管理而烦躁不安的学生而言,无疑具有很大的吸引力。

如今社会上一些有影响、有权势的人嘲笑那些加入教会学校的有前途的年轻人。而问题的关键在于官办学堂的学费低。在大多数情况下,也许官办学堂的学费要比教会学校低,但有时他们收费要比我们高好几倍。

学生对与自己切身利益密切相关的事宜非常关注。尽管如此,他们所有的期望并没有实现。有些学生已经回校,更多的人想回来,但是由于“面子”问题以及其他因素而没有回校。

书院出色的工作将会抵消这些不利影响,但我们不能期望这些工作能一蹴而就。书院比任何时候都需要明确的目标和突出的成绩来证明其存在,因为在中国,教育和其他事业一样都需要注重表面文章。我们正逐步努力将工作做好。我们的工作已得到全面的加强,同时我们的工作也比以前做得更好、更多。

每位学生都按照其所在年级进行日常的《圣经》学习，书院也建立了严格的监督体系，督促学生参加教堂的礼拜活动。我认为这种管理制度使我们失去了部分学生，而这部分学生正好去了那些管理不严的非教会学校，不管怎样，我们不会放弃这种管理模式的。在这方面，我们与其他教会学校总体上来说没有多大的区别。

在这一年里有2名学生去世。1名是来自非基督教家庭的新生，另1名是我们前任牧师唐沐三的小儿子，他今年本可以完成预科课程，很有前途，他的突然离世让书院感触很深，我们会一直记得他的勤奋努力。

基督教青年会在基督徒学生的管理下，活动很积极。他们在主日学校和街道教堂为虹口警察局囚犯举办定期宗教仪式等活动，其中的表现值得赞扬。《圣经》志愿学习班招到了48名学生。32名学生是教会成员，还有一些人来自基督徒家庭，他们信仰基督但还未加入教会。

一年来书院学生总数为229。其中30名基督徒学生不能缴付正常的费用，书院降低标准录取了他们。他们全部没有支付学费，有些未能付清全部的膳宿费。有很大一部分过来帮忙的人是牧师的儿子或其他教派的牧师，我们希望今后能继续做这项工作。我们尽自己所能让更多的学生入学。我们应该鼓励书院的同情者资助这些学生。我们更喜欢来自我们自己差会的预科学校的学生。

教师队伍包括：5名欧洲籍和10名中国教师，2名学生助教和1名鼓、笛乐队的教师。所有教师的薪水，除3名外籍教师外，连同所有的维修费和管理经营支出等都来自学费的日常收入。

我觉得书院对全体的教职员要有强烈的责任感，真诚地为他们服务，与他们合作。中国教师作出了很大的贡献，并不懈地努力着。来自母会的帮助鼓励了我们，并希望我们能调整自己以适应工作的需求，取得工作上实质性的进步。我们希望在这项工作中取得更大的进步。并希望在所有工作中得到您的祝福与合作。

葛赉恩敬上

Minutes of the China Mission Conference of the Methodist Episcopal Church, South.

中西书院年度汇报

（1910 年秋季学期至 1911 年春季学期）

我在书院将一直工作到 5 月 1 日，根据董事会的指示，我把学校工作移交给我的继任者——白约瑟，他将继续负责春季学期书院的事务。

5 月末，经过深思熟虑后，我们决议关闭在上海的书院，与东吴大学合并。书院学生如果愿意去苏州，可以按照书院目前的收费标准进入东吴大学，继续完成学业。我们成立了一个委员会专门负责处理大学与中学之间仪器设备的划分。另外一个委员会专门负责书院家具设备的妥善处理。

以上只是对两校合并初始阶段工作的一个简要叙述。而书院员工对此次合并长期以来的关注和忧虑在报告中还没有提及，他们对书院的发展功不可没。毫无疑问，对我而言，这也是一个严峻的考验。尽管出于情感或其他方面因素，我们对于书院并入东吴大学一事深表遗憾，但同时我们很清楚，由于受人力、物力所限，我们想通过书院长期为中国提供高等教育的目标是很难实现的。我们更意识到，随着局势发展，错过两校合并的机会将是非常不明智的，哪怕我们书院仍能够像以往一样开展工作。

在宣布关闭书院后，除了一些不可避免的混乱外，书院一年来工作如往常一样成功。在某些方面比过去的一年做得都好。

秋季学期学生 179 名，春季学期 191 名。全年出勤人数为 217。其中 50 名是教徒。

师资力量：12 名中国教员，6 名欧洲籍教员。

春节时，1 名学生从大学部毕业，8 名从预科部毕业。

我们工作热情一如既往，财务收入刚好可以平衡支出。

学生对体育继续保持兴趣，学生的宗教活动一如以往鼓舞人心。

许多学生表达了要过基督教徒生活的愿望。主日学校保持良好的秩序，学生基督教青年会的活动很成功。

这里我要特别提到我们的一位邻居，H. Bevk Esp，他为书院的学生慷慨解囊。他不懈的努力和适时的鼓励极大地鼓舞了书院其他教职员工的士气。通过各种有效方式，他为提高书院学生的生活条件、丰富学生生活花了很多钱，调动了学生的情绪，也改善了书院的精神面貌。除此之外，他还花费大量时间和精力协助我们保持书院的特色。他的热情并没有因为两校合并而有所减退，反而为实现这一目标做了很多工作，因此赢得了书院学生的无比尊重。

尽管遭到到某些人反对，我还是真诚希望这次深刻变革能为整体工作带来好处，这将增强我们作为一个传教机构的教育工作，也将大大提高在中国传教的效率。我们不能将书院的合并理解成失败或是机构缩减，而要将此事看做进步和发展。形势已经发生了变化，我们解决教会所面临问题的方法也不能一成不变。我们不能菲薄过去的工作，而要保存过去好的经验,确保未来良好发展。去年春季中西书院的 80 名学生,以及曾在书院就读而后转入其他学校的一些学生,今年秋季将转入东吴大学。本学期开学初 4 名书院的老师转到东吴大学。

许多书院的朋友和校友对此都能够理解,并希望此举能为学校带来变化。我们期望这些愿望能变成现实。

葛赉恩敬上

Minutes of the China Mission Conference of the Methodist Episcopal Church, South.

博习书院报告（1887 年）

一年来书院各项事业发展状况良好。今年在书院注册的学生人数为72 人,平均出勤数达到50 人。经过短期考察后,一些不适合留在书院学习的学生被劝退回家。大部分学生来自苏州本地,其他一些则来自宁波、上海等地区。

到目前为止,所有学生都是自备衣物和铺盖。一些学生还要付一部分的住宿费,而那些来书院学英语的学生中有一些人则是例外,他们只要付常规的学费即可。

书院的教学工作有条不紊,所有课程均按照我们四五年前专门设计过的一套课程方案展开,学生们在学业上取得的成绩让人倍感振奋。如今,一年级的学生正在学习三角学、政治经济学、中国名著和英语。二年级的学生正在学习代数、通史、生理学、自然哲学、中国名著和英语。书院中两个年纪最大的男学生也承担了部分教学工作,他们将自己一半的时间用来教授代数、基础物理和算术。

书院的宗教氛围非常浓厚。一些男学生已经加入教会,还有很多人正处在教会的考察期内。学生们通常不会受到特别限制,可以参加每日的祈祷仪式以及教堂每周举办的宗教活动。而那些专门来书院学习英语并已支付学费、住宿费和房租的学生,很明显也受到了书院浓重宗教气氛的感召,这一点尤为让人感到满意和鼓舞。

本年 5 月 1 日,书院开办了英语科。20 名学生入学,每月学费 1.5 美元,住宿的学生每月另交 1.5 美元宿费和 50 美分的房租。英语班的学生不像我预期的那么多。据调查似乎有很多人想学英语,然而,显而易见愿意花足够的时间、劳动和金钱去学英语的人却不那么多。今年早些时候,一些说英语的中国人在本城开办了三四所学校教英语,除一所外其他都关闭了,我相信,这未关闭的一所也只有 6 个或 8 个学生。再说,即使学生再少,英语教学也是教会教育的一个重要部分,必须进行,以与教会的其他传教工作相联系。我决定,允许已完成或即将学完规定的中文课程的在校生免费学习英语。我认为,这是最好的计划,也和其他一些差会的学校相一致,这些学校近来增设了英语课程。

在培养教会后备人才方面,书院的成果颇丰。2 个学生已成为上海教区的布道员。1 个受雇于雷德教友,担任他的书记员和传教助手。4 个学生在苏州的主日学校教书。一些人成为博习医院的助理医师。2 个学生成为清政府电报局的雇员,其中一个成为能干的报务员,并在福州电报局取得一个好职位,并且他仍然保持其作为一名基督教徒的诚实本性,参加在那里由美以美会举办的宗教活动。

一年来,书院的实验室增添了许多新设备,其中有一台 5.5 英尺的折射望远镜,还有一个 4.5 英寸大小的物镜,配上目镜和其他设备,可以很好地用来观测天文,为此我还借了一笔钱建造了一个简易的天文台。我希望能够通过一些渠道筹得这笔250 美元的资金,此外,我还需要另一笔大约400 到500 美元的款项为天文台增添一些必要的设备,为图书馆和阅览室购买一批家具。同时,我还急需一台经纬仪,这大概又要花费150 美元。

最后,考虑到我们的传教事业需要大量接受过教育和宗教培训的当地事工,以及中国人对西学的渴求,尤其是数学和英语,我认为,博习书院当前所做的工作无疑对传教事业的发展起到了积极的推动作用。因此,我热切期望当地的教会机构、差会总部以及整个教会组织能够对书院的发展给予持续的关注和支持。

潘慎文敬上

1887 年 10 月 4 日

Minutes of the China Mission Conference of the Methodist Episcopal Church, South.

博习书院报告（1888年）

刚刚过去的一年是我们取得成功和进步的一年。我们招收了75名学生，其中大部分是去年在学校读书的学生。

20名学生在英文部学习，他们像以前一样缴纳膳宿费和学费。

中文部学生的学习取得了很大的进步。其中2名将于本学期修完常规课程毕业。这些课程都用中文教授。课程有：中国文学——四书、五经中的四经和散文；基督教课程——教义问答、《圣经》部分、天道溯源、神学原理、自然神学；西学——地理、世界史、物理学、化学、植物学、地质学、生理学、政治经济学、算术、代数、几何、三角几何、测量、航海、天文学和自然地理学。

这些即将毕业的年轻人将被本校聘为教师，至少目前如此。他们在初级班物理、化学和数学课程教学方面给了我很大的帮助。

低一级的班级要用两年多的时间完成课程。我们期望将来毕业的年轻人为我们教会的工作提供实质性帮助，并与教会的其他成员融为一体。几年来，教学一直按照计划进行。如果找到合适的教材，我们将调整和增设新课程，提高教学水平。书院给学生设置了一个明确目标，要他们努力去完成。目前的教学业已形成模式，这个模式将基本保持下去。目前的常规课程要求六年修完，外加五年预科课程。这些课程连同学校的规章制度已编成中文册子出版。11年的课程设置没有英语，因为学生所有的精力和时间都已用于学习规定的课程。然而有些学生提出申请在学完规定的中文课程获得证书后，免费学习英语。

我们学校的首要目标是培养有知识、训练有素的教会助手。我们对他们施加基督教的影响，用祈祷的力量和上帝的福音让他们转变信仰，走近基督，成为忠诚的信徒。我们尽可能给他们提供最好的基督教教育，使他们获得某些技能，以便在教会和社会中谋取职位，立于不败之地。我们的理想还未实现，但是我们正在努力。随着我们工作经验的不断积累、工作能力的不断提高，我们希望能把工作做得更好。

有一个问题困扰着我。我们给学生提供教育，以便他们找到一份较好的工作，工资待遇要比我们至今能付给教师的工资还高。像外国的基督徒一样，他们大多数情况下会选择到待遇更高的地方去工作。两名即将毕业的年轻人，他们想得到的薪水，超过了我的预计。如果薪水没有相应提高，他们将离校到其他地方工作。我听说其中一位在苏州教数学，每个月能拿到20元。他们都是虔诚的基督教徒，其中一名是干事，另一名是苏州主日学校的主管。他们会像在其他地方一样为我们作出贡献，我们不得不考虑付给他们同样多的薪水，以便他们满意，留下为我们工作。因为他们非常适合做这项工作。我们这样做是明智的。

我们昔日的一名学生最近获准传教，他愿意完全从事传播福音的工作。到目前为止，他是我们最有效率、最成功的一名主日牧师之一。

另外五名学生目前在我们教会的主日学校里教书。尽管他们在离校前尚没有学完全部课程,但总体而言,他们证明了自己是我们所能找到的最好人选。

正如上次年会报告中提到的那样,去年我们成立了英文部。我们有近40名学生在英文部学习。他们年龄在15~20岁之间,半天学习英语、算术和用中文教授的几何,其中一些人还利用另外半天学习中国经典著作。一名来自长江以北的学生只学习数学,且用中文来学,他似乎下定决心学完那门课程。

在教英文的过程中,我承认存有疑虑,即利用大部分时间来教英文而不是用中文来上课和布道等,这是否是最好的做法?学英语的学生不会一直呆在学校接受更多教育,也不会充分接受基督教的熏陶。但我们仍可以为他们做些事情。我们所能做的是履行好自己的职责,相信上帝眷顾我们,给我们以进一步指示。

去年有3名学生加入教会,一个健康的宗教氛围弥漫于校园。

学校增设了部分化学、物理实验器材。以前车间里的一个旋转车床和1. H. P. 型号的蒸汽发动机卖给了一位苏州人,改良了一架螺旋切割车床(18×52英寸)、3马力的水手牌发动机。发动机用来转动机床和启动发电,为实验室里的电灯、电池等供电。

这个实验场所最终将建成一家具有规模的工业学校,教授尽可能多的理论知识,提供熟悉工具构造、发动机模型及各种化学、物理仪器等实践机会,帮助学生学到谋生的技能。除专业学习外,学生将其余时间主要用于学习基础知识。

以下是1888年9月30日博习书院的财务状况:

收　入

来自差董会的拨款	$1 440.00
膳宿费与学费	361.55
卖旋转车床所得	220.00
卖一个旧的1马力发动机所得	65.00
其他来源	168.00
去年余款	56.42
结余	8.03
总计	$2 319.00

支　出

住宿	$818.03
经营支出,文具用品,家具,维修,书籍等	402.18
教师薪水	242.00
仪器、设备	93.47
支付天文观察器余款	80.00
旋转机床和工具	341.44
3马力的水手牌发动机	341.88
总计	$2 319.00
今年余款	8.03

潘慎文

Minutes of the China Mission Conference of the Methodist Episcopal Church, South.

博习书院报告（1889年）

今年招生76名。各个部门工作稳步提升。

5名学生加入教会,还有7名学生是教会的考察对象。

3名神学班的学生即将成为牧师。令我们感到悲痛和失望的是其中1名年纪最大的Sen-Sen-ven今年7月在学校附近的运河游泳时溺水身亡。

2名有前途的年轻人离世——去年的Lu Tz-yin和今年的Sen-Sen-ven,令我们感到悲伤,这是我们学校的一个重大损失。也许是上帝要其他人来取代他们的位置。

由于数学已经成为政府考试的一门科目,去年春季,我们派了一名学生到常熟开办一个数学学校,主要目的是通过这种途径招到一个班的学生。虽然到目前为止,学生还很少,但学校的前景不错。无论如何我们打算去尝试,希望在常熟或者其他地方将这方面工作做好。

英语部由衡特立牧师执教,他做得很好。17名学生学习英文。

10年来我一直负责管理书院,大约有40名学生加入教会,其中的15名在教会从事牧师、教师及医疗辅助的工作。其他人已经去世了,上帝见证了他们的信仰,上帝一直支持着他们直到他们离去。我期望在世间的工作结束后,能与他们在另一个世界相见。

在过去10年里,学校大约有160名学生,大约40名学生在英文部就读过。学生在校时间长短不一,从几个月到12年,我充分相信大多数学生在心灵和智力上都获益匪浅。

去年几个月里,学校支出大大增长。9、10月份持续的大雨威胁到水稻等庄稼的收成,造成了日用品及油价的上涨。全国洪水泛滥,冬麦播种困难,日用品价格明年不会下降。因此,有必要请求增加拨款。

我希望明年回国筹备资金,为实验场所再建造一幢房子,同时也购买一些书院需要的设备,以便开办一所小规模的工业学校。我们得筹资700元用于扩充实际场所的面积,400元将用于添置工具及装备。当然还有其他实验设备需购置。我提议,在差董会的允许下,请求给予我们特殊款项,以实现这些目标。

以下是博习书院1899年9月3日的财务状况(墨西哥元):

收　　入	
差董会的拨款	1 200.00
膳宿费、学费	209.17
特殊捐款——	
杜步西(Rev. H. C. DuBose)	50.00
柯林斯·丹尼(Collins Denny)	80.00
R. M. College. Soic	42.58

查普曼(Dr. M. B. Chapman)	12.25
潘慎文	264.34(431.17)
总计	$ 1 840.34

支　出

住宿支出	831.19
教师薪水	191.25
维修、课本、家具及杂物	402.75
去年贷款还债	128.00
建天文台	86.00
设备和工具	193.12
去年结余	8.03
总计	$ 1 840.34

潘慎文

Minutes of the China Mission Conference of the Methodist Episcopal Church, South.

博习书院报告（1890年）

回顾过去一年的工作，我们可以用鼓舞、感激和感恩三个词来概况。我们在工作中备受鼓舞，对上帝的眷顾心怀感激和感恩之情。学生中没有出现死亡或严重疾病的现象。

74名学生注册，其中55名是学校老生，英文部从校外招了19名学生。在英文部学习的学生共计29名。两次年度测试显示，除少数人外，学生的学习取得了进步；确实，很多学生通过了高难度的考试，尤其是代数、天文和几何。这些学生的老师是我们学校的毕业生，他正在证明自己是一名有能力的老师。

衡特立夫人用中文教3个班级的"圣经历史"，她给我们提供了有益的帮助。

学校宗教特征更加明显，正在变成应有的样子——一所宗教学校。

8名学生加入了教会，其中一名很有前途，是一位很虔诚的基督徒，我们害怕会失去他，因为他遭到了岳父的反对，被叫回了家，目前还没回来。目前在校生中有43%是教会成员，如果加上有意加入者，我们有56%学生信仰耶稣基督。这些学生接受神圣的宗教熏陶，他们且是教会中聪明的成员。

博习书院财务报告（1890年9月30日）

收　入	
差董会拨款	1 541.94
住宿费	94.68
学　费	131.00
特别捐款	82.53
杜步西	25.00
Rev. C. Denny	57.53
总　计	1 850.15
支　出	
住宿支出	923.435
教师薪水	171.00
杂费	273.685
课本和维修费	111.50
余款	370.53
总计	1 850.15

代理校长衡特立

Minutes of the China Mission Conference of the Methodist Episcopal Church, South.

博习书院报告（1891 年）

去年 3 月 1 日我从美国回来，重新负责学校工作。衡特立先生在我去美国期间全面负责学校工作，我发现学校一切运行良好。尽管一些课程由于我的缺席而不得不推迟，但学生的学习还是取得了很大的进步。我回校后，推迟的课程重新开设。各个部门稳步发展，取得了令人满意的成绩。

一年来有 75 名学生在校学习，其中 59 名学生在中文部，16 名在英文部，有一些学生并非全日制上课。

学校的宗教氛围良好，浓郁的宗教信仰之风在学生当中盛行，13 名学生成了教会成员，还有很多学生即将加入教会。除已经培养的传教士和牧师外，2 名学生最近表达了他们成为福音传播者的愿望。我希望看到他们在完成大学课程后开始牧师的常规工作。

受 6 月 1 日事件影响，我们有必要提前一个月结束春季学期工作。在 8 月 31 日开学时，大多数学生重返了校园，而且我们还招收了数名新生。由于差董会未能拨款资助学院的工作，最好的办法就是减少学生总数，以便我们能在现有资金及能募到的资金范围内维持学校事务的运作，否则整个学院都将“瘫痪”。

差董会未能拨款削弱了学院工作，对我们整体的工作也是一个沉重的打击，我们无法培训本地的传教士助手，这些传教士助手是我们开展工作时不可缺少的，因为我们各项工作均由他们来开展和实施。大约 20 多名本地传教士助手目前受雇于我们差会并在博习书院学习。其他的一些传教士助手也即将来学习。目前有 10 ~ 12 名学生将在 1 ~ 4 年内完成学业，我希望到那时，大多数学生将在上帝的影响下，为成为传教士、教师、医疗助手做好充分准备。我们已经在这些学生身上花了不少时间和金钱。他们正在成长。他们中的大部分人作出承诺，将在我们传教工作中发挥有效的作用。

过去的 10 年，我一直努力探索给我们学生全面教育的可能。下面是学习的课程，这些课程都是经过实践检验、多次修改，最后确定下来的。书院学制为 11 年，5 年为预科课程，6 年为大学课程。所有课程都用中文教授。

预科课程

第一年：《五百汉字》、《三字经》中华人与基督教部分、《百家姓》、《教义问答》、《子问答》。

第二年：《儒家文选》、《圣经故事》、《本国地理》、《心算》。

第三年：《大学》、《中庸》、《孟子》第一部分、《笔算》第一部分、《地理》，《文理》、《基督的生活》、《简易文理手册概要》。

第四年：《孟子》第二部分、《笔算》第二部分、《自然科学初阶》、《化学》和《物理》、《教义回答》。

第五年：《诗经》、《当代散文》、《笔算》第三部分、《自然科学初阶》、《天文》和《地理》、

《声乐》、《天道溯源》。

大学课程

一年级:《历史》、《散文范例》、《写作》、《代数》、《世界史》、《自然地理学》、《神学要义》。

二年级:《春秋》、《散文范例》、复习《儒家文选》、《写作》、《几何》、《自然哲学》、《流体静力学》,《流体力学和热学》、《世界史》、《地质学》、《神学要义》。

三年级:《春秋》第二部分、《散文范例》、《孟子评论》、《散文诗》、《三角》、《测量》、《自然哲学》,《电学》,《机械学》和《数学物理学》、《生理学》、《植物学》、《自然史》、《自然神学》第一部分。

四年级:《礼记》、《散文范例》、复习《大学》、《中庸》、《诗文写作》、《无机化学和有机化学》、《测量学》、《机械学》、《自然神学》第二部分。

五年级:《易经》、《解析几何》、《天文学》、《写作》、《伦理学》。

六年级:《古代文学》、《微积分》、《写作》、《心经学》、《政治学》。

学校宗教气氛很好,除了少数学生,在校时间长的学生没有不转变信仰和加入教会的。我很高兴能汇报以下事实,以感谢上帝对我们的恩惠,他一直祝福保佑着我们的工作。

作为学生取得进步的一个例子,我要汇报以下事实,7 名学生已经学完微积分,并在其他课程学习方面也取得了相应进步。

我们有一片面积很大的建筑来开展书院工作。房子能容纳 75 名住校生和 25 名走读生,里面有宿舍、教室、教堂、图书馆、实验室和实验场所,实验室和实验场所配备了价值 3 000 多美元的仪器、工具和机器。我们还有一个天文台,里面配有一流的赤道仪望远镜(4.5 英寸的物镜和 5 英尺长的焦距)。

教会教育是在中国福音传道中一个必不可少的要素,对传教工作起到了重要的辅助作用。我们不但要培养本土的传教助手,他们将在世界上最神秘、最自负的民众中传播福音。同时我们必须做好准备,使那些即将取得政府信任、影响中国未来政局的人接受基督教的熏陶。

1887 年,清朝皇帝颁布法令,政府考试加入西方自然科学和数学内容,社会对用中文教学这两门课程的需求大大增长。随着铁路、电报、矿业、机械等的引进,为满足新形势的发展,中国青年学习西方自然科学和数学成为必然。政府正在开办教学西方自然科学和数学的学校来满足这种需求。教会应该抓住这个机遇,用基督教影响那些将要领导这个国家的下一代人。由于大多数学生必须通过母语来获得西方科学及基督教知识,因此我们必须创办像博习书院和其他诸如此类的教会学校,这些学校能用中文来教这些课程。

其他教会看到了通过这种方式办学的光明前景,正在拓展他们的教育工作。我们不能落后于他们,让别的教会抢得先机。大量工作等着我们去做,但是做的方式又太少。教育工作应该被置于持久的基础之上。如果博习书院每年能得到一笔 2 000 美元或 2 500 美元的款项,差董会将会减轻负担,为在中国的教会教育及福音传播做大量的工作。捐 500 美元设立一个奖学金,或者捐赠 40 000 美元给书院,这些有价值的投资将在上帝的名义下得到丰厚回报。

如果在上次年会上,差董会允许我们书院和其他教会学校联合开展更系统的教育工作的话,我们将会得到更多的资助,使这项工作建立在更持久的基础之上,我们期待这个目标能早日实现。

在书院发展方面，建立一个常规的神学部和一所培训更多本地教徒的时机已经到来。我建议再派遣一名外国传教士来书院负责这项工作。我们必须尽可能地让本地牧师获得更全面的基督教知识。除了系统、全面地学习《圣经》、教文、《天道溯源》外，他们还应该学习希腊语和希伯来语，使他们能通过这些古老语言阅读《圣经》。为了实行与这些相关的既定计划，差会有必要再任命一名外国传教士来书院负责这项工作。

经过慎思与协商，我决定在春节结束关闭英语学校。我认为对我来说没有必要在英语教学方面花费时间，没有必要再讨论这个问题，因为我们书院有其他更重要、更有意义的事情要做：通过中文来教授西学的各门学科。

书院教学楼中有一个房间要作为“女子圣经阅览室”，而原本拨给“女子圣经阅览室”的款项被用于扩建实验场所。这种安排使我们拥有一间面积更大的实验场所，计划中的实业学校得以开办。到那时我们将筹到必要的资金，建立一个图书馆和阅览室，供书院师生及社区里的其他人使用。图书馆里已经有大约200元的中文图书，手头还有约300元用于明年购买更多的书。

我很高兴汇报一封来自约翰博士的信。我在前面说到，他汇来一张625元的汇票，这只是董事会资助书院特殊拨款的四分之一，是惠会督授权集资的。这大大缓解了书院的财务窘境。约翰博士确信这意味着董事会不久将会资助书院。我们对书院的前景及将来工作的拓展充满信心。

博习书院财务状况 1891 年 9 月 30 日

收　入	墨西哥元
差董会拨款	1 576.01
学费、董事会收入	163.24
查普曼、丹尼捐赠图书馆等	198.01
在美国自筹款项用于购买仪器、图书	941.45
总计	2 878.71
支　出	
住宿支出	862.06
教师薪水	215.50
10 月 1 日化学和物理设备	787.51
图书和教材	189.74
健身房、家具、维修等	146.90
杂费	232.29
总计	2 434.00
余额	444.71

潘慎文

Minutes of the China Mission Conference of the Methodist Episcopal Church, South.

博习书院报告（1892年）

尽管上一学年开学时差董会没有拨款给书院，但我还是很高兴地向大会汇报这一年来我们非常成功的工作。许多朋友听说我们经费紧张后，马上筹款支援学校，对此我深表感激。我们已有充足的经费来满足我们所有的需求，剩余部分用于购买图书和一些设备。我尤其要感谢惠会督和 St. Louis Advocate，感谢他们帮助书院迅速而有效地筹集资金。同时也要感谢科林斯·丹尼牧师（Rev. Collins Denny）及其他人在书院困难时给予的资助。

这一学年共有94名学生注册在校，出勤人数最多可达70人。大约一半的学生来自苏州。其余的来自宁波、上海、松江、常熟、昆山等地方。大约40名学生或是基督徒，或来自基督教家庭。他们在婴孩时期就接受了洗礼。

7月1日，一个6人的班级在春季学期结束时毕业，学校给他们发放了毕业证书。他们完成了除《伦理学》和《心理学》（由于我们没有合适的中文教材）外的所有课程。这些课程我在去年的报告中提到过。这6名学生是我们书院第一批正规的毕业生，尽管其中有些学生所掌握的知识并没有达到我们原先所期待的那样熟练，但我希望他们在接下来的日子里能过得有意义，不枉费我们给他们的教育。其中3名学生将成为我们教会学校的老师，1名将进入学校委员会，另1名跟随柏乐文博士学习药学，还有1名学生，他没有决定是成为一名牧师还是教师。上帝将给予我们无限的同情，帮助我们通过这所学校培养大批忠诚能干的人，为这片土地的教会服务和工作。

教学工作由我自己、我夫人及3名中国教师来完成。

尽管我们决定在去年春节末关闭英文部，但我们发现有必要允许那些已经学了一段时期英语的学生继续学习，毕竟在他们刚刚接触英语之后，我们又马上剥夺他们学习英语的机会，这看起来似乎不妥。但今年我们没有再招学英文的新生。

除了日常传教与教学工作外，我还在翻译罗密斯的《三角学》，翻译即将完成，该书有望于明年初由中国教育协会赞助出版发行。

裴先生被差会召回，让他到范德比尔特大学当教授，这使得我们至少在目前无法建立构思中的神学部了。关于创建神学部的计划我已在去年报告中详细阐述过。就这一议案，一年来我们一直在认真仔细地讨论。我们希望这个秋季差会能派遣裴先生来博习书院，组建和管理神学部，培养更多受过全面训练的本地牧师。目前裴先生已回美国，这对整个差会来说是一个很大的遗憾，他的离开打乱了预定计划，我们不得不制订其他计划。我们将在现有人力的基础上尽量把工作做到最好，至少要开个头。我们满怀信心，不久就会有足够的人手来管理神学院，并推进我们其他的工作。

下面是书院一年来的财务报告。由于这个报告是给我们国内朋友及我们自己看的，因此应该用美元为计算单位，这比用墨西哥元为计算单位要好。

博习书院财务状况报告(1892年9月30日)

收 入

惠会督在密苏里州收集的款项	1 256.96
密苏里教会、差董会	200.00
A. B. Welton 小姐	25.00
伦道夫—梅肯学院(Randolph Macon College)	19.00
Rev. W. A. Swan	25.00
Rev. Collins Denny	60.00
潘慎文博士出租显微镜的部分收入	94.00
来自差董会的款	15.40
去年结余	317.06
总计	$2 012.42

支 出

住宿支出	697.37
教师	196.43
课本	231.94
仪器设备	369.90
杂费、维修费等	190.10
预留图书经费	250.00
结余	76.68
总计	$2 012.42

潘慎文

Minutes of the China Mission Conference of the Methodist Episcopal Church, South.

博习书院报告（1893 年）

去年,我在苏州教区负责的工作,一定程度上影响了我在书院里的工作。我夫人每天承担大约 4 个小时的教学量,加上本地教师(两名书院的毕业生)的帮助,在某种程度上弥补了我不在书院时的工作。书院正稳步发展,所取得的成绩鼓舞人心。

一年来注册登记的学生是 101 名。出勤人数最多可达 75 人,平均出勤人数为 65 人。

23 名学生表达了成为基督徒的愿望。其中 7 名已加入教会。目前书院有 14 名学生教友,25 名即将成为教友。

开学初,我们开设了一个神学班,共有 4 名学生,每周定期碰面两次,上课或听讲座。除了我自己在这个班上课外,还有韩明德, 良知道和盖韩伯也在这个班帮忙。其中 2 名学生已经准备积极投入到布道与教学工作中去。另外 2 名学生一年后也将外出实践,这是他们训练过程中的一部分。这个班级正在学习《基督生平》、《圣书地理学》、《圣经旧约史》、《教会史》和《圣经注释》(包括新、旧约)。良知道给他们上希腊史,这开了个好头,他回国前将一直在学校工作。

一年来,3 名学生已专攻数学一段时间了,其中 1 名学生来自江西省。

我们不能辞退所有学习英语的学生,因为三三两两的学生仍不断来校学习英语。但是我们将在春节结束时解散他们。

我已经完成罗密斯《解析几何和微积分》的翻译,有望于明年出版。

收　　入	财务状况(美元)
去年结余	$326.68
来自差董会的拨款	1 520.00
特殊收入	85.50
膳宿费和学费	55.53
结余	29.91
总计	$2 017.62
支　　出	
住宿支出	$927.97
教师薪水	188.85
书籍	171.87
仪器设备	432.40
杂费、维修等	271.26
神学学生	25.27
总计	$2 017.62

潘慎文

Minutes of the China Mission Conference of the Methodist Episcopal Church, South.

博习书院报告（1894 年）

招生名册显示一年来有 106 名学生。最多一次出勤人数为 80 名，平均出勤人数大约为 70 名。课程学习按照前面提到的那样进行。大部分学生取得了令人满意的进步。这一年，有 4 名学生完成了课程学习。其中 1 名正在长沙一所教会学校教书，另 1 名在南京也从事类似的工作。另外 2 名是神学班的，正准备成为牧师。一年中大约有 20 名学生被吸收加入到教会，因此目前书院有 35 名教会成员，30 名即将成为教会成员。

又有 3 名学生加入神学班。盖韩伯自 2 月份来一直负责这项工作，他将就该班所取得的成绩和目前状况做一个更详细的陈述。

一年来，有 2 名学生在书院专门学习数学。

书院全部用中文教学。

书院经费用于支出之外还有剩余，我一直想要容纳更多的学生，因此我决定在初夏，再建造一幢建筑。孙乐文又从教区基金里拨给我们 535 美金，从而使扩大建筑面积的目标能够实现。新建筑于 7 月末开始动工，现在已经完工。由于增添了新的教学楼，我们现在可以容纳 120 名学生。虽然今年无法完成这个招生数额，但我还是希望书院的招生人数能逐渐达到这个数字。

一位教会朋友给神学班的学生提供了两项奖励，一项奖给在老师命题作文中写得最好的学生，奖金为 10 元，另一项奖给第二名学生，奖金为 5 元，这个奖项将于每年春季学期末颁发。

我们需要建立一个附属于书院的就业指导部门。这个部门主要考虑如何实现以下两个目标：首先，对于那些因种种原因而无法完成全部课程的学生，我们要教给他们一门手艺，使他们获得一项谋生的技能；其次，对于那些已完成全部课程学习的学生而言，我们也要让他们认识到实际操作的重要性。当然实行这项计划将有很大的难度，但是我希望在明年能顺利开展这项计划，至少也要开个头。

我一直作为七名委员会（外国传教士）中的一员，为中文版《圣经》编写简要注释。《新约》部分工作进展良好。

同时我正在将斯蒂尔的《物理学》翻成中文，希望能在明年将它出版。

财务状况

收　入

来自董事会的拨款	1 800.00
H. L. Smithey 小姐捐款	53.34
潘慎文	26.67

孙乐文、来自苏州教区的捐助	533.35
结余	180.07
总计	$2 593.43
支　出	
去年应付	29.91
住宿支出	644.08
教师薪水	176.52
学生帮工	60.54
课本费	93.85
仪器设备	110.84
杂费、维修费等	297.49
新教学楼	1 180.20
总计	$2 593.43

潘慎文

Minutes of the China Mission Conference of the Methodist Episcopal Church, South.

博习书院报告（1895 年）

今年有 122 名学生注册，他们的年龄 9 ~ 20 岁不等。平均出勤人数大约为 85 人。

所有部门都取得较大进步。这一年没有学生毕业，但是有 3 名将于明年毕业。

这一年书院有 41 名教徒，有 42 人即将成为教徒。我相信，随着学生对神学研究的不断深入，大多数学生和年轻人会将“耶稣”看作他们的救世主，其中一些人在生活方面的宗教特征已显著增强。

盖韩伯负责神学院，并在教学方面作出了卓越贡献，尤其在《圣经》学习方面给学生以很大的帮助。学生上他的“《圣经》解读”课，受益匪浅。这些将来从事传教工作的学生，也从参与盖韩伯每周六、日乡村布道工作中学到了不少实践经验。我夫人每天上 3 个小时课，她教历史、地理、动物学和生理学。7 名本地教师协助指导工作。其中 5 名为本校毕业生，而在这 5 人中又有 2 位期望成为牧师。

作为两个委员会的成员，一年来我仍然继续《圣经》修订和为中文版《圣经》编写简要注释。由于我还要从事其他工作，因此进展很慢，但我希望明年初能完成我负责的那部分工作。我翻译的斯蒂尔《普通物理学》已被中国教育协会出版委员会批准在学校使用了，不久有望出版。我修订、翻译的罗密斯《解析几何》正在出版社审核，完成这个过程可能需要几个月。

校长潘慎文

财务状况

收　入	G. $
董事会拨款	1 600.00
来自学生住宿费、课本费	29.41
杜步西博士之子学费	22.60
结余	173.99
总计	$ 1 826.00
支　出	G. $
去年应付	180.07
住宿支出	803.00
教师薪水	193.85
学生帮工	89.90
校役工资	46.55

教学楼修缮	78.67
设备	173.72
课本费	91.32
杂项支出	168.92
总计	$ 1 826.00

潘慎文

Minutes of the China Mission Conference of the Methodist Episcopal Church, South.

博习书院报告（1896年）

今年入学人数为121名,平均出勤人数为84名。教学课程除个别因缺乏教材被其他课程替代外,基本沿袭潘慎文博士原先设置的课程。总体上说,学生们取得了令人满意的进步。1名学生在春季学期末学完了所有课程,另外3名将于6月份学完所有课程,

书院的宗教氛围良好。除个别学生外,他们或已是教徒,或即将成为教徒。在年会期间,30多名学生加入教会。我们书院有一个由44名成员组成的厄普卫司联盟会,该联盟会最近成立了基督教青年会,有成员16名。基督教青年会定期组织集会,为高年级学生了解其他学校的基督生活提供机会。我们相信,通过这些机构组织每周的祈祷会、《圣经》学习、班级聚会,整个书院将充满浓厚的宗教气息,这是我们长期努力的结果。

在年初,4名学生除学习学术课程外,还学习神学。自春季学期初以来,我们发现有必要暂时解散这个班级。其中2名学生正在书院帮忙,还有1名在松江教书。

4名学生利用课外时间在铁匠铺实习,结果并不尽如人意。

各种工艺技能的教育对书院来说也许是有益的补充,对那些不适合读书,以及那些对工艺技术有天分的人来说,这也是另外一条出路。然而,我们不指望在这方面获得多大成功,因为我们缺少一名有经验的老师来负责这项工作。

大会后不久我们开办了一个英语班,共有学生和老师13人,韩明德夫人负责教学。由于这个班级人数少,我们又招收了一些从城市来的学生,现共计31名。韩明德夫人每天教学3个小时。英语班级持续到秋季学期结束,因为大家不建议她继续教下去。

3月份,文乃史加入到教师队伍。他非常能干。由于他的到来,我已决定春季学期初开设英文部。一幢能容纳30名学生的宿舍楼即将建成,来自学校基金盈余的650元用于宿舍楼建设。我们期望能招到16岁以下的学生,让他们在老宿舍楼那里学习英语,他们的学费能弥补我们部分支出。我正在考虑两个问题:逐步使学校能够"自养";同时招收一批素质良好的学生。我们计划利用目前社会对英语的需求来达到这个目的。

韩明德

财务状况

收　　入	美　　元
差董会	3 216.83
W. A. Snarr,密苏里教会	87.95
学生的膳宿费和学费	151.04
课本费	40.15
维修	70.00

托马斯,小石城会议	28.00
结余	58.48
总计	3 652.45
支　　出	
去年应付	306.08
住宿支出	1 463.18
教师薪水	550.30
学生帮助	61.25
佣工薪水	70.56
教学楼维修	117.81
课本费	165.69
杂项支出	267.58
新宿舍搂	650.00
总计	3 652.45

Minutes of the China Mission Conference of the Methodist Episcopal Church, South.

博习书院报告（1897 年）

今年入学学生为139 名,这是学校有史以来最多的学生人数。总体上说,学生的行为举止和取得的进步令人满意。

目前我们要求入校学生较好地掌握《大学》、《中庸》。这实际上是取消了前两年的课程,让学生们通过日校或者家庭教育获得这些知识,因为教学《大学》、《中庸》等课程一方面增加学校开支,另一方面也给我们带来教学负担。

春季学期初,在文乃史和韩明德夫人的主持下,我们增设了英文部。它吸引了 21 名学生。英文部的学生在学习常规课程的同时学习英语;另有 40 名学生只学习英语,或者兼修数学和基础科学。我们在春季学期所获得的经验告诉我们应该为以后的学生多开设几门必修课。因此,现在我们要求所有英语班的学生选修常规课程,包括中国名著、数学、科学和基督教著作。

神学班有 3 名学生。Tsa-Tsz 提供了有益的教学帮助, 陈楹卿给学生们作了一系列有关儒家、佛教、道教的精彩讲座,并进行了点评。

一年来,为学生开设讲座、演讲者有: 伦敦的格勒顿 · 吉尼斯博士;中国大陆差会驻河南的霍华德 · 泰勒医生;美国北基督教长老会差董会的秘书斯佩尔先生;还有我们差会的步惠廉先生和柏乐文博士,这些讲座和演讲广受学生欢迎。

我们书院的日程工作普遍在基督教影响下进行。本地牧师和 5 名本地教师的行为为学生树立了榜样。还有一个主日学校,它由许多英语水平比较高的学生组成,这些学生正在用中、英文两种语言学习《福音书》。

我们要求学生参加每天早、晚举行的教堂祈祷,平常的教会礼拜活动和周二的晚祈祷。由 47 名成员组成的厄普卫司联盟会由学生自我管理,这个组织促进了学生的宗教生活,培养他们的优秀品质。

去年我们成立了基督教青年会组织,共有 30 名成员,13 名助手。基督教青年会积极推动其成员通过个人努力拯救他人。

书院有 43 名教会成员,19 名即将成为教会成员。

我们相信这些年轻人的生活会得到发展。通过精神感召,他们会成为这个黑暗大地的永久力量。

韩明德
文乃史

财务状况

收　　入	美　　元
差董会	3 091.74
东德克萨斯分会 Miss Shirley Green	37.50
白河分会"Jonesboro Rosebuds"	78.76
维修	50.08
仪器出售	2.70
膳宿费、学费和房租	762.07
课本费	117.40
总计	4 140.25
支　　出	
去年应付	58.48
住宿支出	1 302.44
教师薪水	587.46
佣工薪水	82.20
维修费	103.76
课本及其物资	216.21
学校家具	457.38
杂项支出	255.13
修建新宿舍、厨房、道路等的余款	1 016.17
余款	61.02
总计	4 140.25

韩明德

Minutes of the China Mission Conference of the Methodist Episcopal Church, South.

博习书院报告（1898 年）

过去一年上帝眷顾博习书院。书院招到学生 124 名。书院各方面都取得了显著成绩。在书院录取学生时，我们对学生的学术要求比以前高多了，入学时必须得通过《大学》和《中庸》方面的考试。

123 名学生学习中国古典名著、数学和自然科学。我们通过课外背诵、课堂解答、日常祈祷和宣讲《圣经》等方式引导学生了解基督教。

文乃史和韩明德夫人教授英语。我们同时也感谢马丁小姐的帮助。自从秋季学期文乃史去日本找他的新娘以来，马丁小姐每天上一个小时的英语辅导课。英文部有 60 名学生，其中一名是高级官员，他付了高额的学费来培训英语。韩明德夫人每天花一个小时给他辅导英语。他比较欣赏外国教育体系和教育思想，已将我们书院介绍给与他平时打交道的苏州官员们。

在英文部还有 2 名日本学生，其中 1 名在高级班。他是一位非常聪明和有潜力的年轻学生，来自日本一个贵族家庭。我们期望他回国后能承担起拯救日本民众的任务。

春季学期初，我们找到了一名会说英语的中国人，他成为英文部的教师。在头两个月里，他的工作令人满意。但是两个月后，他去大学部工作。临走时，他极力鼓动学生跟他走。这个经验告诉我们，将不信教的教师放在教会学校的重要位置上是一个愚蠢的做法，我们必须尽快将这些教师赶走，让我们自己培养的人来替代他们。

我们学校有 8 名中国教师，3 名外籍教师。学生要求学问高、举止得体的老师来教他们。

春节后，我们邀请来自宁波的 Dzi Tsu-ding 来书院任教，他把大部分时间花在培养学生作文、诗歌和书信写作能力上面。

一年来，我们尽力寻找合适的人选来作各种有益的演讲，这些讲座涉及各种主题。演讲者有来自北京的罗瑞牧师，夏威夷的拜德，柏乐文和曹子实，日本的威莱特，林乐知（他作了 3 次演讲）。

书院有 54 名教会成员，30 人即将成为教会成员。几乎所有学生都参加主日学校。文乃史在中西书院教一个班级，我们十分期望那些来我们书院学习英语的学生最后能加入教会。他们中部分即将成为教会成员。

厄普卫司联盟会有 66 名成员，工作开展顺利。

基督教青年会有 41 名成员，另外 32 名即将成为教会成员。

基督徒教师负责管理基督教青年会，在帮助学生熟悉《圣经》、建立信仰方面，该组织是一个强有力的机构。他们每个周日都会派出学生去指导和劝诫人们成为上帝的子民。

我们神学班有 3 名年轻人，其中 2 名已表达了成为布道者的愿望。他们几乎每周都外出与本地牧师一起卖书、布道。

书院已逐步发展成为一个能“自养”的机构。我们写信给差董会传教部秘书，如果差董会能够为书院再派一名人手过来，那么我们就不再要求差董会为1898—1899学年拨款。

三年前，我们书院收到了1 800元（$1 800gold）拨款，今年我们获得了1 350元（$1 350 gold）的拨款。在这三年里，我们利用剩余的资金，建立了一所能容纳30名学生的宿舍楼，购买了价值大约500元（dollars）的学校设备，还清了外面所有的债务。目前我们手头还剩有584.59元。

教学楼最近经过整修，状况良好。

夏季学期结束时，3名地方官员及几名其他官员来书院视察，听了几节课，还亲自审阅了一批由学生写的关于各种主题的作文，并评出最优秀的文章予以21元的奖励。

在毕业典礼期间，书院邀请杜步西、柏乐文、苏州的盐官李先生和一个高官的儿子骆先生给我们作了几场讲座。这名高官（骆先生之父）多年来一直与伦敦大使馆的人保持联系，在思想与品味方面比较开放。事实上，目前在中国邀请著名人士参与这样的活动已不是难事了。他们身份高贵，积极参与这些活动足以证明他们对我们书院工作已做出的成绩表示了满意和认可。

由于我身体状况欠佳，同时还身兼教区的多项职责，再加上书院管理工作，我已经无法像以前那样投入到我所钟爱的教学事业。我深深感觉到仅通过说教很难拯救处于黑暗中的灵魂，但是我相信拥有无限真理的上帝与我们的学生同在，并将为他们打开通向上帝之门。

韩明德

财务状况

收入	墨西哥元
去年应付	61.02
差董会	2 871.72
维修	200.00
住宿、学费、房租	1 199.40
仪器出售	7.38
课本费	151.66
苏州地方官奖励	21.00
总计	$4 515.24
支出	
膳宿费	1 726.86
教师工资	906.30
仆役工资	146.46
维修	330.58
书籍及供给	582.50
学校设备	34.60

奖学金	47.90
杂费	143.45
医疗支出	12.00
以上合计	3 930.65
现有余款	584.59
总计	$4 515.24

Minutes of the China Mission Conference of the Methodist Episcopal Church, South.

宫巷中西书院报告（1898年）

1895年秋季，苏州迫切需要有一所英文学校。同时我听说上海某些人想到苏州办学赚钱。如果中国迫切需求西学，教会应对此作出反映，教学西学，使这种“新学”不但不违背基督教，而且有助于基督教的传播。为此，我们开办了一所试验性学校，招生人数控制在25人。这些学生有备而来，他们学习热情高、劲头足。我确信，在苏州创办一所英文学校是正确的。1896年中国春节时，我开始着手筹备这项工作，并招收了50名学生。第一年学生人数变化不定，有学生中途退学，也有学生学期中间入校。但第二年学生人数就稳定多了。书院已开办三年，现在大多数学生入学已不是为了学几句简单的商务英语句子，而是渴望接受真正的教育。春季学期我们招到了90名学生，秋季学期则招收了109名学生。

英文部有3位教师：孙乐文夫人，孙令仪小姐及我自己。我们还有3位中国教师，其中2名教数学，1名教中国经典著作。

我们努力让学生相信，我们书院的目标不是简单地教授英语，而是要为他们提供一个完整的教育。书院课程目前效仿美国语法学校，随着学生学习的进步，课程定会拓展。学生使用英文教材接受教育，同时也用中文学习数学。尽管书院有一名教师教授中国经典著作，但这门课并不是必修的，只有年轻的学生选修。大部分学生来自富裕的家庭，他们有自己的家庭教师，他们更喜欢通过家庭教师学习中国经典著作。学生中有几位秀才，大部分学生都参加过科举考试。

学生出勤率较高，他们学习认真，为此我们深受鼓舞。纪律方面也没有什么问题。学生来自苏州最好的家庭，他们举止得体，待人礼貌。我从未在其他地方看到如此有前途的年轻人。他们非常关注学校的发展前景，渴望能为学校贡献自己的力量。

通过书院的引导，学生了解了基督教，并深受其影响。他们所有人都明白这是一所教会学校——一所建立在基督教基础上的学校。虽然还没有一位学生加入教会，但他们对基督教的观念发生了变化，许多人的行为也改变了不少，可见上帝对他们的影响。我们有一所蒸蒸日上的主日学校（我们书院大约四分之三的学生来自这里），每个礼拜日早晨很多人都自愿来学校参加活动。

书院还从事了一项有前途的妇女工作。学生们经常邀请女教师家访。这些学生也经常带着他们的母亲、姐妹到我们家串门，或者参加宫巷的妇女会。这些人由我的妻子和孙令仪小姐接待，她们之间已经结下了良好的友谊。孙令仪小姐已拜访了很多学生家庭，带去上帝的福音。这些人对“基督”这个词不但不反感，而且让孙小姐谈论“基督”，解答他们关于“基督”的问题。假如我们能够得到更多帮助的话，这项妇女工作可以大大拓展，因为一半以上的（妇女）资源还没有利用。

收支方面，书院能够自养。除了我的工资（当然包括我妻子）和目前的临时住房外，我从未用过董事会的一分钱。孙令仪小姐及本地教师的工资，所有维修、配置、杂费等支出，全从学费收入中扣除。如果有一所更好的建筑，增加一名教师，学校将得以扩展，我们可开展更加有效的工作。

孙乐文敬上

Minutes of the China Mission Conference of the Methodist Episcopal Church, South.

宫巷中西书院报告（1899年）

宫巷书院一年来工作顺利，但我们所期望完成的事情并未全部完成。不过我们学到了经验。学校规模虽然不如去年，但我们的经历却丰富了许多。我们从其他事情中了解到，在中国做事必须考虑政府的态度与看法。如果政府同意，那么甚至像宫巷中西书院这样小的学校也会发展；如果政府反对，那么学校的发展将会萎缩。

去年秋季学期开学后，维新运动正处高潮，许多新生申请入学，我们书院成为苏州最受欢迎的学校之一。官衙里有人抱怨，宫巷书院从科举考试那里夺走了年轻人，抱怨为了那点滴的英语知识，学生们放弃了他们对备受推崇的"文章"的爱好。发展势头良好，我们大受鼓舞。目前有一事在困扰着我们，即如何将全部学生安置在我们有限的宿舍内，及我们怎样教导他们。

但我们的成功并未持续太久。我们书院，犹如康有为的改革，发展太快——在中国发展太快会有危险。政变来临时，改革被中断，阴影笼罩着我们学校。大家都惊慌失措，没有任何安全感。绝大部分规模较小的英文学校很快关闭了，老师们都到那些维新期间并不有名的学校去了。我们的学生坚持了一段时间。但随着"八股文"恢复，古老的科举制度仍然成为选士的标准，许多学生开始对"新学"失去兴趣，学期结束前就开始退学。2月份毕业典礼时，我们像往常一样，邀请三位地方官员。但一个公务繁忙，另一个生病，还有一个要出差。原本来参观的群众，许多人去年7月还热情高涨，这次却不再出席了。然而那天还是有很多人到场；惠会督和李提摩太先生出席了毕业典礼。尽管地方官员未出席，但是我们的毕业典礼还是成功的。

冬季会议结束后，惠会督决定关闭博习书院，其财产、设备等移交给宫巷中西书院。但部分学生和所有的拨款都转给了上海的中西书院。葛赉恩被派来苏州，负责学校的工作。春季学期开学时我们有3位新的老师，葛赉恩夫妇和薛白赉，他们11月份加入我们的师资队伍，承担几个班级的教学任务。

我们办了一所好学校，但学生人数略有下降，学生对"新学"兴趣有所降低。政府在春季学期举行了一次考试，将许多对"新学"原本就很感兴趣的年轻人拉回到旧的科举制度。但这一学期我们很成功，大部分学生智质聪慧、信心十足，期末考试成绩足以证明他们巨大的进步。

夏天，刚毅造访苏州，这给我们带来了很大的负面影响。我们许多学生原先一直坚持留在学校，并希望皇帝迅速复位。但随着刚毅的到来，他们丧失了信心，秋季学期也不再来校了。

目前的书院是我们两年来规模最小的，却是最好的时候。时局的影响使那些三心二意的学生离开，留下来的大部分学生学习努力、勤奋踏实。目前我们有55名学生。

大部分学生来自知识分子家庭。在苏州，政府关于"新学"的态度对教会学校的影响比在上海大。上海有一大批商人阶层,他们在外国人的企业里工作,他们对政府的态度关注不多。再者,上海的文人阶层住在租界管辖范围内,受治外法权保护,在安全和自由方面不受政府控制,这种特权是苏州同样阶层所不具有的。由于在苏州,政府对教会学校的影响比在上海大,办学就必须多考虑政府的意见与态度。

由于缺乏合适的教学楼,我们关闭了一所日校。由于我们不能解决学生的住宿问题,因此不得不拒绝其他地方的入学申请者。部分来自苏州本地的学生,由于住得太远而必须住宿,也被拒绝了。我们迫切需要那笔惠会督已经答应拨给我们的建筑资金,并希望马上到位。我们的目标是努力获得更多属于博习书院的土地,建造合适的教学楼,建一流的学校。我们不必为目前的时局而气馁,因为我们相信这种不利的状况不会持续太久,新的变化即将来临。随着时局的变化,更多的学生将返回学校。目前我们主要的不利因素是,建筑资金长期无法到位,大家对此感到失望。我相信随着春季学期的开学,这笔资金将给我们带来很大的帮助。

学校仍然能"自养"。我们没有收到任何拨款。我们有一项 52 墨西哥元的奖学金。从博习书院转来 473.69 墨西哥元,但在签订合同时,大部分被用于购买博习书院附近的土地及书院的旧房子等。我们卖了一个旧的发动机,卖到 50 墨西哥元。这个学期也会收支相抵。

去年夏天,一个传教士问我是否有意在苏州开办一所教会学校,我的回答是:我已经有一所了。我们的学生不是教徒,但是我们的学校确确实实是一所教会学校。我怀疑在国内(美国)是否有学校能比我们学校教给学生更多的基督教精神。除了日常的晨祷外,我们还在课堂上给学生以基督教方面指导。周日早晨,很多人参加主日学校的礼拜活动(大约三分之二的书院学生就来自主日学校)。我们在这里传授上帝的语录及拯救世界的方式,我相信这一定会取得良好的效果。由于学生自愿参加主日学校的活动,这更加符合基督教的教义。我们对自愿参加的人当然也有严格的管理。

如果我们有合适的教学楼、足够的宿舍楼等各种条件,我们对学生的生活与行为定会产生更深刻的影响。虽然目前我们没有这些条件,但我们相信这些条件将很快得到满足。

至于纪律问题,我们没有任何麻烦。学生有礼貌,举止良好。学生的平均年龄是 18 ~ 20 岁。我们没有招收 15 岁以下的学生。

总体而言,我们感到这所学校为拓展教会工作、实现教会目标创造了机会。新的工作规划将对我们的工作产生许多影响,但在目前的状况下,这些还不切实际。我们为一年来所取得的成就而高兴。感到上帝与我们同在。

孙乐文敬上

宫巷中西书院财务报告

收　　入	
前面的收入	4.06
学费	2 415.00
来自博习书院	473.59

售书所得	3.40
葛赉恩奖学金	50.72
发动机出售	50.00
来自上海中西书院贷款	300.00
总计	$3 296.77
支　出	
教师薪水	2 031.48
维修	67.29
三个油加热器	54.00
课本,打印	149.71
佣工	64.20
杂费等	410.25
两块空地	514.00
现金	5.84
总计	$3 296.77

孙乐文敬上

Minutes of the China Mission Conference of the Methodist Episcopal Church, South.

筹建(1899-1901)

筹建(1899-1901)

苏州拟立大学堂通启

(捐款摘要章程附后)

窃维世运盛衰,关乎国势,国势强弱,视乎人才,人才隆替,由乎学校。此乃中外通情,古今同轨者也。贵国地居温带,物产沃饶,胄本神明,性极聪颖(历年华人之赴各国大学堂肄业者考试专门之学屡列前茅,时有所闻,是其明验)。第以一统相承,顾视清高,华洋交涉,致多隔膜,动遭外侮,易启戎心。频年海疆多事,贤士大夫关心世道,总以开设学堂洞达外情为要务,而图始为难,辄生疑阻,事废半途,每用悼叹。

某等旅华日久,毛土恩深,蒿目时艰,亟思报称,不揣谫陋。今拟在苏垣创设大学堂,仿照美国大学堂章程,分列天文学、地理学、法律学、格致学、医学、矿学、电学、算学各门。既为华人学堂,华文尤所首重,凡经义史论经济时务等,固必当兼肄并习以固根本,庶集学堂之成,即作自强之基。惟经费浩繁,筹措匪易。幸吾监理会向有天赐庄空地数十亩,助作学堂基址。上海虹口地租,每年所入一万五千元,助作学堂常年经费。其开办经费,建造房屋,购置图书仪器,动用什物,约计需用洋银十万元。现有惠礼生监督、蓝华德医生同在美国本公会暨诸善富筹募捐款。惟为数甚巨,总望贵国达官富绅捐助金资,集成裘腋,共襄盛举。十年树木,百年树人,区区苦心,当蒙鉴谅。谨撮大要,敢布聪闻,惠解囊金,鹄候季诺。

光绪二十五年孟冬二十六日即西历1899年11月26号,大美国林乐知、孙乐文、柏乐文同启。

华友捐洋银一千元者送子弟一人入堂肄业,不取修金十年,膳金自备。

捐洋银二千元者送子弟二人入堂肄业,不取修金十年,膳金自备。

捐洋银三千元者送子弟一人入堂肄业,不取修膳金十年。

捐洋银五千元者送子弟二人入堂,不取修膳金。

捐数十百元者,亦见同心赞助之雅。某等与有荣施。详细章程须俟择定呈政,蒙赐回音请至天赐庄柏宅。

大美国林乐知荣章甫口译

大清国蔡尔康芝绂甫手录

万国公报,132册

1900年东吴大学校董会章程

（1900年12月15日通过，主持人：惠会督）

议决：

1. 监理会差会选举东吴大学董事会，董事会接受委托照管在中国的学校工作，特别是拟议在苏州设立的大学。

2. 东吴大学第一届校董会拟由惠会督、林乐知、孙乐文、潘慎文、柏乐文、步惠廉、文乃史、葛赉恩，以及盖会督、哈蒙德、埃特金、柯克兰组成，负责中国传教的会督也将是校董会的当然董事。

3. 责成差会书记依循田纳西州的法律尽快在田纳西州取得法人执照，组建苏州的学院，并使这一学院的董事会获得监理会在本国所办学院董事会通常所拥有的所有权限。

主席：高会督

A. J. Larmar

惠会督

James O. Branch

John W. McLean

根据1900年5月12日田纳西州纳什维尔会议所制定章程的授权。

第一款　成　员

董事会由12位经差会选举产生的董事组成，其中7人须为居住在中国的传教士，另外5人须在美国本土居住。负责中国传教的会督则为当然董事。如居住中国的董事出现缺额，由校董会任命增补；如居住美国的董事出现缺额，则由差会直接任命增补。

第二款　董事会职员

董事会选举下列职员：(1) 董事长1人；(2) 副董事长2人，其中1人居住中国，1人居住美国；(3) 书记1人；(4) 司库1人。

第三款　董事会权限

董事会权限如下：

1. 在苏州建立一所名为东吴大学的大学，这所大学目前包括三个系科，(一) 文学系，目的在于为中国的年轻人提供按西方标准的全面彻底的大学教育。(二) 神学系，目的在于培养传教工作的完全合格的学生。(三) 医学系，目的在于指导和培养学生的医学和外科的理论与实践能力。此外，董事会还可以设立诸如法学、工程学等可能被认为适宜的其他系科。

2. 继续开办上海的中西书院并指导其办学方针，使之与董事会所设立的总目标一致。

3. 掌管差会在这里的所有学校，并建立被认为适宜的其他小学或更高年级的学校。

4. 从总体上协调差会的所有学校，使之成为一个有机整体，使我们的教育工作更有效地进行。

5. 主管选举校长、教务长、各学院教授会成员，所有此类选举均须经由投票。

6. 为董事会的管理制定细则。

第四款 财产、财务等

差会为教育工作已购置的以及此后因需要而购置的所有财产、土地、建筑物等、无论来自中国人或其他人的捐献、无论是学费或奖学金收入，均由校董会控管。校董会须经差会批准，仅为发展教会教育工作而使用这笔财产和资金。

第五款 修 订

本章程可以在校董会例会上修订，须有出席人数的三分之二多数投票通过，建议修正案须提前三个月通知校董会所有成员，须经差会批准。

美国卫理公会藏档

东吴大学1901年6月在田纳西州的注册文件①

田纳西州法人章程

1900年5月13日,监理会传教部在田纳西州纳什维尔举行年会。纳什维尔的J. D.哈蒙德,J.艾特金,J. H.柯克兰,蓝华德,马里兰的A. W.威尔逊,密西西比的C. B.高乐威,以及他们的同仁和继任人,代表监理会的所有成员,特此申请设立一个法人团体,名为"在华之中央大学"。

宗旨:获取、接收、持有、投资和使用金钱、基金和财产,包括动产和不动产,在中华帝国的江苏省永久性地创建并开办一所大学及其附属之学院,在监理会主持下按照监理会所批准和认可的传教规范经营。

本法人团体之任务:作为一所有权授予学位的学院或大学,扶持文学和科学事业;建立一所图书馆;扶持一个历史学会;组建并扶持各种实业协会;促进绘画、音乐及其他美术;配合工贸商会;或履行其他类似性质的职责。本法人团体的上述股东及其同仁和继任者,在具备必需的资格后组成一个董事会。

本法人团体应享权利:以法人名义起诉或被起诉;拥有并使用统一图章,本法人团体指定之官员以法人名义所行签名合法并具法律效力;本法人团体除拥有动产外,还可视运作之需,同时拥有房地产并购置、持有或接受礼物、馈赠和设备;购入、接收、出售房地产,以偿还或部分偿还团体的债务;制定章程细则,并使所有的规章制度与保证法人团体正常管理的法律章程相一致;根据法人团体事务的需要,任命除董事长和司库以外之下属官员和代办,确定职称和职务薪资。

……

董事会出于法人利益之考量如需增加董事,经由监理会传教部同意,有权增选董事,人数最多可至33名。首届董事有权选举下届董事;新任董事应与创始董事一样成为法人团体的股东。……所有官员的任期可由章程细则决定,但不得超过三年。在继任官员经适当程序选举产生并通过资格认证之前,现职官员的任期继续有效。

……

本法人团体如违反本章程之任何条款,州政府皆可立即解散之。

……

我们,下列署名人,本着上述宗旨并行使所载权利,依据田纳西州的法律,谨此请求州政府批准本章程。

---

① 顾雪芬译,胡茂亚校。

1901 年 6 月 13 日

A. W. 威尔逊、J. D. 哈蒙德、J. 艾特金、蓝华德、J. H. 柯克兰

田纳西州大卫逊县　　　　　　　　　注册办公室　　1901 年 6 月 14 日

我，J. K. 戈特勒，大卫逊县注册员，特此证明上述章程和证书在本办公室注册（文册第 238 册第 30 页），这些文件于 1901 年 6 月 13 日下午 2 点 30 分收到，并登录于记事本第 17 册第 248 页。

J. K. 戈特勒，大卫逊县注册员

By-T. S. Lusty, D. R.

田纳西州大卫逊县

兹有申请人和股东 A. W. 威尔逊、J. D. 哈蒙德、J. 艾特金、蓝华德、J. H. 柯克兰等人亲自前来，在我——P. A. 谢尔顿，田纳西州政府职员面前承诺，他们本着章程所载宗旨履行契约。

1901 年 6 月 13 日于办公室。

职员 P. A. 谢尔顿

我，J. W. 莫顿，田纳西州州务卿，特此证明，我已收到上述章程连同证书，一式三份，并已证明属实。

1901 年 6 月 24 日。

J. W. 莫顿

美国田纳西州图书档案馆　O-2 卷第 59 页

东吴大学堂试办章程

监院孙乐文定

一、本学堂创设于苏州葑门内天赐庄,名曰东吴大学堂。缘东吴为历来钟毓之地,地灵则人杰,可造必多,故以命名。至有志来学者,并不以东吴为限,但能合格,即可容留,幸勿存畛域之见。

一、本学堂新购地址五十余亩,外筑围墙,中建学堂、卧房并一应饮食游玩之所,务求精而适用,现已绘成图样,不日即当起建。

一、本学堂课程权定初等学四年,高等学四年,专门学二年。卒初等课程给予执照,卒高等课程给予文凭,卒专门课程再给专门文凭,表学者苦心。

一、本国文字国民之关键,全球文明各国从无舍本国文字,专务他国文字者。故本学堂中西并重,即考察优劣亦以中西课分数互相核算,以定进退。若长于中而短于西,赢于西而绌于中,决不偏录其长与赢,而不补其短与绌。

一、本学堂所习中西学业均以真实切要之书定为课程,即教授亦均用新法,力去坊塾误人子弟之积病。

一、每年大考两次,一在歇夏,一在年终。每一大考前有小考两次,约六礼拜一举。如因有事告假,未与大考准补。

一、统计大小考分数百分为满,八十分以上为上等,六十五分以上为中等,六十五分以下为下等,于年终解馆时核算,几列下等者令重读。

一、每逢大小考后该生功课之优劣,均由本监院缮单报明该生父兄,俾知子弟之勤惰。

一、诸生应用中西书籍纸笔均由本学堂代办,收回值价,以归简便。

一、本学堂除专课外,别设藏书楼置古今中外有用书籍及各种报纸,供诸生涉猎,章程另具。

一、格致之学首在试验,本堂已备有画图仪器及化学中所用各种药水为试验之需,以后当陆续添置新图新器,俾诸生智慧日辟,毋囿庸近。

一、每日临晚,散学后一例体操,以舒气血。体操器具由本学堂置备。人之一身闷则必不舒,不舒必疾,故即游息之时亦不妨随意畅乐,惟不得忿斗肆詈。

一、学生遇有疾病延请博习医院西医诊治,医金由学堂代送。

一、本学堂所定诸生卧房每间止二人或一人,俾于散学后可各自用功,免得彼此聚谈致疏正课。

一、各卧房所用棕榻枱凳洋灯归本学堂置备,此外一切应用物件均该生自带。

一、梳洗为养生家所必讲,本学堂备有剃头处、洗浴处,均极宽舒,由办事人派定班次,轮流梳洗。

一、本学堂膳规暂派六人一桌,三荤二素,虽不专务口腹,必求精洁可口,且每食有人察看,不令膳夫任意作羹,杂不宜之品致生疾病。

一、宿膳诸生衣裳袜履务必备带数套,俾得勤于替换,洁净无垢。

一、诸生来学除铺盖衣服书籍等不能罢外,一应贵重物件概不准携带入堂。

一、凡欲来堂肄业,须于开馆前开明年岁籍贯,到堂报名,倘欲随时入堂,必能附已定之班方可。

一、解馆日期六月,歇夏约解六礼拜,年终约解至元宵,端午、中秋两大节各解三天,此外一概不解。惟每礼拜六下午停课半天,养息精神不在解馆之例。

一、本学堂于教养之道颇为精详,该生父兄既送子弟来学,当以全权相畀,幸勿稍有制肘。凡一切世俗酬应有碍学业者,须当谢绝,俾教者学者授受专久造就较速。

一、学业之精进惟在用心专一,若至授室成家被累不浅。故凡有志来学者,幸而未有家累,切不可急于授室,分此专一之心,盖少年精力用于学问为最要,余皆可缓。

一、每年修膳两项洋银九十五元,半膳者八十元,止出修金者六十五元。凡有志来学至少须以一年为定,如有半途中止,须照全年修金核算找足。能先付五年减收修金二百八十元,先付十年减收修金四百五十元,然必试读一年,方许订定。

苏州大学档案　3 永 182

东吴大学堂试办学规

监院孙乐文定

一、每日七点钟起身，七点半早膳，八点三刻齐集礼拜堂，总点名一次，九点进课堂，十点半歇息，十点三刻进课堂，十二点毕上午功课，十二点一刻午膳，一点半进课堂，三点歇息，三点一刻进课堂，四点半散学，四点三刻体操，七点夜膳，八点各自归房预备功课，十点各房一律熄灯。

一、进出课堂有一定时刻，于应进课堂时一闻铃声即携应用书籍笔墨到堂，不准耽延规避。

一、上午九点钟后下午一点半后，既进课堂凡饮茶及大小便均在歇息时内。

一、涕唾便溺皆有常处，不准贪懒取便任意污秽。

一、诸生在堂除有事告假给凭外，不得擅出大门。

一、诸生入办事房必有正事方可，否则慎毋轻入。

一、诸生在堂凡大烟香酒博与凡一切无益之事均宜切戒。

一、诸生欲购食用物件须开单签字请账房代办，不准私令仆人购买。

一、各卧房每日有人扫除洁净，诸生亦宜格外留心，以免污秽。

一、诸生告假须有父兄信函，再由监院酌量情形给予准凭，方能归家。

一、本学堂以君子待人，故所定学规特摘简要数条，此外一切应勉应戒之事惟望诸生亦兢兢以君子自待，勿负本学堂厚意。

苏州大学档案　3 永 182

东吴大学1908年7月在田纳西州变更英文校名的文件[①]

法人章程修正案

我们,组成"在华之中央大学"董事会的下列署名人,依据田纳西州的法律,为修正法人章程,向州政府提出申请,将上述法人团体的名称由"在华之中央大学"更改为东吴大学。

1907年10月5日。

孙乐文
惠会督
步惠廉
潘慎文
文乃史
李多玛
柏乐文
葛赉恩
韩明德
哈蒙德
蓝华德

签名:蓝华德

田纳西州大卫逊县

兹有署名人蓝华德,申请人之一,亲自前来,在我——P. A.谢尔顿,田纳西州政府职员面前承诺,他们本着章程所载宗旨履行契约。

1908年6月26日于办公室。

(签名盖章)　　　　职员 P. A.谢尔顿

田纳西州大卫逊县

兹有署名人之一蓝华德前来,作为第一宣誓人,向我——P. A.谢尔顿,田纳西州政府职员,宣誓并称:他和署名人孙乐文、威尔逊、W. B.柏克、潘慎文、文乃史、H. T.里德、柏乐文、葛赉恩、韩明德、J. D.哈蒙德等相互熟识,这些董事也宣称他们和蓝华德相互熟识,本修正案也是出于他们的意愿。

---

① 顾雪芬译,胡茂亚校。

1908 年 6 月 26 日于办公室。

（签名盖章） 职员 P. A. 谢尔顿

田纳西州大卫逊县

1908 年 6 月 29 日下午 12 点 55 分收到档案，并归档于文册第 310 册第 241 页。登录于记事本第 22 册第 255 页。

W. H. 莫顿，注册员

By-B. 威廉，D. R.

我，J. W. 莫顿，田纳西州州务卿，特此证明，上述章程连同证书于今日注册并由我证明属实。

1908 年 7 月 28 日。

J. W. 莫顿，州务卿

美国田纳西州图书档案馆 P-6 卷第 443 页

成长(1901–1927)

1901年年度报告（东吴书院）

在去年举行的年会上，校董事会经差会董事局选举产生，以指导我们在华教育工作。校董事会成立后立刻着手指导苏州的学校发展工作。此前设立在宫巷的书院搬迁至博习书院位在天赐庄的旧校舍。新一届的教职员工已选拔完毕，其他一些必要的准备工作也陆续展开，以尽早实现差会董事局既定之目标，即建立一所高等学府，尽快引入完整的大学课程，并适时设立神学、医学和法学等专业。

受义和团运动影响，学校去年秋季未能开班授课，但今年一月初，运动逐渐平息，因此我们决定在过完中国新年之后开学。博习书院的校舍也已修葺一新，为迎接新学期做好了准备，学校教学用具及设备也由宫巷搬运过来，3月8日星期五，我们在苏州的教育工作迈入一个新纪元。

今年共有64名学生注册入学，我们确信明年初一定会招收到更多学生。目前，我们还没有固定的课程，但我们会尽力在课堂教学经验基础之上设置课程。我们的目标就是利用最好的教学方法对我们的学生进行最全面的教育，这种教育有助于他们成为纯朴、有用的人才。

由于我们是教会学校，因此没有必要再说明它是由基督教创办的。所有学生都要学习《圣经》。在讲授"基督生平"时，我们使用的是布莱克斯利编写的教材（Blakeslee's Lessons），学生们对学习《圣经》兴趣很浓。星期六和星期日的早晨大部分时间均用于《圣经》学习。在纪律方面，我们没有遇到什么麻烦，我们相信，将来这方面的问题会更少。虽然我们强调学生要品德高尚，言行礼貌，令行禁止，但我们努力将每一位学生看作品格高尚之人，很少依靠规章制度对他们进行管理。我们的经验告诉我们，中国学生像美国学生一样很快就适应了这样的管理制度体系。

尽管我们有固定的收费标准，但任何优秀的年轻人因为贫困而被学校拒于门外则有悖我们初衷。我们已准备好为那些值得我们帮助的人，即那些既有能力又愿意接受全面教育的人提供资助。

今年学校财政收入足以支付学校运转所需的一切费用，我们手头的剩余资金还可以用来添置一些必要的设备。

说起今年我们在工作中遇到的问题，说来容易，但解决却非常困难，这里也没有必要再提及这些问题。我们在工作中深受鼓舞，并且很有信心，我们的努力对教会和中国而言都将是卓有成效。我们对未来充满希望。我们也期待每位与会者的支持和帮助。

孙乐文敬上

Minutes of the China Mission Conference of the Methodist Episcopal Church, South.

1902年年度报告（东吴书院）

在准备东吴书院第二年年度报告时，我很高兴能够向大会汇报我们工作中不断取得的进步。工作中我们没有遇到任何让我们灰心失望的事情，相反我们的努力使我们倍感振奋。我们比以往更加自信，东吴书院的发展证明它的存在将有利于教会工作的顺利开展，并为中国人带来上帝的祝福。

由于书院仅开办一年半，因此，目前我们还无法展示已完成的工作，还没有毕业生，也没有足够的时间来完成既定之目标。但目前，我们学生中有很多可塑之才，其中许多人由于勤勉好学、言行如一，有望成为真正有用之才。我们很荣幸，也很高兴教导这些学生，看着他们逐渐成长，看着他们通过书院的学习生活，改变以往狭隘封闭的旧生活，走进宽阔而又丰富多彩的新天地，我们颇感欣慰。学生们日益广阔的生活视野和高尚的思想体现着我们的教育成果。

今年共招收103名学生。大部分学习认真努力，学业进步显著，遵章守纪。书院精神在学生心中正逐步形成，很多人对书院的成功寄予厚望，并将自己看成是书院的一份子。因此，学生们更加坚定留在书院学习的决心，不轻易中途退学。书院学生人数更加稳定，我们相信学生们定会真正完成学业后再离校。

所有学生都要学习中文和英文，而且中英文学习的时间分配均匀。我们强调学生们应该要掌握好其母语，不光要会读，能知晓一定的文学常识，而且能在写作中运用自如。

学校教授英文，不是为了英文而教英文，尽管英文本身具有实用价值，教英文是让他们利用英文这个媒介去学习西学。我们正尽力改善英文教学方法，这样才能在更短时间内取得更好效果。

基督教正在对学生们产生潜移默化的影响。尽管我们现在还没有学生入教，但我们能清楚地发现基督教真理对学生生活改变的影响。我们努力以基督作为我们教学核心。我们的目标是培养人才，因此，我们经常以基督耶稣为学生的楷模。所有的学生都要学习《圣经》，对此我们没有听到一点点来自学生或是其亲朋好友方面的反对声音。在春季学期末，一大群学生每周日下午都利用一个小时的时间，主动和文乃史先生碰面，探讨上帝救赎之法，很多人自愿购买中文版或英文版的《新约全书》。学生们还订阅了50份由基督教青年会在上海出版发行的《中国年青人》杂志。各种迹象都表明上帝与我们同在。这种工作是无法强求的，也非一蹴而就可成。我们唯有耐心工作，殷切期盼。

目前学校正在兴建的新大楼是我们急需的，因为现有的教室和宿舍太小，不适于我们工作。去年我们无法接受所有入学申请者，然而，一旦新大楼建成，我们就能够招收更多学生，而且学校日常行政和教学等工作也将更上一层楼。

我们热切期望所有与会者的支持和帮助，我们正在致力于创建一所能让诸位引以为豪的学校，这个学校必将会对我们教会工作的每一个方面都产生巨大的积极推动作用。

孙乐文敬上

Minutes of the China Mission Conference of the Methodist Episcopal Church, South.

1903 年年度报告(东吴大学)

自去年报告后,东吴大学这一年来的工作非常成功。今年招收学生总数已达 115 名。另有许多人申请入学,但因目前学校宿舍和教室拥挤而被我们拒绝。

由于学生品行优秀,因此在维持纪律方面,我们甚少操心。学生勤奋读书,进步颇大。在教学上,为了能更好地实现学贯中西的目标,我们作出一些必要的细微调整。我们强调汉语和中国文学的学习,但所有涉及西学课程,我们均用英语教授。我们不断努力改进英语教学方法,以便学生在最短时间内掌握这门语言。近半年,"古安系列"语言教学法的主要代表、来自伦敦的霍华德・斯旺先生在本校协助英语教学,学生在他指导下获益良多。

对于《圣经》学习我们也给予了更多关注,每位学生学习《圣经》的课时也由以往的每周两节增加至每周三节。

新大楼的建造进展缓慢,我们很遗憾不能在今年秋季开学时使用,唯有希望在中国新年之前能够交付使用。我们迫切需要这幢新大楼,因为目前学校校舍极度紧张。一所崭新的教师住宅今年业已建成,从 W. B. M. 处购买的旧宅也彻底翻修成两间舒适的房间。我们仍需要为来自国内外的教师兴建住宅,为学生兴建宿舍。

在蓝华德博士的协助下,教育委员会秘书哈蒙德博士为新大楼添置的桌椅等物,很快便可运抵学校。我们真诚地感谢教友们为我们提供的帮助。

过去的一年里,我们共接受数笔来自地方士绅的捐款,其中,H. E. En Shou 阁下(巡抚恩寿)不但对我们工作表达了赞赏和鼓励之情,而且还捐赠了 3 000 元。

文乃史先生于今年春季回到美国,他的离去削弱了我们的师资力量。最近,我们很高兴司马德先生来东吴任教,他的到来无疑增强了我们的师资队伍。目前,我们仍然迫切需要 3 ~4 名高素质人才,我相信来年他们一定会来到东吴大学。

在工作中,我们倍受鼓舞。学生们在不断进步,他们的激情,他们日益完善的品格,以及来自各方的赞誉都是对我们辛劳的极大回报。我们相信,在上帝的指引下,在我们持之以恒的努力下,我们在这里创办的东吴大学必将会成为一盏明灯,将上帝的祝福赐予这片土地。

最后,我们坚信我们会获得本土教会和大会对我们一如既往的支持与帮助。我们需要你们的帮助。东吴大学的所有教职员和你们一起为在中国建立一个基督王国而共同努力。

孙乐文

Minutes of the China Mission Conference of the Methodist Episcopal Church, South.

弁　言

点线相切而成世界，水火相激而成地球，人群相切相劘而成学问，学校者切磋之地，亦大改良之地也。西国学校月异而岁不同，一岁有一岁之改良，一年有一年之进步，故吾国卡伦，例有年报。凡学生程度之渐进、教习诱掖之殷情，以及斋舍之营缮、社会之兴创，莫不事绘为图，所以视学子策同群也。鄙人来游中土，念载于兹，记自开创学堂至今，前后负笈至者不下百余人，不敢自负育才之任，然吴下英髦，已毕萃于此。比年以来，从游日众，校舍偪仄，乃重营广厦以居之。值新院落成，爰师西例，各摄一图，汇列成册，俾览是图者，睹学堂之巍如翼如，而知经营者有年；睹班序之秩如肃如，而知肄业者有年；聆自治会、演说会之绪论，而知青年之志趣；数健身会、赛走会之姓氏，而知卫生之功用。掷球蹴踘，天趣横生，传之图中，咸栩栩焉。虽然，此特吾学堂今日之现象耳，西国教育之理，尽于是乎？吾愿图中人相切相劘，他日所造之学问，必有进于是者。吾故曰：学校乃改良之地也。如谓斯图之成，仅以志一时之雪泥鸿爪已也，是岂鄙人设立学校之初心也哉？

西历一千九百三年冬监院美国孙乐文序

东吴大学堂杂志之一，苏州大学档案　3 永 184

东吴大学堂记

东吴大学堂滥觞苏州之宫巷,孙先生乐文之盛心也。当中日战争以后,世态一变,占毕之士,群崇西学,而其所注意,多在政治经济界上,亦有热心于西国教育者,而无西国学校,辄引为恨。职是之故,每有人以教育之导师,期诸先生学堂,先生韪之,遂开一学堂于宫巷,名曰中西书院,时西历千八百九十五年十一月十八日也。其始定额,仅二十五名,开学之日,额即满,越一稔而学生有四十人之多。学者既日增,先生一人不暇遍授,乃延孙女士为副教习,而学堂之声名亦日震。惟当时学之课偏重英文,虽有国文一门,读者盖少,而来学者大半努力于英文、算学、代数,虽用国文,无大成效,遂决意改良,一切学术,悉用英文。千八百九十八年春,来学者尤众,乃延孙太太以教新班学生,是时而学堂名簿之上,已有九十人。是年秋,而学者多至百有九人。会监督惠来苏,大加赞成,遂于年会时,议将博习书院之房屋地产及一切仪器,皆归宫巷学堂,又调葛赉恩至苏,以增学堂教育之力。监督又云:如能广购地亩,以为学堂推广之地,将从美国汇款十千金,以作学堂之建筑费。自经监督之赞成后、而学堂之基础益固。然欲推广学堂,必先得一合用之地址,而宫巷适居城心,房屋栉比,寸土抵兼金,于是虑迁学堂于博习书院。书院以外多旷地,将设法买之。千八百九十九年秋,监理会书记蓝华德医士来苏,相与研究苏州之教育问题。越数日,议始决,议以学堂改设大学堂,教以高等科学,若文学、宗教、哲学、医学诸科,其余各科,暂付阙如。然规模愈大,需用愈多,乃劝捐于官绅。而捐款之来自各地者,约一万有六千,虽不及美国捐款之半,已足以见中国人之热心矣。是年薛伯赉自美国来,而学堂教育之力于是乎大增。千九百年正月,孙先生以买地故,函请美领事古来苏,诺,比至,进谒苏抚鹿,告以买地事。而鹿抚亦表同情,当日遣元和金来商买地之法。未几,诸地悉买,而围地之工兴矣。不幸,北方拳匪事起,风声所至,而工为之停者六阅月。千九百一年春,警闻稍息,于是将宫巷学堂迁于旧博习书院,名曰东吴大学堂,又曰苏州大书院,其命意与沃克司福大书院、巴里大书院相同。旧有之屋稍加修葺,而学生始得住校矣。方学堂之在宫巷也,一切课程皆不完备,即以国文论可知也。至是凡来学者必读国文,非若前之偏重英文也,盖国文乃立国之本,无国文则国无以自立,为国民而不通国文,昧本甚矣。由是观之,一千九百一年之改章,不可谓非学堂之一大改良也。然而学堂之课程日以改良,而来学者反不如昔日之多。名簿之上,不过五十人而已。虽然,此不足患也,所可患者不在来学者之不多,而在学堂之无进步耳,今进步若是之速,何患之有。是年冬,课堂之工兴。明年正月,一切课程稍加修订,而大学之课程定矣。而大学课程之于英文者,悉照太乃需大书院。太乃需大书院者,美国南省最大之书院。国文则研究国史以及一切中国政治学术为本,至若泰西学术如生理、理化、生计、政治、法律诸学,非不美也,然欲从事于以上诸学,势必置中国旧有之历史、政治学术于不顾。既为学人,而不能道本国之文献,良可耻也。且如生理、理化、生计、政治、法律诸学,国文无善本,故与其从事于翻译之书,不若从事于原文之为愈也。而英国语言,则教以戈因之新法，成效大著。近闻香港大学堂，亦将改用此法。是年春，来学者甚众，惜住房不多，不足以尽纳为可憾耳。明年春，课堂之工竣，而旧所用之课堂将改为住房，可多收三十人。噫！学堂自创设以来，不及十年，而进步已若是，设再加以十年，我不知其进步又将若何。来日方长，吾等有厚望焉！

东吴大学堂杂志之一，苏州大学档案　3 永 184

1904年年度报告（东吴大学）

1. 我们很高兴地向大会报告，今年东吴大学校务一切顺利，为此我们深受鼓舞。招生总数已达118人，大多数学生来自苏州及周边城市，部分来自其他省份。

学生的品德修养得到不断完善，这体现在他们对学校的态度以及对学业所表现出的浓厚兴趣上。学生十分认同学校"学贯中西"的教学目标，正在充分利用一切机会学习。总体而言，这届学生素质比以往任何一届都好。

2. 尽管我们的课程让部分学生感到厌烦，但对于那些真心希望学习的学生而言仍具有很大的吸引力。我们一如既往地强调开展全面的中文教学。因为，作为一个中国人决不应该忽视其本国的历史和文明，而那些仅仅想学一些英文的人很快就离开了。我们的奋斗目标是，获得中文预科证书的学生，其水平达到秀才等级（中国科举制度的文学学士），而获得大学毕业文凭的学生，其水平达到举人等级（中国科举制度的文学硕士）。今年令我们深受鼓舞的是，本校六名预科班学生参加乡试，其中三人考中秀才。

3. 一直以来，我们在英文部努力尝试采用更好的教学方法，以取得良好效果。我们发现，英语作为教授西学的媒介，其价值得以充分体现。同时，通过英语还可以学习英语文学，和我们伟大的作家进行思想交流，开拓了学生的视野，对我们日后努力亦有很好的启示作用。

4. 学校非常强调对《圣经》的学习。学生从入学伊始直至完成大学学业，均要学习《圣经》。在每年的课程设置中，学校每周都会安排三节《圣经》诵读课。学生对于学习《圣经》没有提出任何反对意见。许多学生对《圣经》熟悉程度让很多美国大学生都自愧不如。《圣经》学习，自然而然，对学生的生活产生重大影响——不断完善他们的性格，明显改善他们的行为。在我们全力指引下，如今很多学生离上帝之国越来越近。我们开始期盼那一天早日到来，届时由我们培养出的年轻人不但信仰基督，而且还将耶稣的救赎带给他人。我们在校园里有基督教青年会机构，拥有众多会员，且定期举行活动。

5. 学费收入足以满足学校运作所需的开支。到目前为止，我们共收到8 212墨西哥元。

6. 我们很高兴地向大会报告，学校主楼即将竣工。我怀疑在全中国能否找到像我们学校大楼如此漂亮的建筑——或者说有更适合我们工作的大楼。主楼教室宽敞，通风和光照良好。图书室、实验室和办公室环境均是如此。会议大厅十分漂亮，所有参观者都非常羡慕——大约500人可在内舒适就座。

经教育会秘书哈蒙德博士以及差会秘书蓝华德博士努力，楼内均用美国最新款式的家具布置一新。

最近，我们还从美国购进一台电石气灯照设备，电力强劲可为整座大楼提供照明，同时还有一台水泵供水。但两台机器均未安装，我们期待年底即可正式投入使用。

7. 学校仍将宿舍安排在博习书院的旧楼里，但这早已无法满足我们需求。今年要我们采取一些措施,为建造新宿舍大楼筹集资金,但目前所得现金还很少。不过,苏州当地一些名流已应允提供帮助,其中两三人还同意为此事进行游说。目前为止,主楼建筑尚未彻底完工,有碍我们工作的顺利展开。唯有大楼完工,我们工作才能圆满结束。

8. 我们非常高兴,盖会督近期访问苏州,在会议厅为我们举行了第一次礼拜和第一次祈祷。盖会督自学校创立之日起,一直都是我们最真挚的朋友和无私的帮助者,由他来为漂亮的新大楼举行落成典礼最合适不过,以突显我们对上帝的侍奉。在此学习的众多上帝信徒们则可以见证上帝的力量和仁慈,而上帝恩惠和救赎也得以充分展示。

9. 最后,我们呼唤每位与会者真诚帮助与热忱支持。我们与诸位的所有努力都是要在这片伟大土地上建立起基督王国。

孙乐文敬上

Minutes of the China Mission Conference of the Methodist Episcopal Church, South.

1905年年度报告（东吴大学）

我们很高兴向大会汇报，东吴大学今年一切进展顺利。学校招收学生人数达到120名，和去年基本相同。今年招收人数没有明显增多，主要是因为抚台端方在年初选送大批苏州及周边地区的年轻人前往日本所致。

学生学习勤奋，进步很大。我们开设了中、英文的高级课程，希望我们培养的年轻人都能学贯中西。学生都能顺利完成布置给他们的任务，没有辜负我们期望。

学生品行优秀。受罢课风波影响，今年对美国在华学校而言甚为艰难。受外界影响，学校一度停课，并在学生中引起短暂骚动，但此事很快便平息，没有一位学生退学。

在宗教事务方面，我们很高兴地汇报，已取得显著进展。今年，有8位学生入教。这是我们第一批入教的学生。令人感到欣慰的是，一切都显示，8位中的每一位最初均是受本校开设的《圣经》学习课程的影响才决定入教。此外，还有很多学生要求入教，我们希望他们能够早日达成愿望。基督教青年会各项活动安排得井井有条。大约30位学生主动加入《圣经》学习班，每周相约专心学习《圣经》。

医学部院今年招收3名学生。但因年会任命所造成的混乱和不确定因素影响，该系部并未像我们的想象那样组建好。由于医学部乃本校最为重要之系部，且不乏生源，因此我们相信，可以采取一些措施使其建立在更好的基础之上。

创建神学院的要求变得日益迫切。如今中国国内形势要求我们培养一批献身传教事业的人才。我们热切希望神学院的创办能够满足这一要求。3名学生已经宣布他们将来的志愿是要宣扬上帝之言，将来也一定会有其他人立志于此。我们相信，在他们完成学业之前，神学院一定能够建立起来。

近来中国政府教育体制有所改变，废除了科举制度，直接从学校选拔人才，这将对中国所有学校，不论官办学堂还是教会学校，产生深远的影响。我们相信，新的教育体制会让政府逐步重视中国现有教会学校正在进行的工作，同意授予教会学校毕业生与官办学堂毕业生同等学位。

教育体制变化只是强调中国需要教会学校。在中国所有学校中，教会学校也仅代表基督教育。《圣经》学习在教会学校中占有举足轻重的地位。因此，我们要以耶稣为榜样塑造学生的品格。为此，东吴大学需要配备更好的设备和更优秀的人员。如果我们想取得有影响的地位，必须彻底准备做第一流的工作。

东吴大学需要每位与会者的帮助，不论教内、教外。我们相信，每位与会者都将成为我们的宣传者，源源不断地为我们输送学生。

孙乐文

Minutes of the China Mission Conference of the Methodist Episcopal Church, South.

1906年年度报告（东吴大学）

今年东吴大学的工作让我们深受鼓舞，在校学生总数大大超过往届。今年共招收156名学生。学生品行端正良好，学习刻苦认真。中文部和英文部的教学方式均有很大改善，收效颇佳。但我们仍受师资缺乏之困扰。教学需要更加专业化，教学效果才会更加有效，而要做到这点，必须扩大我们目前的师资力量。

在今年暑假期间，我们为我们的宣教者和其他一些当地同工开办一届短训班，这是我们在这方面的首次尝试，效果颇令人振奋。短训班设有以下课程：(1) 基督生平学习。(2)《加拉太书》。(3)《圣经》基本教义。(4) 中国教堂相关问题。每天学习4小时，共持续9天。每天都有25至30人前来听课，受训者自始至终都充满激情。这种夏季短训班将会一直成为我们今后工作的一部分，我们期盼明年有更多的人加入其中。

由于东吴大学乃教会创办，《圣经》在我们课程中显得尤为重要。我们一直努力引导学生清楚地理解福音书中的真理和价值，进而认知和接受耶稣基督为上帝和救世主。除了日常的星期日礼拜之外，每周还举办各种聚会。许多学生组成《圣经》学习班。我们的牧师，Li Dzong-don 一直为学生提供服务，对学生的影响很大。他的工作对我们非常有帮助，成效也很好。

由于招生人数增多，学校收入也比往年多很多。所有收入共有12 676元。其中，6 345元为学费收入，其余为住宿、服装和学杂费。这笔资金使我们可以支付学校一切开销，包括中国教师和一位外籍教师的工资支出。目前为止，我们已能够自给自足。但学校还没有设立奖学金，也没有收到差会董事局对该项的任何拨款。

从入学人数增多和对学生品德的赞扬中，我们可以看到苏州和周边城市居民对东吴大学的评价。学生宿舍拥挤，学校不得不因为住房短缺而拒绝很多入学申请者。尽管在学校里，我们对学生一视同仁，不分等级贵贱，尽管从学生名册中可以找到来自各个阶层的代表，但大多数学生都来自该地区最富裕的家庭，而这些家庭由于自身文化、经济和影响力，自觉为中国革新的伟大事业培育出一批批领导者。我怀疑，在中国其他学校中，能否找到更具代表性的学生群体。我们耳边听到的，都是来自苏州及其周边城市里各行各业对我们的赞誉之词。东吴大学的影响力正不断扩大，我们和民众的关系似乎比以往更融洽。

今年6月份，我们发行了第一批《东吴月刊》，这是一本月刊，由本校学生和教师共同编辑。创办该刊目的是向这片区域内众多对教学改革有兴趣的人宣传东吴大学的影响。《东吴月刊》非常畅销，订阅量稳步增长。有一人甚至订购了100份。

长期以来一直妨碍我们工作的就是缺少宿舍。我们正在使用的旧宿舍楼不但太小，而且完全不适合使用。我们很高兴地通知各位，我们马上就可以动工建造一座大楼，这座大楼，虽然也只是暂时性的，但可以更好地满足我们需要。旧的宿舍楼将会拆除，整个校园面貌将大为改善。

中文部和英文部都迫切需要更多的教师。虽然一时很难找到我们所需人才，但希望在下次开会之前，我们能够圆满解决这个问题。

我们期盼每位与会者能够在加强教育工作方面给予我们帮助。我们的目的之一就是协助与会者在中国建立、扩大基督的王国。我们期待你们的赞同和支持，并相信在诸位的帮助下，我们将会建立起一所名副其实的大学。

孙乐文敬上

Minutes of the China Mission Conference of the Methodist Episcopal Church, South.

1907年年度报告（东吴大学）

东吴大学在过去的一年里稳步成长,发展前景可谓历年最佳。招收学生总数达到233人——由于受校舍所限,我们不得不拒绝多人的入学申请。每年希望入学的人数都在快速增加。许多人被国内其他教会学校所拒,因为这些学校设备短缺而无法接受他们。被拒于门外的年轻人,其数量之多,渴望接受教会学校教育的愿望之强,给全世界的教会提出了一个值得深思的问题。

我们学生在这一年里学习勤奋,进步很大。学校在学生纪律问题上甚少操心。

我们仍在努力改进中文和英文教学方法。在准备中文课本方面,我们给予很大关注,并取得一定进展。在英语教学上,我们正在使用的先进教学方法,能够让学校在明年,即1908年,将原本4年的英语课程缩至3年,与此同时,通过学校更为细致周到的工作,学生可以比从前更好地借助英语学习学校常规课程。

东吴大学正在朝传播福音的目标而努力,其影响已经遍及苏州和周边城市。我们所付出的每一份辛劳都是为了将每一位学生置于上帝的眷顾之下,足足有一个班的学生已经加入教会。除了在整个学校课程中占有重要地位的常规《圣经》学习和星期日礼拜之外,学生们每周还组织多次聚会。李仲覃牧师,忠实地履行其对学生的职责,因而赢得学生们的极大尊重。

为宣教者和基督同工设立的夏季短训班参加人数很多。这届短训班的重点是学习《圣经》。同时,还举办关于救赎计划的讲座,以及开展对中国教会当前存在主要问题的普遍讨论。学员们自始至终都保持着浓厚兴趣,我们为能扩展学校的工作范围而感到欣慰,并准备为他们安排更多的学习时间以及完整的课程。我们期盼这种短训班能够成为我们工作的有效组成部分。

新的宿舍大楼刚刚完工,能够容纳218人入住,大大缓解了校舍短缺的压力。我们的学生第一次可以住进如此舒适的房间。宿舍大楼设计精巧,外形美观。和宿舍大楼相连的还有一个漂亮的餐厅,40×80大小,还有厨房和浴室。所有建筑费用大约为30 000墨西哥元。

去年在校园内成功地开凿了一口自流井。井水清澈,供水充足。井深333英尺,井水可以上升至离井口5英尺处。今年为庆祝柏乐文50岁生日,中国朋友们捐了1 500多墨西哥元准备建造一座水塔,可以协助供水。我们相信,在很短的时间内,可以向校园和医院的大楼供应充足的清洁水源。

3所住宅正在兴建,竣工后将分给3位教授居住。我们迫切需要更多住宅,因为许多员工至今仍旧没有住房。

东吴大学的声誉日隆,如果能获得所需帮助,我们完全有理由相信,在苏州建立一所伟大学校的计划能够圆满实现。

孙乐文敬上

Records of the China Mission Conference, Methodist Episcopal Church, South.

1908年年度报告(东吴大学)

今年是东吴大学发展最顺利的一年。春季开学初,每一间宿舍都住满学生,部分学生因宿舍紧张而被拒绝入学。这届学生也为历年最好。几乎没有人中途退学,学生更多精力皆用于学习,因此本届招收的203名学生这一年里所取得的成绩将比以往更好。

去年2月举行的毕业典礼对我们而言是一次盛会——东吴大学的首位毕业生获得学位。大批官员和士绅出席毕业典礼,他们对学校活动以及日常工作颇感兴趣,这也让我们甚为欣慰。他们开始认识到教会学校在培养人才方面的能力,这在非教会学校中是无法做到的。我们首位获得学士学位的毕业生,是一位栋梁之材,现已留校任教和我们一起努力工作。

学校课程基本保持不变,只有一些细微调整和改变,旨在更好适应教学需要。只要学校能聘请到合适的教授,就会对课程做进一步调整和增加。我们相信,年复一年的辛勤工作将会使学校招收人数不断增多,教学质量不断改进。

今年,我们花了大约1 200墨西哥元添置了很多化学仪器和物理设备。这些仪器和设备将会对化学和物理教学研究提供很大帮助。我们希望能够尽快为具备相应资质的学生开设机械、热学、光学和电学等方面的高级课程。这些课程的开设是为纯应用科学研究提供理论依据,从而为创立工程学专业奠定良好基础。

学校的《圣经》学习一直以来都是全面有效的,吸引了众多来访者的关注。最近,耶鲁大学的一位神学教授对我们在神学培训方面取得的成就大为惊叹。我们一直努力将《圣经》学习置于每一所教会学校(事实上每一所现代学校教学的重要位置)。

今年,宿舍大楼的末期工程也已完工,只待学生入住。3所新住宅也已建好,连同以前3所住宅,学校如今共有6所住宅。其中2所分给中国教授居住,美国教授住在另外4所内。但是,我们仍有8位中国教授和4位美国教授无处安身。如果每位教授都能在校园里有自己的住宅,那必将大大提高他们的工作效率。

和自流井相连的水塔业已建成,水塔顶上安装了两个巨大水箱,引水机器也已安置到位。但目前仍缺少足够资金安装和大楼连接的水管。我们希望来年能够完成这项工程,这样就可以为大楼供应充足的清洁水源。

除了日常的星期日礼拜之外,每周学生们还组织多次聚会。去年春天学校组织了一次特殊的聚会,效果非常好。已有多人归信耶稣,东吴大学的福音传播事业蒸蒸日上。

学校正在安排明年计划。这一计划将会聘请一些教授和已入教学生从事直接布道传播工作,学生中有很多人都希望能成为牧师。我们热切盼望东吴大学能够成为传播福音的中心,我们不仅要在学校课堂内,还要在苏州以及周边城镇为建立基督王国而努力奋斗。

去年大部分时间我不在苏州。惠会督和蓝华德博士盛情邀请我前往美国参观访问,目的是为了激起"平信徒传教运动"对我们在苏州所从事教育活动的兴趣。我受到各教会最热情的接待,他们对东吴大学也表现出浓厚兴趣。教会承诺将捐赠大笔资金用于扩展我们的工作和为学生提供资助。但由于美国目前经济恐慌,无法立刻获得这笔资金。我希望随着经济好转,这笔捐款能够完全到位。

在工作中,我们感受到上帝的指引,通过上帝,我们希望能够看到东吴大学永远成为一所有影响的大学。

孙乐文

Minutes of the China Mission Conference of the Methodist Episcopal Church, South.

1909年年度报告（东吴大学）

去年，东吴大学几乎在各方面都进展顺利。尽管招生人数没有增加，但学生素质和工作业绩却有很大提高。

在去年2月举行的毕业典礼上，众多政府官员和社会名流出席，这说明他们对我们工作及所取得的进步热情不减。江苏巡抚因病未能出席典礼，但他并没有忘记此次活动。他派遣一位官员作为代表，向与会学生宣读其口授的一篇讲话。美国驻华总领事田贝的演讲吸引众多关注，并随后刊登在中国和美国各大报纸上。20名学生获得中学或预科文凭。学士学位颁发给3位完成大学课程的学生。其中2名留校任教，另外1名则被选派出国深造。我们刚刚获悉，在中国政府于北京举行的出国留学选拔考试中，该名学生从全国3 000多申请者中脱颖而出，在中文和英文考试中均获得第一名。

5月26日，东吴大学医学院举行了毕业典礼。很多名流再次到场。美国前驻上海总领事佑尼轩发表精彩演讲。医学本科学位授予3名学生。其中2人现在博习医院工作，另1个也在苏州市内挂牌行医。

神学院的工作刚刚起步。暂时只开设了一门课程，教学工作也随之展开。神学院对我们当前工作提出更高层次的要求——要求我们做得比现在更完善、更全面。中国教会迫切需要有人来担任领导，这些人要接受过完善的培训，能够引导刚刚建立的教会，这也符合基督的要求，让这些人和上帝并肩同行，为拯救世人而努力。今天的教会学校必须培养这样的人才，我们相信这项工作虽然刚刚起步，一定可以不断拓展并被证明是行之有效的。

为宣教者和同工开设的夏季短训班今年有所变化，改为春季班和秋季班，各持续一个月时间。上课地点设在城中宫巷，那里还可以提供食宿。作出调整的原因是为了给参加者提供更充裕的时间，让他们接受更全面的培训，以求达到更好的效果。然而，这一变化显然没有得到想要参加者的认同，春季班几乎没人到场，而秋季班的前景也很不乐观。我们应该恢复原有模式，即开办夏季班，但培训时间要延长，而且工作要比以往更细致、全面。我们看到这项工作具有重要意义，而且也非常必要，因此我们将会尽最大努力来满足这种需求。

去年随着新宿舍完工，我们现在可以为教会中的孩子们提供更多帮助。旧的宿舍大楼虽然很小，但还是有必要安排自费学生入住，这样才能保证获得足够资金支付目前学校开销。今年，学校有机会建立一个机制，可以为那些无力付款的教徒子女提供学费贷款或学费及住宿贷款。这一计划直到最近才发布出去，但却得到民众由衷的赞同。目前，我们资助了23名学生，希望春季开学能资助更多。作为教会学校，我们希望能够尽最大努力去帮助教徒子女，希望每个有前途的孩子不因为无法承担学费而辍学。

去年春天，在牧师李仲覃指导下举办了一场复兴布道会，这是目前举办得最为成功的一次大会，吸引众人到场，在学生中反响很大。许多人开始接受上帝，从而改变了他们的学校生活和家庭生活。许多父母惊奇地发现自己子女言行大为改善,他们将此归功于我们学校完善的教学体系。只有一些年轻人加入教会,因为大多数人的父母并非教徒,因此他们反对迈出这一步。但是,没有入教的人也已成为基督的仆人,成为上帝之国的一员。

校园里正在兴建两所新住宅,校外一块土地上也将建造多处住宅。明年 1 月都将建成完工,届时学校教职员住房将更为舒适。兴建学校大楼的计划正在筹划之中,建筑费用由林奇堡考特街区教堂慷慨捐赠——价值 20 000 美元的黄金。建成后将是一幢非常漂亮的大楼,这不但大大增加学校资产而且还利于我们提高工作效率。我相信明年 12 月就可以宣布这项合同。

目前,中国政府正处于改革之中,基督教也传遍各个阶层,这些进步促使中国更加需要我们这样的教会学校。中国正在呼唤人才,呼唤那些处事得当且值得信赖的真正人才。政府需要他们,教会需要他们——只有开放、完善的基督教育体系才能培养出这样的人才。尽管在过去一年中,中国教育部采取了一些威胁到教会学校的举措,但似乎未见成效,这些教会学校仍旧像以往一样广受欢迎。只要教会学校脚踏实地工作,竭力培养目前中国政府急需之人才,其受欢迎程度一定不会减弱。

教育工作在全国范围内取得进步,使我们很有必要认真审视工作质量,以防无法适应时代要求。我们必须不断改善工作,扩充课程,但这需要人力和物力——尤其是人力。我们现在迫切需要一些接受过系统培训的人加入师资队伍。真正的人才比设备更有价值。我们认为,真正的人才不但拥有自己的专业而且工作态度积极,和浪费大量资源的人相比,他们只需利用少许资源就能完成许多重要工作。因此,我们当前急需的是人才,真正合适的人才。但同时,我们也需要更多的捐赠,没有捐赠我们无法完成这些工作。

我相信,与会的每一位代表都会对我们的工作抱有浓厚兴趣,并且每一位代表都将会尽最大努力帮助我们,去发展并扩大我们教会建立起来的东吴大学。

孙乐文敬上

Records of the China Mission Conference, Methodist Episcopal Church, South.

1910年年度报告（东吴大学）

就目前学生整体素质，以及一年来他们所取得的成绩而言，他们是东吴大学历年来最好的学生。和往年相比，今年春季学生的入学率有所下降，但秋季入学人数却异乎寻常的多，因此今年一年的入学总数还稍稍高于去年。这个地区所有学校，不论官办学堂还是教会学校，都出现春季招生人数下滑现象，例外很少。由于"新学"在中国刚刚兴起，因此学习"新学"的要求尚未普及。尽管无法解释为什么每年学习"新学"的要求不断变化，但学习"新学问"这一事实却无可否认。因此我们也无需感到灰心失望。"新学"已在中国生根发芽，学习"新学"的人也必将逐年增多。

我们和政府官员及校外民众的关系非常友好。省高级官员不但愿意出席我们的各种典礼、仪式，而且还协助我们举办这类活动。我们奋斗目标是要将学生培养成为认真、忠实的中国人，并防止他们被"西化"；我们要让中国子民从学习"新学"中获益，得到上帝赐福，并保持其国民性，而非有害民族团结，我们赞助者对学校这方面取得的成功赞不绝口，极大地鼓舞了我们的士气。学生家长向我们反映，学生放假回家后行为大有改善；他们变得更加体贴、关心、孝敬父母，对人生的责任和义务有了更清晰的认识，他们是更完善的人，更完善的中国人。

在学习方面，东吴大学的学生们也取得了辉煌成绩。最近，在由省教育大臣督办的省级考试中，我校一名学生因在其中文考试中的优异表现而受到该大臣当众表扬，该大臣对来自教会学校的学生能有如此出色的中文水平大为惊叹。学生们在北京举行的官方考试中均有出色发挥。去年和今年，我校学生在中文科目上都获得了最高分。因此，如今举国上下皆知，东吴大学培养的学生不但熟习中文，在西学科目上也不输于任何人。

随着时间的推移，东吴大学的校务工作越来越趋于系统化，为了更有效地教学，各课程大纲也进行了完善。中国国内还没有人对"新学"的学习进行尝试和探索，而来自异国的教育方式在这里根本无法适用。即将在中国建立的新教育体制必须是属于中国的体制，"新学"必须要经过"本土化"改造，而不应仍旧保持其舶来品的"异国情调"。这样的适应性工作将会持续很多年，目前这方面努力已取得突破性进展。

作为教会学校，我们尽最大可能帮助那些无法承担学费的教徒子女。他们可以通过贷款交纳学费，在很多情况下，住宿和学杂费也可通过贷款解决。目前贷款学生人数达到30名。由于我们要依靠每年的收入来支付学校运转的各项费用，30笔学生贷款已经是我们目前能够承担的最大限度，如果有可能，我们还会增加贷款人数。我们意识到这是我们工作中的重要部分。今天对教会子女的教育就意味着教会明天的兴旺发达。

传播基督思想，扩大基督影响是东吴大学所有工作的特点。我们不是简单地向所有学生介绍基督教，而是努力将他们置于上帝的直接影响之下，使他们有机会分享上帝的生平和力量。星期日礼拜、清晨祈祷以及教室里的活动都是围绕这个目的而展开的。许多学生都成了虔诚的基督信徒，但由于家庭的极力反对，他们中很少有人加入教会。学生们创办了青年基督教协会，并且在完成学校规定的《圣经》学习课程后自发组织了《圣经》学习班。去年春天，在学校牧师指导下，我们举行了一场成功的宗教集会，不但对学校意义重大，而且使许多学生从中获益良多。通过举办这样的集会和我们日常的工作，每年都有新学生加入到基督大家庭中，了解认同基督教真理，接受上帝对他们的救赎。

今年也是学校大兴土木、不断扩展的一年。林奇堡考特街区教堂慷慨资助我们中学部建造一座大楼，如今这座大楼正在兴建，将于明年完工。大楼有四层，由红砖灰瓦砌成，配有花岗岩饰品。一楼将会是工程系和其工场所在地，其他地方将设有行政办公室、中学部教室以及属于自由团体的两间大厅。大楼竣工后将大大有利于我们的工作。

诺福克、朴次茅斯众教会以及旦未乐主街道教会(Main Church, Danville)的慷慨捐款使我们在校园内建起两所新住宅，以及校外一所大型住宅。教授们急需这批住房，而现在我们的教师们也可以第一次住进如此舒适的地方。来自上述三个城市的捐款大约还剩15 000元，而在上海也有一处捐赠给我们的房产，正好可以利用这笔资金来建设。

我们急需更多的捐赠来满足学校发展的迫切要求。如果要保持东吴大学现有地位，我们必须加倍努力工作。唯有充足的资金和师资力量才能保证学校不断前进。我相信教会董事局能够为我们提供所需帮助。

孙乐文敬上

Annual Report of the Board of Missions of the M. E. Church, South.

东吴大学年度报告

（1910 年秋季至 1911 年春季）

一般来说，年度教育工作报告很难撰写，今年尤其如此。

建校开始就一直担任校长的孙乐文先生今年 3 月与世长辞。他为学校繁荣发展所做的贡献，我们铭记在心。我们中没有谁能像他那样热爱工作。不管在中国还是在美国，他对工作都表现出无限的热情，倾注着自己全部的心血。

本应该由其他同仁向孙乐文先生的一生及其所做的非凡工作致敬，在此，请允许我衷心地向孙乐文先生所做的非凡工作以及他留给我们学校的宝贵财富致以崇高的敬意！他的离去对学校所造成的损失无法弥补。

在孙乐文先生逝世到我接任校长职务这段时间，是文乃史先生在繁重的教学之余承担了学校的管理工作。

5 月 1 号，我辞去了中西书院校长，改由白约瑟先生接任。5 月 2 日，我就开始了在苏州的工作。在上海这几年，我把全部精力投入到工作之中。同仁们要求我来苏州工作，我十分感谢他们的信任和诚意。

我们是在极其严峻的条件下开展工作的。当时学期已过半，由于缺乏教员，我必须承担大量教学工作，同时尽快熟悉校长工作。

学年之初，孙乐文先生患病，导致了学校组织工作的混乱。

除此之外，学校财务也是大家极其关注的问题。我必须集中时间和精力努力工作，满足大家的要求，推进学校工作继续前进。目前财务状况在很大程度上有所缓解。

学校财务出现糟糕状况的原因有方方面面。我们原本满怀信心地认为，今年的招生人数会大大增加，我们也能够筹到足够的款项。但结果却大大让我们失望。

由于缺少足够的外籍教师，学校不得不聘请非教会教师。

造成财务赤字的最主要原因是学费收入问题，我们很多学生不是全额交费。情况大致如下：15 名学生免交学费，只交纳了食宿费和杂费；15 名学生贷款了学费，只交纳了食宿费和杂费；7 名学生免交学费，贷款了食宿费和杂费；8 名学生贷款了学费、食宿费和杂费；2 名学生获得了大概 100 美元的奖学金，用以支付一年的开支。

不交学费的学生没有给学校带来任何经济收入，而且那些贷款出去的食宿费对学校而言也是一笔相当大的损失。

去年 5 月，在董事召集的会议上，经过长时间的认真考虑，大家决定非常有必要停办上海中西书院，把它和东吴大学合并，把它办成我们教会惟一一所大学层次的教育机构。虽然合并工作在不利的条件下进行，但取得的成就让人欣慰：包括大学和中学层次在内的 80 多名中西书院的学生进入大学。我们期望能把已开创的工作继往开来！与东吴大学合并这一计划已经得到很多学生和中西书院资助者的完全赞同。

尽管办学过程中困难重重,但这两学期的工作还是值得我们欣慰。春节时候举行的毕业典礼取得了成功:1 名男生获得了学士学位;13 名学生从中学毕业。在招生人数方面,1910 年秋季我们招收了 149 名学生,今年春季又招收了 160 名,非全日制上课的学生达到 204 名,其中有 40 名来自教会。

在春季开学之际,又开设了两个初级班,以满足教会和政府无法满足的要求。然而要证明该项工作的有效性尚有待时日。为了使大学课程能在崛起的中国的建设中发挥更大的作用,东吴大学正进行一项彻底的课程调整。

鉴于戈璧先生夫人的健康状况,他不得不放下工作带着家人回国。他工作效率很高,即使是暂时离开,我们都深感惋惜。让大家感到高兴的是,司马德教授最近已结束休假返校归来。

从中西书院转来了 Messrs. Sze Pa Yien, Sung Kyoh Tsoo, 白约瑟和史密德这几位老师,使我们的职员和师资力量得到增强。将来还会有更多从美国来的教师充实我们的师资队伍,我们为此备受鼓舞。

12 名中国教师,6 名美国教师,还有 1 名学生助教构成了我们今年的师资。

在目前的秋季学期,我们已经招收了 220 个学生,还有一些要来,这使我们的教学任务比前几年重了很多。不断增加的学生数给我们的工作带来了激情。由林奇堡考特街区教堂慷慨捐资的新大楼也马上竣工。有了这么好的条件,我们的教学工作肯定会比以前做得更好。明年我们也应该能招收到更多的学生。如果监理会同意的话,校教育会秘书长 Stonewall Anderson 博士答应为新大楼的装修提供资金。我们真心希望能够得到这笔捐助,那样我们将能更好地利用已有的条件继续工作。

由于我们重视宗教教育,学生的总体宗教信仰已经起了很大的变化。很多同学接受了教义,并且被吸纳为教徒。就在今年 5 月和 6 月,我就看到有 14 名同学入教。我们继续在学生中举办,并为之付出许多积极有益的努力。基督教青年会的工作很成功。

暑假一结束,我们学校就承办了基督教青年会夏季会议。我们很多同学参加了这一活动,表现出了出乎意料的热情。这一热情对于学校来说非常有帮助。教会领导正在计划举行特别会议,不断丰富学生的精神生活。

在学校工作极其困难之时,我们的老师和同学给予忠诚与耐心的帮助,对此我表示衷心的感谢!

为了确保我们在东吴大学所做的工作能够完全成功,传教机构和教会都必须继续努力!只有大家努力,我们才能取得成功。由于大家的辛勤劳动,我们在过去几个月艰苦条件下所做的工作富有成效!非常感谢大家的辛勤劳动,期待诸位的诚挚协作!

校长葛赉恩

Twenty-sixth Session of the China Mission Conference of the Methodist Episcopal Church, South, 1911.

东吴大学年度报告（1912年）

葛赉恩校长 1912年

5名外籍教师和10名中国教师完成了全年的教学工作。文乃史教授去年2月开始休假。米切尔教授在今年春季结束之际辞去了工作。令人欣慰的是，兰金教授和平客楼教授今年秋天加入教师队伍。在一名中国教员辞职的同时我们又聘用了另一名中国教员。部分学生助教也承担着教学任务。

我们的师资队伍还存有不小缺口。根据董事会的计划，我们还至少需要一名外籍教员。为了满足不断增长的教学需要，理学院急需更多的教师。我们需要帮助以扩充师资力量并推动学校各项发展。

去年秋季，登记入学的学生极其多，其中有85名原中西书院的学生。如果10月初没有爆发革命的话，那入学人数会更多。革命爆发使得很多学生回了家，其中很多是上海籍学生。要把这些学生分班是一个需要很大耐心的工作。整个冬季中国国内局势动荡不安，这也使得上海之外的居住环境很不安全，进而阻止了许多学生返校。但学校里，那些面对困境准备最充分、最富朝气的学生继续并出色地完成了学习。他们是我们学校最忠诚的年轻人。

在革命进行过程中，全国绝大部分学校都或长或短地停止了教学。在此环境下，继续努力工作并取得最后成功实属不易。我们学校入学的学生很少，但我们却完成了整年的教学工作，并在2月2号这天举行了新颖的毕业典礼。

毕业生中有1人获得了神学学士学位，现为上海慕尔教堂助理传教士；2人获得了文学学士学位，现从商；3人获得了中西书院的毕业证书，其中1人从商，1人在上海监理会男童学校任教，1人在大学高级班继续学习；13人从中学毕业。

春季入学率非常高，上课率出乎寻常地好。秋季的招生比春季还要好。秋季实际招生215名，只比去年秋季少招了11人。去年秋季是我们有史以来招生最多的一次。今年我们总共招了239人。

招生人数增长的同时，学生的精神面貌和言谈气质方面也取得了令人满意的进步。我认为，这些学生是我们学校有史以来最好、最自重的学生。我不相信还有比他们更好的学生！

除了学校常规的宗教活动外，白约瑟教授在慕家花园协助教堂工作；司马德教授在无锡；史密德教授在宫巷；祁天锡教授在街区一所充满朝气的主日学校；平客楼教授十分关注“基督教青年会”；兰金教授坚持在星期天上午为学生开设《圣经》课，反应良好；还有两名中国教师非常认真地在宫巷主日学校服务；当然还有一些老师在其他地方服务。我除了在星期日下午和学生进行日常的礼拜之外，还为教堂早礼拜服务。

加起来算，各地大概有55名学生参加主日学校活动；一个志愿者乐队在星期日下午为城里的各个礼拜堂提供服务。基督教青年会每周都举行“宣誓会”。除了一系列的祈祷会之外，每个星期日晚上，基督教学生还会开会。

除了学校常规的《圣经》教学工作，我们还开设了学生自愿参加的《圣经》课，今年招了151人。学生团体中有很多出色的教会工作者。据一些外籍和中方领导讲，去年在杭州举办的学生夏季会议，我们学校的代表团最大、影响力最强。

在今年招收的76位教会成员中，61人是我们教会的兄弟姐妹。大概还有30人忠实信教，只是还未被吸纳为教会成员。

Ting Li-mei，S. J. Gordon，H. L. Zia，Yui Ts-tsa，柏乐文和其他一些老师都做过一系列宗教讲座和布道。因此很多学生变为信徒并自愿为基督服务。我们的很多学生在毕业以后仍然积极从事于基督教工作，这多么令人欣慰啊！

有消息说，我们的一些学生已在北京由庚子赔款建立的官办学堂里，成为建立和维持教会工作的领导。

考虑到缺少人手，也考虑到大家可能缺少兴趣，学校在去年夏天没有召开大会。看到一些基层的布道工作者热情是如此强烈，我们决定将学校教学楼交付当地一教会委员会使用。正因为此，我们召开了一个十分有益的为期10天的会议。超过80人参加了此次会议，会议取得了很大的成功。大家期望明年同样能召开如此有收获的会议，希望到时为小学教师开办一个师范班的计划也会成熟。这一计划很有必要，而且只要花很小的开支就可以做到。这一想法已报请大会认真考虑。

去年秋天，为流浪街头的孩子开办主日学校的兴趣悄然兴起，且计划已成型。我们已得到同意在春季开设一系列科学讲座。与此同时，一笔大约180元的费用已到位，购置课桌椅和书本。教室就设在教堂。我校的学生下课后从下午4点到6点轮流上课。这些志愿教书的学生工作热情高涨，要限制他们的加班时间，还真是很难！这学期共有23名学生在主日学校支教。目前有超过55名男孩在主日学校学习。柏乐文夫人一直给学校提供帮助。

由柏乐文夫人及学校其他教职员工组成的管理委员会已经成立。暑假里，学生为学校募集资金，大概总共募集到700元。原先老医院地皮上的建筑现已被推倒，学校打算在北面的空地上重建一幢楼。我们还聘用了一位中国教师每天教中文。学生继续从事教授地理、数学、《圣经》、唱歌以及从事监督管理等志愿活动。

所有这些活动都具有慈善性质，学生们积极参与，帮助那些无助的人。基督教青年会也用各种方法筹集资金。最近，一个由毕业生组成的赞助组织表示要给我们的公益事业以支持。整个计划不仅对基督教学生，对于所有人也绝对有益。所有这一切都证明，学生的公益之举令人振奋。结果，通过学生的努力，共筹集了大概1 000元。

为建造一块纪念孙乐文先生的纪念碑，毕业生和现在的学生共捐资超过700元。11月16日被定为“校节”。这一天，在一千多名观众面前，这块花岗岩纪念碑揭幕了。这一天被用来纪念我们教会在过去和目前所从事的教育工作取得的成就。在这一天，博习书院和中西书院的早期毕业生，校友 Yee Pahzeu，李仲覃，Murrah，潘慎文，Tutuh 的代表以及军方的领导都作了得体的发言。

利用这一契机，大家开始筹备组建东吴大学校友会。校友会包括东吴大学、博习书院和中西书院3所高校的学生。这真是一个令人鼓舞的举动。

我们正在考虑在学校的监管下为学生出版一本月刊。原来的学生组织对此表示出兴趣，看来这肯定会成功。

学生音乐俱乐部现用600到700元来购买乐器，这肯定会给俱乐部活动带来很多便利。

在司马德教授的指导下，体育协会这一年圆满地完成工作：我们举办了田径比赛。从学生身上，我们看到了他们高贵、与众不同的气质，这正反映了学校的精神。

Wei 教授一直有效地指挥军事训练。他们的表现如此出色，在今年很多时候，他们的队列表演都得到官方的特别注意。

由于弗吉尼亚州林奇堡考特街教堂的慷慨捐资，"孙堂"大部分已经建造和装修完毕，并购置了美式家具。楼里有行政办公室、背诵室、自习室、文学会。大楼真是太棒了，非常适合我们的教学需求。

主楼被命名为"林堂"。从长远考虑，为了满足实验需求，一楼被清空。今年夏天，我们对宿舍以及其他一些建筑进行了必要的修缮。

一些学生得到了来自美国奖学金的资助，用于支付食宿和学费，原先这些奖学金是给我们传教士子女的。

有些同学贷到了部分款项，有的则贷到了全部，但这些钱是要还的。还有一些拿到了我们教会各中学设的奖学金。这学期初始，我们考虑让学生用打扫教学楼和从事其他一些劳动来偿还一些借款。刚开始时，规模还比较小，但这是个好的开端，且试行结果令人满意。在中国，特别是在我们这样一所大学，要试行勤工俭学非常困难。但很多学生都来申请勤工俭学，我们都安排不了。

今年我们用各种方式帮助了66名学生，其中23人是牧师的儿子，15名我们自己教会传教士的儿子。只要学校资金允许，我们就会继续这样做，这是我们的一个长期政策。除了这些受助的人外，还有5个捐资助校者的子弟也免交了学费，但其他费用不免。

根据董事会的建议，在去年下半年，监理会批准在上海改进使用资助财产计划。这一计划包括借款以及建造80间出租房屋和店铺。这一计划十分成功，所有的房子都被出租出去。投资有望成功。毫无疑问，当我们把贷款偿还后，这肯定会给我们的工作带来有力的资金帮助。当然，我们对于计划的执行情况，给予很多关注，由 T. A. Hearn 和 J. B. Fearn 两人来进行监管，董事会授权执行这一扩展计划。

无论是从物质资产方面还是其他方面来看，现在的情况都是最好的。今年，学生交费收入增长正常，这着实令人鼓舞。中国9所最主要基督教学校都从事了一项管理工作方面的调查。中国北方、中部以及南方的基督教大学都是以联合或超宗派形式创办的。我们学校在自立性方面高于其他任何教会学校，这让我们对我们的政策和学校的未来信心十足。我们为教会事业工作，并尽可能地减少教会的负担。希望大家能够全力合作，使东吴大学更好地为教会服务。

Annual Report of the Board of Missions of the M. E. Church, South.

东吴大学年度报告（1913 年）

文乃史代理校长　1913 年

今年是学校有史以来取得进步最大的一年。一年前，我们的招生人数是 215 人。到 1913 年 1 月，学校招生人数都很稳定。在随后的春季学期，我们共招收了 303 名学生。现在我们在校学生数为 320 人。如果有足够宿舍的话，我们还能招收更多学生。

教学成效方面也有很大的进步。一年前有 7 名外籍教师。这学期，8 名外籍教师全部上岗。葛赉恩博士 7 月回国度假，龚士博士接替物理和化学教学。到 9 月，外籍教师在岗数创历史新高。我们新聘了 1 名中国教师专教中文。中学也新聘了 1 名毕业生来讲授西学课程，还有 2 名毕业生在做兼职—— 1 人教中国文学，1 人教数学，同时致力于公民学和中国文学工作。师资力量的增长使得把低年级学生分成小班上课成为可能，上课更加有效。

去年夏天，食堂旁的宿舍被改建成两栋大房子，现在，年纪较轻的男生们都住在那里，并有 2 名老师直接管理。这些男生和那些必须补课的同学晚上在指定教室由老师监督着上自习。

同时，图书馆从“林堂”移到“孙堂”的一个更大的房间——面积是原先的两倍。老图书馆被改建成自习教室，其他一些教室也进行改建，以便上大课。与此同时，我们在宿舍、食堂、厨房、图书馆、文学会楼、办公室、礼拜堂、自习室、接待室、走廊还有其他一些教室都安装了电灯。

在 1 月份的毕业典礼上，3 名基督徒男同学顺利毕业，18 名同学拿到中学毕业文凭。遵循教育主管部门施行新工作日历的精神，整个学年的工作被挤在了春季这一学期。但结果却比预期的要好。在整个学期，工作进行的有声有色。7 月 15 日，7 名优秀的基督徒男同学顺利拿到毕业文凭。现在的高年级班级规模是我们学校有史以来最大的，且学生在品行和学业上能和任何先前的毕业生相媲美。

冬天我们购买了在去年报告中提到的乐器，并且聘请了一位乐队老师来专门教授。那些由于进步而备受鼓舞的学生在乐队训练中更加努力。

去年 11 月成立的校友会在今年 7 月毕业典礼期间举行了令人鼓舞的会议。会议最主要的决定是：为了学校的利益，特别是为了更好地为原先 3 所学校的毕业生提供一个交流平台，大家决定创办一本杂志。

通过基督教青年会的努力，惠寒学校得到稳步发展。春季招收了 60 多名男生。我们学校的学生利用课余时间合理安排并讲授课程。基督教青年会聘请了 1 名中国全职教师。惠寒学校这学期共招收 76 名学生，我们有 18 名同学在免费支教。这完全是公益行为，是爱的表现。学校所有的孩子都定期参加主日学校，在那里，绝大部分老师也是我们学校的学生。

我们学校完全由学生来构想、组织和管理，再也没有比这更好的例子来宣示基督教精神了。哥伦比亚大学教育学院的 Paul Monroe 博士此次苏州之行完全被我们学校所吸引。

当前我们学校在教育领域最急迫的工作就是培训师资。我们学校不是专门为培养师资而开办的,但是培养师资却可以给我们整个教育工作带来无限光明。

（东吴大学财务报告显示:14 557.17 墨西哥元来自东吴大学;15 254 墨西哥元来自上海的捐赠资产。)

Annual Report of the Board of Missions of the M. E. Church, South.

东吴大学报告（1914 年）

葛赉恩

招生

1913～1914 学年秋季学期我们共招收了 223 名学生，这与春季学期的招生人数一样。招生人数能够得到维持，取得这样的成绩前所未有，实在让人欣慰。在大学层次我们招收了 55 人，其中大四 13 人；大三 7 人；大二 11 人；大一 19 人。整个学年我们共招收了 392 人。1914～1915 学年秋季学期登记注册人数是 388 人，去年同期则是 223 人；其中大学部招收了 60 人，去年同期招收 55 人。

之所以能够扩招，是因为我们调整了宿舍，把学生分流了——在宿舍楼上让更多年轻学生居住，让更多学生走读。

在刚结束的毕业典礼上，11 名同学从大学部毕业。

教员

现有 15 名中国教员，8 名美国教员。龚士博士的到来使得我们能在理科方面取得更好的成就。去年毕业班的 8 名同学现在回校准备申请理学士学位。

今年我们还聘请了 1910 年学士学位获得者 Yang Wei Ching 杨永清先生来任教，并取得良好反响。他在今年夏天由政府指派赴美深造。

作为我们学校参加传教士大会的代表，虽然学期还未结束，赵紫宸教授被允许赴美深造，期限由监理会决定。据说，他在美国的工作使他对中国的基督化工作深感兴趣。

白约瑟教授在上学期结束时回国度假。

这些年来，我们一直缺少一名中学英语老师。为了弥补此空缺，我们聘请了密西西比教会的威廉姆斯先生，他已经在广州岭南学院教了三年。他在广州的合同已到期，他自己非常乐意来我们这里教学。由于他和他爱人都住校，这就意味着学校除了支付他们的薪水和生活费外，还要资助他们的其他费用。这些费用只能用学生的学费来支付。还好，幸亏我们过去几年收入不断增长，否则这种状况肯定是不会一直持续下去的。

教员活动

除日常的教学工作外，教员的以下活动值得我们关注：

1. 白约瑟、史密德和文乃史先生继续在苏州从事基础传教工作。司马德先生在无锡承担了差不多一半的星期日教堂布道工作。

2. Lea、白约瑟、杨和平客楼先生一直给文学会以帮助；Yui 先生和 Lok 先生则负责去年秋季成立的青年社团的工作。

3. 司马德和龚士先生对体育运动倍加关注。龚士先生正在培训唱诗班。

4. 平客楼先生一直保持着与基督教青年会的工作联系。

5. 祁天锡和 Lea 先生在小学委员会的工作十分出色。

6. 祁天锡先生在苏州西部的两所学校和女子医学院教授生物,并负责管理主日学校的很多工作。

兰金先生除出色完成会计工作外,还负责主持"苏州教会协会"的工作,负责高年级学生的体育锻炼,为那些还不是教徒的学生解答宗教问题。

文乃史教授经常在教会和非教会学校做演讲。为了发展学生体育运动,司马德教授被"学校体育协会"派往北京。

整个学生团体都加入了一所由教职员工和一些基督教学生任教的主日学校,文乃史教授担任监督。这些学生中 87 人是教徒,17 人即将成为教徒。

学生活动

基督教青年会继续开展日常活动。学生组队参加了在吴淞举行的夏令营。有 2 名学生被送往莫干山夏令营进行体能训练。

很多基督教学生都被允许在星期日下午为主日学校和教堂做礼拜提供服务。

学生们继续对惠寒学校表示出极大热情。惠寒学校的社会服务非常有益和有效。一如既往,该学校的教学工作继续由我们学校的学生义务承担。同时学校还聘请了一位中国教师负责管理。

为了培训惠寒学校的学生,一个能干的修鞋匠在街区开了一个修鞋店,以便给学生提供实习机会。

学校的体育工作组织有效,成绩斐然。学生获得了很多奖项,不仅是因为取得了比赛成绩,还因为表现了出众的气质。

学生社团工作取得很大进步,为学校和社区提供了实用性服务。

5 月份学校举办了与圣约翰大学的第一届辩论会,大家对此表现出极大的兴趣。我们获得了优胜,这一胜利使得评委对我们学校所做的工作赞誉有加。

这一年校友会在会员数和影响力方面都得到长足发展。校友会促使我们继往开来,不断努力。我们还发行了一本中文名叫"东吴"的月刊。其后的毕业典礼也是相当的成功。

完善与发展

我们花费 2 900 元(墨西哥币)买下了学校东南面的一片地。此举非常重要,但还不足以完成我们的整个计划。

图书馆和阅览室的面积都至少扩大了一倍。理学院的一些实验空间也得到了很大的扩容,大约 2 500 元(墨西哥币)被准许用来购买额外的设备、工作需要的地图和图表。

我们正在制订一项计划:花费 450 元(墨西哥币)为供水系统修建一个更新的水箱,宿舍、食堂和厨房等处也安装了纱窗,防止苍蝇和蚊子。

经济资助

今年我们没有扩大资助范围。我们不希望像过去那样给学生提供资助,我们想让学生通过勤工俭学解决费用问题。我敢确信,这个计划最后肯定会大获收益。一个借款的学生很乐意用擦地板来偿还自己的住宿费,对此我感到很高兴。我想我教会了他一些在课本上无法学到的东西。

其他努力

我们学校与苏州其他学校的合作也取得了喜人的进步。今年早些时候举办了一个由多校参加的演讲比赛。春季时,成立了“苏州教育联合会”,5 所教会学校和 6 所非教会学校加入。这 6 所非教会学校是:省立第二中学、技术学校、师范学校、农业学校、医学院和一所私立法律学校,据说,这所法律学校注册人数达 400 人,在校人数则达 200 人。“苏州教育联合会”共有 3 个委员会,一个负责体育活动,一个负责娱乐活动,最后一个负责安排教育和道德方面的讲座,以及辩论会等等。秋季会议刚刚结束,要求我安排演讲事宜,我选择了一名外籍人士来演讲,话题是关于道德的。接着举办一个由 11 所学校 200 位老师参加的聚餐会。我们希望通过举办广泛的讲座影响大众。

在校际体育工作中,我们和外校也建立了有益的联系。

结语

从今年秋季开始,学校入学人数和去年整个学校注册数相等,这一数字比过去招生人数最多的学期还多 20% 。全校教职员工工作精神和所做的努力前所未有。我“主”的精神得到充分体现,我们接待了 60 个真诚的咨询者。

我们要加倍努力培养高级知识分子,开发年轻中国人的思想。我想,作为教会要进行这样的工作,这是一个挑战。虽然我们没有经验,有些事情我们还无法预料。但是如果缺少这一努力,我们教会的整个事业将会苍白无力。我们最重要的就是要在中国培育基督教文化,这将会有利于本地区教会的发展成长。

学校能够获得实在发展并在很多方面收获颇丰,如此盛况从未有过。

Annual Report of the Board of Missions of the M. E. Church, South.

东吴大学报告（1915年）

葛赉恩校长

去年的学校工作总体是好的。全校的精神面貌，不管是老师还是学生，都充满希望和信心。

教员

1914年9月开始的第一个学期，学校有9名外籍教员。此外，史密德夫人，Netz和葛赉恩夫人还义务支教。

除了校监、校医、训练员、乐队管理者、图书馆工作人员外，中国教员有6名全职、2名兼职教学中国语言文学；有3名全职、2名兼职教学西学课程。此外，P. D. Woo还每天上《圣经》课，还有9名学生助教担任兼职教学。

兰金教授调至上海筹办东吴大学第二中学，并为东吴大学在上海创办法科作准备。

白约瑟教授整年都在休假。祁天锡教授5月份开始休假。威廉姆斯教授则是7月休假。

白约瑟教授已回校，小项烈先生接替了威廉姆斯教授的工作。

学生

今年的入学人数是446人，最高的一个学期入学人数为389人。这是学校有史以来最好的招生记录。其中大学部招了66人。在中国东部和中部的教会大学，只有圣约翰大学的招生比我校多。

今年的毕业生中有5人获得了文学学士学位，9人获得了理学学士学位，其中一人获得双学位。另有22人拿到中学毕业文凭。

我们比以往更加关注学生的健康状况。每一名学生都要经过医学和体能检查。根据医生的建议，一些学生因为健康状况不适合学习被劝退了。除健康和其他因素，学生的入学率非常高。

学校今年比去年发展得更好。本已吃紧的教学能力现已得到充实。现在大学部的学生数比去年整年的还多。为此，学校宿舍开始紧张起来了。

教员的课余活动

文乃史、司马德、史密德和平客楼先生一直在做助理牧师。文乃史、祁天锡、Shen和杨则在管理着主日学校。Lea、Shen、Woo、Yui和杨在政府监狱进行宗教活动。Lea、Hsu和Sih为贫苦的百姓和其他人上夜课。Lea、Shih、Waung和葛赉恩夫人在东吴大学开办的小学进行义务教学。祁天锡和Lea给了教会小学相当大的帮助。司马德、龚士和威廉姆斯为体育运动、啦啦队、学生活动方面提供了宝贵的帮助。

受报告篇幅之限，教员的宗教活动和社会服务还远不止这些。

学生的宗教和社会活动

拥有 265 名会员的基督教青年会继续着日常工作。团体祈祷会继续进行，学生中已形成良好的宗教氛围。今年有 12 名大四的男同学参加了洗礼。据查实，这些学生在读大学之前根本不信仰基督教。学生中有 99 人已成为教会成员，还有 54 人即将入会。除此之外，还有很多优秀青年相信基督教，但由于各种条件的限制还无法公开信教。

一个由 12 人组成的志愿者义务乐队活跃在街区的礼拜堂和其他地方。很多基督教学生都在星期日下午帮助为流浪儿童开办主日学校。学生坚持自己管理，为贫苦学生上课，取得了很大的成功。惠寒学校共有 92 名学生。

由于学校在星期日太过拥挤，在 Yui 的特别指导下，100 名低年级学生被转到老教堂接受基础的宗教训练，这一解决方法让大家感到满意。

学生在今年的体育运动上取得了显著的成功。他们取得了华东地区（上海除外）足球冠军。在远东奥林匹克运动会上，我们学校是华东所有学校得分最高的。网球方面，学校获得了与圣约翰大学比赛的胜利，而这是圣约翰大学第一次输给对手。今年我校又在辩论会上赢了圣约翰大学，这让学生深感鼓舞。所有这一切，都促进了我们的大学精神。

大概由 40 人组成的童子军组织去年成立，一切进展顺利。

合作

不管是苏州的教会还是非教会学校，我们都与它们保持着友好互助的关系。“苏州学校协会”名下的学校举办了一系列活动，如体育、文学和社会等活动。我校一直致力于这些有益于学校发展的活动。暑假，我校开办了第二届教会小学教师师范学校。今年的规模比去年还大，取得了实质性的进展。随后学校又开办了主日教职工学校。学生报名热烈，引起广泛的兴趣。

联系与发展

今年，董事会在原上海中西书院所在地开办了一所学校：东吴大学第二中学，在湖州的“男童”学校被更名为东吴大学第三中学。这两所学校与第一中学课程相同，为学生进入大学做准备。苏州的中西书院和我们也有密切联系，也为学生进入大学做准备。至少分别有一个东吴大学毕业生在以上学校任教。

在春季学期，兰金教授为在上海开办法科做了很多工作，建立法科之事在这学年开始之时便取得喜人的进展，特别是与上海律师协会建立了良好的合作关系。

大概有 25 所东吴大学附属小学和中学得以开办，由董事会任命的委员会管理。

财务

这些年来，学校所有日常开支，如中国教员的薪水、学校的工作开支和资产等，都来自于学生所交费用。除此之外，学校去年还补贴了两个传教士家庭，用以旅行和购买用具；用学生所交费用购买了实验室设备，使得设备资产达到 5 000 元；为图书馆增添了不少物品，并打算进行维修。

61 名学生以各种形式得到了资助,有的是免交学费,有的则贷到了款,还有的勤工俭学。学校去年通过各种途径向资助基金注入了大概 5 000 元。贷款也很快就能得到偿还。

年度财务报告总结(从 1914 年 9 月到 1915 年 5 月,共 9 个月):

总收入(学费、食宿费等所有来源):58 665.75 元;

总支出(支付工资、伙食费等):48 385.50 元;

余额(尚有 7、8、9 月待付):10 280.25 元。

(以上都是墨西哥币。减半则可折算成金币)

过去的一年是学校有史以来最好的一年,且一定会一年比一年好。无论在数量上还是在质量上,我们的工作都得到了很大的提高。我校被"传教士大会教育董事会"评为 A 级学校。我校把其他学校想要寻找好工作的学生都吸引来了。我们要不遗余力地在办学目标和学校氛围上把我校建设成真正的基督教大学。我们培养的学生以后必将从事伟大的事业。我们希望在上帝的指引下,这仅仅是东吴大学所从事之伟大事业的开端。

Annual Report of the Board of Missions of the M. E. Church, South.

东吴大学第二中学报告（1915 年）

校长　兰　金

东吴大学第二中学于 1915 年 2 月 24 日正式开学。此前，学校一直以卫理公会中学的名义招生、教学。学校更名后，几乎所有教职员工都没有离校，仍一如既往地尽心尽力为学校工作。

学校课程包含两年预科和四年中学课程。学校的教学工作已全面展开且成效显著。

学校内所有学生都参加了主日学校以及相关布道活动。厄普卫司联盟会每周五晚举行例会。这个联盟会还专门为街上的儿童开办了一所主日学校，这项工作已经持续了一段时间并为联盟会赢得了赞誉。这所主日学校的平均出勤人数达到近 60 人，而该校大部分的教学工作均由我们的学生承担。

春季学期末，姚牧师（Mr Yoen）通过交谈的方式和学生们进行了多次沟通，而在 10 月份，他又组织了为期 5 天的宗教活动。我们对在校学生的宗教生活状况作过调查，现将情况汇报如下：

此次调查共涉及学生 125 人，其中已有 8 位学生正式加入教会；有 52 位学生虽然尚未加入教会，但他们却开始对基督产生信仰，有“罪孽”意识，并等待上帝的救赎；有 8 位学生虽形成“罪孽”意识，但目前尚无救赎计划，仍希望接受进一步指导；有 8 位学生虽形成“罪孽”意识，但并无救赎计划；有 26 位学生虽形成“罪孽”意识，但却选择信仰基督教以外的宗教；有 6 位学生至今尚未形成“罪孽”意识；有 7 位学生认为他们本身并没有任何“罪孽”；还有 10 位学生对宗教信仰问题没有给出明确答复。

本年度学校的学费收入没有结余。学校还对 24 名学生在学费上给予不同程度的资助。学校春季学期注册在校人数为 137 人，秋季学期为 125 人，而 1914 年秋季学期注册在校人数为 109 人。全年在校注册人数达到 196 人。全校教职员工由校长和 10 名中国教师组成。

财务简报

收入	（墨西哥元）
学费	2 992.00
住宿费和杂费	2 440.00
其他费用	17.08
总计	5 449.08
各项支出	3 331.44
结余	2 117.64

Annual Report of the Board of Mission of the M. E. Church, South, 1916.

东吴大学报告(1916年)

葛赉恩校长 1916年10月18日

在过去的一年里,东吴大学工作整体状况良好。这决不是得益于有利的环境,因为,大部分工作都是在我所经历的最困难的条件下开展的。动荡不安的政局给两个学期的工作增加了特别的困难。学校组织工作比较松散,学生工作缺乏领导,这又增加了组织工作的难度。因此,今年的工作不能仅仅强调取得了什么成就,而应强调在非常困难时期做了些什么。

教员

春季和秋季分别有9名和8名中国教师定期教授汉语。除了校监、训练师、乐队教师和图书管理员之外,7名中国教师全力教授西学课程。Rev. P. D. Woo讲授《圣经》课程。赵紫宸先生仍在美国学习。

全年有7名外籍员工,秋季还有小项烈,春季另有威廉姆斯。整个学年,史密德夫人训练唱诗班,葛赉恩夫人授课。祁天锡教授全年休假,现已回校。员工工作十分出色。

学生

441名学生入学,其中77名入大学学课程。而前两年入大学学课程的人数分别是66人和55人。115人是各类教会成员,许多人是积极活跃的基督教徒。

在李牧师的领导下,学校在春季学期为学生们举办了专门的宗教礼拜,取得了良好的效果。一年间有很多重要人物来校发表特别演讲。宗教工作取得了杰出成就,如果没有上述不利因素带来的影响的话,各院系一定会取得比学生宗教活动更大的成就。初级班的一个成员和几个低级班学生加入了教会,许多人在宗教生活方面取得了进展。

学生活动

在员工们的鼎力帮助下,基督教青年会继续主持团体祈祷会和一般祈祷会。41名学生参与主日学校以外的工作。学生为惠寒学校的学生提供帮助。学生自愿者乐队每周在街头、教堂巡回演出。在圣诞节和复活节,学生乐队更是到附近的村庄为孩子们演出。

学生基督教青年会继续帮助惠寒学校的贫困生。惠寒学校有92名学生,他们的教学由53名东吴大学学生利用课外时间完成。4名惠寒学校的学生完成了学业,1名毕业生获得特别经济资助进入中学的初级班。

文学会进行协会间的竞赛,邀请公众参加。今年是东吴大学和圣约翰大学校际辩论赛的第三年,我们蝉联三次冠军。这对我们学生来说是一个极大的鼓舞。

理学院学生在龚士博士的指导下成立了科学会。从学生提交的论文来看,科学会激发了学生的兴趣,他们正从事一些颇有价值的研究工作。有些论文发表在上海的英文期刊上,获得了好评。

在员工的帮助下,学生继续开展军训、早练、童子军训练、足球、棒球、篮球、网球、田径、唱诗班、大学乐队以及其他形式的工作,学生从中获益匪浅。

大学网球选手在华东体育协会大学校际竞赛中又一次获得冠军。今年我们决赛的对手是圣约翰大学。我们获得了由伦敦史莱辛格公司提供的价值30英镑的冠军奖杯。

华东体育协会年度田径运动会于5月在我校举行。本次比赛最突出的地方是我们对该项赛事的组织和安排工作高效有序。

除此之外,学校还举办了教会与政府机构之间的地区性活动。我们很高兴能为地方团体提供交流平台,我确信,这样的效果可能比体育比赛更好。

经济资助

学校大约支出5 500元,用于资助72名学生。做法与往常类似,免除教会牧师和员工子弟的学费,为中学高年级学生提供奖学金,勤工俭学以及贷款等。

财务

学生费用收入用于支付本地员工工资和报酬、修理费用、日常开支、分别资助两个传教士家庭半年开销,一个传教士家庭一年开销。另外还获得了美国捐赠的12个奖学金。

董事会批准用几年精心节省的款项为两个住所购买家具和维修,这两个住所是已故杜步西先生的房产。

随着大学生比例的增加,我们必须预计到学费收入将会和学生人数增长成反比,因为我们学校所能容纳的学生人数非常有限。随着我们工作不断拓展,我们必须自己担负财政收入不平衡带来的损失。

6月份向董事会提交的年度财务报告显示:年总收入56 590.76元,开支43 869.84元。节余款不用于支付后3个月开支或偿还债务,而用来添置资产。我想本财务报告会令所有关心的人满意。

东吴"体系"

在过去的一年中,学校在工作协调方面取得了显著成绩。学校体系包括苏州的东吴大学和第一附属中学、上海的法科和第二附属中学、湖州的第三附属中学、松江的圣经学校以及其他大约20所小学。年内,我多次参观访问了一些中学和小学,并在学校规划和相关方面做了大量工作。与此同时,我们在提高中学汉语教学工作方面也下了很大功夫,并举办了由多个学校代表参加的讨论会,这些会议富有成效。

下面的数据尽管就小学方面而言,并不完整,但还是有一定的说服力。

	学　生	毕业生
东吴大学大学部	77	6
东吴大学第一附属中学	364	22
东吴大学第二附属中学	151	4

东吴大学第三附属中学	110	4
东吴大学法科	15	
东吴大学圣经学校	45	
东吴大学附属小学	850	76
惠寒学校	92	4
	1 704	116

令人欣喜的是,尽管法科没有获得预期的成绩,但是董事会还是批准了今年法科的继续运作。董事会正在采取措施,计划让法科成为东吴大学常设学院,希望这些努力能够成功。

虽然东吴大学创办时间还不长,但我们已经授予了51个学士学位,并有187名学生从附属中学毕业。虽然数目都不大,但是对于那些知道创办一流大学有多么困难的人来说,这些数据仍然是一个很好的说明。

校友会由毕业生和一些选举出的成员组成,共有225人。然而,这仅仅只是一个开始,随着体制的不断完善,我们培养出的那些帮助提高中国人生活水平的毕业生会逐年大幅度增加。这其中并没有包括许多过去从中西书院和其他学校毕业的学生,也没有包括许多在学校学习但还没有毕业的学生。我们不可能对上述学生一一进行详细描述,但他们毕业后极大地扩大了我们学校的影响力。

假期活动

基督教青年会夏季会议7月4~11号在我校召开。据报道,本次会议是有史以来举办的最好的一次。

7月11~20号我校举办了教会年度师范院校小学教师会议。无论从参加的人数还是从与会代表的热情度来看,这次会议都是有史以来办得最好的一次,共有60名男女教师出席。与此同时,学校还举办了牧师协会会议,会议在出席率和热情度方面都异常的高。据悉有70人出席了会议。我坚信,通过努力,我们教会可以取得更大成功。我希望,明年我们会取得更大的联合。

8月下旬,苏州地区S. S. Institute也在我校成功举行。

我们利用暑假中的20天,拓展工作,我也很高兴工作能够顺利完成。

一位来自其他教会、兼职员和领导于一身的出色同仁参加了这些天的会议。作为演讲人,他表达了他的看法:就他对东吴大学的了解,东吴大学的假期活动比他所看到的任何一所大学的都要完美。他希望,明年他所属的教会也能参与到我们的假期活动中来。

校友仙逝

今年春季,东吴大学1907年第一个毕业生沈伯甫先生因长期患病在家乡苏州去世。校友会的当地成员在他家举办了纪念活动。沈伯甫先生是一个极富才华的人。从大学毕业后,他在我们中学任教多年,随后去了其他地方,然后进入上海商务印书馆编辑部。在那里,由于人格魅力和出色工作,他受到了高度尊敬。许多年来他都是一个基督教徒。上个月的早些时候,我们得知 H. L. Zai 教授在他的家乡杭州去世的消息感到极大的悲痛。他为我们所谙熟,以至于不需要我再具体陈述。作为我们基督教学堂在中国培养的最优秀毕业生之一,他是一个真正高尚的人;他是我们最忠实的校友之一,一直都是中西书院学生会组织策划的灵魂人物;他还是现在所成立的东吴大学校友会的第一届主席,他为这个协会尽心尽力。对他的英年早逝我们深感悲痛。在我看来他是东吴大学最值得永久怀念的人。通过与他的相处及对他工作的了解,我知道他毕生致力于大学生宗教生活的演讲,从他给学生做的一系列年度演讲中这一点已经得到了体现。我希望在这方面我们能够有继任者沿着他的足迹继续走下去。

Minutes of the China Mission Annual Conference of the Methodist Episcopal Church, South.

东吴法科报告(1916年)

中国比较法律学校,即东吴大学法科于1916年6月30日结束了第一年的工作。第一年东吴法科共招收7名学生,他们全部参加了学校的期末考试。今年秋季学期开学之初,这7名学生全部返校继续学业,另有9名新生入学。目前全校共有学生16名,其中15名为住校生(这15名学生和64名东吴大学第二中学学生,共79人,住在校园内)。

学校的开办和发展得到了上海美国律师界成员,以及4位从国外学校毕业的中国律师的鼎力支持。所有这些律师在过去的一年里都免费为学校提供帮助。

不论学生还是教师都满怀激情地投入到学习和工作中去。作为一次全新的尝试,东吴法科第一年的工作可谓十分成功。

经董事会教育委员会审查,截至1916年6月1日,本校收入1 116.00元,支出959.33元,结余156.67元。

教务长兰金敬上

Minutes of the China Mission Conference of the Methodist Episcopal Church, South, 1916.

东吴大学第二中学报告（1916年）

在过去的一年中，学校各项事业发展顺利，无不良事故发生。师资队伍基本保持不变，但令人感到无比遗憾的是，莫先生（Mr. Z. C. Mo）因个人兴趣问题而离开教学岗位。为填补这一空缺，学校有幸请到了陆季清（Mr. K. S. Loh）来校任教。陆先生毕业于东吴大学，并且他还是一个极为虔诚的基督徒。

学校工作在各个委员会的管理、指导下顺利展开，这些委员会均由在校教职员工组成，具体如下：

运动委员会：T. H. Tong，T. H. Vee，P. T. Shu，S. Chow

文学社委员会：T. H. Tong，T. Y. Vee，K. S. Loh，Yui Tz Fong

图书馆委员会：W. Y. Sung，Dzien Sau Van，S. D. Pan

对外联络委员会：K. S. Loh，D. T. Zau，W. Y. Woo

宗教委员会：W. T. Chang，Dzien Sau Van，M. C. Chow

入学考试委员会：S. D. Pan，D. T. Zau，Yui Tz Fong

所有委员会的工作都卓有成效。尽管学校操场很小，但运动委员会通过各种方式让学生们始终对运动充满热情，因而学生的身体状况良好。学校每两周均要安排本校两名教师前往其他学校参观访问，以了解他校的发展计划及基础设施状况，为此，学校专门成立了对外联络委员会。

虽然本校图书馆不大，但负责图书馆工作的委员们仍竭尽所能，充分利用学校拨给图书馆的那一小部分资金，为学生提供适合他们阅读的书籍。辩论小组举办的活动最能吸引学生参加，并业已成为本校工作的特色之一。上学期初，学校将原来的辩论小组一分为二，希望藉此培养学生的竞争意识，并激发他们更多的热情。每周六上午，学生们不论人数多少都满怀激情参与其中，或辩论，或演讲，而那些为辩论小组设计辩题、进行辅导的老师们在此过程中亦收获良多。

宗教委员会负责全校学生的宗教培训，这方面他们做了大量工作。在过去的一年里，老师和牧师紧密合作，共同努力。去年春季学期末，姚牧师（Mr Yoen Sz - Oen）在委员会的协助下为学生们主持了数次礼拜仪式，效果非常显著。就在仪式结束前夕，21名学生一同加入教会，所有学生都明显感受到宗教带给他们的震撼和启示。此外，主日学校开设的培训课程、周日的早礼拜、周三的晚祈祷、厄普卫司联盟会举办的活动，以及老师和朋友们适时的指导和帮助，都是我们一年来在学生宗教培训方面取得丰硕成果的坚实基础。

学校春季学期的注册在校人数为120人，而秋季学期则为118人，其中64人住校，其余54人走读。今年秋季在预科部就读的学生有56人，在中学部就读的有62人。去年春季共有4人从中学部毕业，今年即将面临毕业的学生有7人。今年秋季学期在校生中，已有28人成为教会成员，还有6人也已接受了洗礼。学生举止均恭敬有礼。

以下是一份年度财务报表,截至日期为1916年6月1日,谨呈差董会教育委员会过目。据报表数据显示,尽管结余还不足以支付校舍维修所需之费用,但至今年9月1日新学期开学前,这笔资金可以支付教师薪水以及学校运转所需之其他费用。

收入	
学费	5 655.00
住宿及杂费	4 743.00
图书	101.65
照明	30.00
服装	282.50
杂项	2 170.26
总计	12 982.41
支出	
住宿	3 152.13
教师薪水	5 230.00
校役薪水	524.68
校舍维修	727.01
照明	268.59
水费	111.00
图书	133.25
洗涤费	246.63
服装	282.50
杂项	391.14
结余	1 915.48
总计	12 962.41

校长兰金敬上

Minutes of the China Mission Conference of the Methodist Episcopal Church, South, 1916.

东吴大学第三中学报告（1916 年）

（湖　州）

在过去的一年中,学校的各项事业均取得很大成绩。首先,本校今年秋季学期注册在校人数接近 110 人,为历年最高,实际出勤人数为 105 人。在财政方面,我们也有所改善,学校一年的学费收入超过 1 000 元,比历年都要多。

从前年起,学校就再也没有收到差董会的拨款,除了一笔奖学金。这笔奖学金可向 15 位学生提供经济资助,每人可获得 25 元。若以中国目前银价计算,这笔资金也不足以让获得者支付其上学所需的实际费用。面对这种情况,我们不得不尽可能在各方面节约开支,因此许多必要的维修工程也被迫延后。幸亏我们从差董会教育委员会处获得一笔由墨西哥人捐赠的 350 元资金,学校目前的运转才得以维持。

本校师资队伍由劳哈先生(Mr Loehr)和我以及 5 位中国教师组成,其中一位中国教师毕业于东吴大学。一直以来,我们尽力在各方面改进学校工作,并已初见成效,但我们感到如要达到我们设定的预期目标,学校还需要引进更多的教师。

一年来,我们在中学委员会的建议下,将学费从原来的 24 元增加到 30 元,这一改变没有招来非议。同时,我们还采取了委员会的另一项建议,制定了一条规章制度,即所有接受学校资助的学生必须和学校签订协议,在适当的时候向学校偿还等额贷款。

学校在宗教方面的工作一如既往。基督教青年会的各项活动举办得有声有色。大约有 30 位学生在多个主日学校承担教学工作。我们的牧师于先生(Mr Yu)在春季学期里组织举办了一系列的宗教聚会活动,效果颇佳。一年来,又有 8 位学生加入教会,这就使得目前所有在校学生中,教会成员人数达到 49 人。

学校发展的当务之急之一就是需要更多的空间。我们现在共有 80 多位住校生,此外,还有一些走读生也选择在学校用餐,如此一来,中午时分就有 91 个人围坐在餐桌前。然而我们的餐厅仅有 30 英尺 ×18 英尺大小,很显然学校需要一个全新的、更大的餐厅,更不用说我们现在的餐厅就位于厨房之内,根本不适合在此用餐。学生宿舍太小,无法容纳这么多学生,许多人只好挤在一起,环境卫生状况令人堪忧。

在春季学期末,有一个班共 5 位学生毕业,其中 2 人正在其他高等学府继续深造,另外 3 人则从事教育工作。

魏斯德敬上

Minutes of the China Mission Conference of the Methodist Episcopal Church, South, 1916.

东吴大学圣经学校报告(1916年)

我们很高兴能向大会汇报一年来学校所取得的进步。尽管我们目前注册在校总人数为36人,不及去年,但出勤人数达到31人,要比去年向大会汇报时多2人。

目前,全校共有三个年级,教学情况正常,我们希望来年有一个年级可以毕业。杨博士、帕特森牧师(L. D. Patterson)和胡笃平牧师(Woo Tok-bing)一如既往地为学校的发展尽心尽责。我们的中文教师李先生(Li We-zung)离开了学校,对此我们深表遗憾,因为作为我们附属小学的校长,李先生校务繁忙。为此,我们从无锡聘请了一位黄先生(Mr Wang Dah-kyeu)接替李先生的教学工作,他是一位非常好的老师。但如果我们想要聘黄先生作为全职教师,那么学校将会增加一笔数额不小的开支。我们认为,除教授《圣经》之外,教授中文最为重要,因为我们的牧师要想和当地民众进行交流,他们必须学会如何使用恰当的词语来表达思想。因此,我们认为,中文的教学工作切不可敷衍了事,我们必须通过聘请好的教师来确保良好的教学质量。

学校有22位学生获得了奖学金,奖学金包括住宿费、学费和津贴。有4位来自长老会的学生缴纳了全部费用。还有6位学生则得到了部分资助。

我们向大会郑重提出,学校需要再建宿舍。尽管我们已经在竭尽所能地利用旧的宿舍,但它的确已经不能被继续使用下去了。

我们的学生一直忙于参加各类宗教活动。一些学生在周日走出校园参加巡回布道,并在各地的主日学校帮忙。他们组成了一个厄普卫司联盟会,还帮助其他地区的两个联盟会一同加入到巡回布道活动中来。还有一些学生就在松江本地进行福音传播,同时,他们也到我们教堂开办的主日学校以及位于学校西面的布道大厅帮忙。他们还成立了“救世军”,每周他们都要利用一个晚上在布道大厅传播福音,一个下午进行户外传教。去年,学生们还专门为穷人们开办了一所夜校,但暑假后这所夜校无法继续开办下去,对此我很遗憾。

我们再次重申,我们的目标是培养那些认为是受了上帝感召而投身传教事业的人。请上帝为我们选送这样的人才,以此来彰显您的力量。

步惠廉敬上

Minutes of the China Mission Conference of the Methodist Episcopal Church, South, 1916.

东吴大学附属小学委员会报告（1916 年）

大会委员会希望我们能够代表参加此次大会的所有日校作如下汇报。自去年大会结束以来，小学委员会委员们力图走访所有小学以期获得第一手资料，为此，每位委员负责一片地区，并尽可能地走遍了该地区的所属学校。我们知道，这样的调查还不全面，但同时我们也相信这种努力能够让我们更好地了解目前各校发展状况。

综合上述调查结果以及从其他方面获得的信息，我们认为部分学校应该停办，这样一来，今年附属小学的数量就要比去年少。然而，事实上一些我们认为应该停办的学校却因得到当地的资助而得以继续发展。以下是一些数据：

学　　校	接受资助学校	无资助学校	资助总金额
上海地区	5	2	1 308.00
苏州地区	6	2	1 375.00
湖州地区	5	1	875.00
总　　计	16	5	3 558.00

除获得上述资助外，委员会还要为本年 7 月 11～20 日举办的教学研讨会承担一笔费用。本委员会认为，这届研讨会为历届中举办得最为成功的一届，参加的人数也比以往各届多得多。除本委员会隶属的各校教师参加之外，另有 4 位来自其他差会的教师亦参加研讨。我们认为举办这类研讨会非常值得，而那些参加研讨会的老师们也深有同感。

从上述情况可知，明年将有更多的学校面临停办之局面，除非那些业已开办的学校能够节省开支。目前我们之所以尚能维持现状，是因为去年和今年的开支恰好平衡。差会每年拨款 600.00 元，但是如果按当年汇率计算，所得金额少于第一年的话，那么这笔钱就不足以支付当年的开销。

由于获得了来自美国的捐款，我们在松江校区的校舍才得以修缮。我们希望能够通过这种渠道对其他地区的校舍进行修缮。

我们希望能和大会委员会达成共识，即目前各校的发展计划尚不完善，亦很难令人满意。我们认为，本委员会下属各小学应得到更多的关注和监管，但在目前情况下，要做到这一点几乎是不可能的，因为本委员会委员的工作均已排满。

我们热切期望所有对我们学校发展关注的与会同仁给我们提出建议、疑问或要求。本委员会非常希望与任职于各校的诸位牧师会晤商讨，如果董事会的各位成员能拨冗参加本委员会举行的会议，将是我们莫大的荣幸。

来年，本委员会成员不变，但主席一职则由葛赉恩先生担任，所有信件也请寄往苏州葛赉恩先生处。

东吴大学附属小学委员会：霍克（JNO. HAWK）
李伯莲
葛赉恩敬上

Minutes of the China Mission Conference of the Methodist Episcopal Church, South, 1916.

东吴大学报告(1917年)

葛赉恩校长　1917年

今年,学校工作在绝大多数方面都非常好。

教员

教职工构成如下:汉语教师9名,教授西学课程的中国教员10名,中方管理人员3名,非中方教员(在苏州的)10名,法科院长1名(上海),总共33名。

虽然日常工作繁重,但是各部门尽心尽力。和往常一样,大家还完成了许多计划外的工作。一位员工成为牧师负责当地教堂工作,另一名教员则在常熟做牧师,他在那里每周呆二到三天。我们的教员还为市里两位负责教堂事务的牧师提供帮助。无锡教堂也同样得到我们的帮助。校长也以多种形式为外界提供服务。毫无疑问,我们的教员一直忙忙碌碌。

史密德先生今年夏季初开始休假,赵紫宸牧师也从美国归来,并接手秋季学期的工作。

学生

学生人数如下(包括法科系):文理科75人,法科15人,第一附属中学341人;总数431人。

7月3号举行毕业典礼。毕业生情况如下:文学硕士2名,文学学士5名;理学硕士6名;附属中学毕业生27名。大学及大学以上毕业生总数13人。全部毕业生总计40人。

虽然法科目前还没有毕业班,但是法科正满怀希望地不断前进。上海的美国律师协会成员也对法科表现出特别的兴趣。我们希望法科能够持续进步,对此我们充满信心!

宗教活动

学生的宗教生活受到教职员工越来越多的关注。全校师生为此付出的努力富有成效。除了《圣经》课、教堂服务、礼拜活动等必要的活动之外,基督教青年会的工作、祈祷会和其他形式的自愿宗教活动对强调宗教生活都有重要作用。

每学期一系列的复兴布道会已经成为现在学校校历的规定活动。去年,类似的活动一次是由Presiding Elder Li主持的,另一次则由牧师江长川主持。这些活动取得的成效前所未有。学生志愿者乐队在校外定期做福音传道工作。48名年轻男学生下午在城中的主日学校做志愿工作。

在大学部,我们有32名学生教徒,这个数字超过大学部学生总数的42%。而在附属中学中,则有70名学生教徒,此数字占附属中学学生总数的20%。这样看来,在学校全部学生中就有102名教徒,也就是大约四分之一。大学里的基督教影响使得大学部教徒所占的比例远远高于中学。今年共有10名学生加入教会，另有59个人希望加入，但是受到他们家庭的反对。

其他活动

为了满足学生的兴趣，学校有各种形式的日常活动可供选择。这些活动有：给惠寒学校的贫困生继续进行志愿教学活动，唱诗班，科学会，各种形式的体育运动，文学会，景倕会。在学校规定的如军训、学生管弦乐队、早操会等活动方面我们也做了大量出色工作。

发展和支持

随着物力和财力的增强，学校图书馆和实验室得到很大发展。几年来，我们投入巨资用以改善实验室设施。现在学生对实验室的兴趣逐渐增强。改善实验室设施的经费、学校各项工作的支出及设施的维护费用以及全体本地教职工和一名外籍教职工家庭的经济资助均来自学生定期的学费收入。我们减免学费，资助了71名学生，批准贷款总数达到5 000元。最大程度上的自立是管理层的一个策略。

财务报告表明，从1916年6月3日到1917年6月5日，所有形式的收入总和达55 982.64元，支出达到42 260.21元，结余13 722.43元。这些结余将被用于6、7、8月的日常开支以及维修和偿还一些债务。

对外合作

我们一直对由基督教和非基督教学校组成的苏州学校协会给予衷心的支持。春季，该协会年度田径运动会又在我校如期举行，约有6 000名观众出席。共有10个学校参加了此次运动会，运动员人数达到175名。如此大规模的运动会在我校举行，顺便也为我校做了很好的宣传。

东吴体系

东吴体系是由中国教会协会下所有的男孩和年轻人创办的教会学校所组成，东吴体系下的所有学校都取得了重大进步。我已尽我所能，致力于这些学校的建设。现各个附属中学都已使用了统一的课程。以下学校构成这个体系：

	学生人数	毕业生人数
1. 苏州		
文科学院	75	13
第一附属中学	341	27
2. 上海		
法科	11	
第二附属中学	142	3
3. 湖州		
第三附属中学	143	5

4. 松江		
圣经学校	33	
5. 整个协会包括:		
18 所小学	927	71
患寒学校	84	
总计	1 761	119

夏季工作

1916 年夏天,有如下会议在东吴大学召开:江南学生夏令营、小学师范学院会议、牧师协会会议、苏州地区主日学校会议。这些会议出席率都非常高,并且取得了圆满成功。

1917 年夏天,除了学生夏令营以外,一个长达十多天的大型会议讨论了一系列大家都感兴趣的话题。大会共有 8 个代表团出席,伙伴关系和合作精神在此次大会上得到了充分体现。如果在我校举办此类会议,能为我们的事业添砖加瓦的话,东吴大学愿意这样做。

Annual Report of the Board of Missions of the M. E. Church, South.

东吴法科报告(1917年)

教务长　兰　金

目前,东吴法科正迈入办学以来的第三年。全校共有学生26人,其中7位就读于三年级,6位就读于二年级,13位就读于一年级。这26人中,住校生为20人。所有学生都勤奋认真,学业优良。

学校的发展得到了上海中、美律师界人士的大力支持。学校正在举办有关法医学的系列讲座,讲座由一位上海医生主持。在整个讲座进行过程中,一位兄弟教会成员还为讲座提供宗教方面的指导和帮助。学校取得的进步有目共睹。

Annual Report of the Board of Mission of the M. E. Church, South,1918.

东吴大学第二中学报告（1917 年）

校　长　兰　金

在过去的一年里，学校的各项事务进展顺利。而我们取得的成功离不开教师们的兢兢业业和他们的不懈努力。

去年，学校秋季学期招生人数为 118 人，其中 56 人就读于预科部，62 人就读于中学部。今年春季学期，学校招收 110 名学生，62 人就读于预科部，48 人就读于中学部。而今年秋季学期的招生数为 108 人，39 人就读与预科部，69 人就读于中学部。这些学生中有 67 人为住校生，再加上东吴法科有 20 名住校生，全校共有 87 位学生住宿。由于东吴法科共有学生 26 人，因此，目前两校这一届共有学生 134 人。

一年来，学校的牧师为学生们举行了两场特殊的礼拜仪式，一次在秋季学期，一次在春季学期。而由本校教师组成的特殊委员会也为这两次活动提供了具体帮助。去年秋季学期有 7 位学生加入教会，这使得学生中教会成员总人数达到 40 人，另有 4 人仅接受过洗礼。春季学期初，学生中有 36 人为教会成员，还有 4 人刚刚接受过洗礼。此后，又有 6 人加入教会，使得学生中教会成员总人数达到 42 人。此外，还有 1 人也接受了洗礼，但他尚未宣誓加入教会。今年秋季学期之初，有 30 位学生是教会成员，有 4 人亦接受过洗礼。学生的整体精神状态良好。

Annual Report of the Board of Mission of the M. E. Church, South, 1917.

东吴大学圣经学校报告（1917 年）

校　长　步惠廉

截至 1917 年 8 月 29 日，学校一学年的工作暂告一段落。在过去的一年里，学校共招收 33 名学生，到学期结束时，有 30 名学生在校学习。学校有 4 名学生来自长老会，其中 2 人有望今年毕业。学校的师资队伍同去年一样，未发生人员变动。以往学生每周要前往周边城镇进行巡回传教，然而这一活动因学校财政困难不得不取消。尽管如此，学生们仍坚持为本地教堂和主日学校提供帮助。由学生组成的"救世军"依然进行户外传教，并在学校附属教堂内举办福音传道活动，每周各三次。

Mr Kyung Ts-zeng 先生担任我们主日学校的秘书一职，一直以来，他都对工作尽心尽力。每年他要为学生们进行宗教教学法的培训和指导，为期一个月。从学生在主日学校里所表现出的良好精神面貌来看，他的教学颇具成效。

本校自成立以来已有近 4 年时间，我们正满怀喜悦之情期待着学校的第一批毕业生。

Annual Report of the Board of Mission of the M. E. Church, South, 1918.

东吴大学报告（1918年）

葛赉恩校长　1918年

目前学校的教职员工包括22名中国教师和11名外籍教师以及管理者，共计33名（不包括上海法科的教职工）。今年我们在苏州总共招收了399名学生，其中82名在大学部，27名在法科。在大学这一层次总共招收了139名学生，创下了历史记录。新一年大学部（包括法科）的注册人数是154。

学生的宗教活动开展得非常令人满意。基督教青年会活跃地开展着活动，学生志愿者乐队得到重组，并定期进行福音传道工作。大家遵守早祷时间，星期三晚上的祈祷会议也有很多人参加。学生参加主日学校和教堂服务。38名学生自愿成为主日学校下午课程的教师。我们举行了一系列的复兴布道会，并吸纳了13人为教徒。一共有28位学生信仰基督，后来，Sherwood Eddy对大部分学生发表演讲，来咨询基督教的学生数达到50人。今年共有21名学生成为教徒，使得学生中教徒人数达到119名。另外还有接近200名学生加入了红十字会。

根据政府学制规定，大学预科必须是二年，正科则是三年。为此学校正在进行系科重组以符合政府要求。我认为，我们必须保持我校在中国教育中的领先地位。我们向教会寻求物质帮助。

我们再次自豪地宣布，学校的收入能够维持学校的运转——为所有的中国教师及其他雇员支付工资，对学校固定资产进行维护。我们为学校增加了许多设备，现在还有一些资金节余。我们保持了对品学兼优的学生进行经济资助的一贯做法，免交学费、发放奖学金和贷款以及提供勤工俭学机会。

东吴体系

7月，法科第一个毕业班的7名学生毕业。31名报到注册。新学期的注册人数是37名，他们都对基督教感兴趣，9人已是基督教徒。学生基督教青年会正在组织中。学校收入4 326.06（墨西哥币），差不多够支出。兰金先生继续担任法科院长，他非常适合这个职位。

平客楼先生是上海第二附属中学校长。该校今年共有135名学生注册，9名学生毕业，有15名学生成为教徒。学校结余262.17元。

以魏斯德先生为校长的湖州第三附属中学取得了学校历史上最好的一年。学校现拥有一流的师资力量。注册学生也达到116人。所有教师都是基督教徒。复活布道会使19名男孩和1名不信教的教师成为基督教徒。现在全校78%的学生都已成为基督教徒。

独具特色的运动会激发了人们极大的兴趣和热情，并得到了城里贵族和官员的支持。此外，学校出版物也开始出版。

已毕业的9名男学生中4人进入了东吴大学学习。今年的基督教青年会夏令营共有8

个代表团参加。我们的师资力量仍保持原样——包括校长和6名中国助教。魏斯德夫人也教了好几门课程,牧师江长川先生已在讲授《圣经》课。

学校的开支持续增加。我们努力寻找稳定的收入来源,与严重的财政不足作斗争。学校财务实力不济,这严重阻碍了我们与湖州官办省立中学的竞争。该校有教职工30名,年收入达15 000.00元。而我校年收入仅7 618.44元。

小学

在各地的22所小学也遭受严重财政困难。然而,面对困难,他们的工作却很出色,总共招收了890名学生,毕业87名。

Annual Report of the Board of Missions of the M. E. Church, South, 1919.

东吴大学1917—1918年度报告

该报告主要是关于1917年秋季和1918年春季学期的工作情况,且仅是一个总的概述。国家总的萧条状况以及人们对政府的失望通过各种形式的救助活动反映出来。教育工作方面也是如此。面对这些困境,我们仍然出色地完成了大量工作。学生生活还未恢复正常。可想而知,全体教职工和学生所做的大量努力是多么有意义且富有成效。

教员

学校有10名汉语语言文学教师,9名讲授西学课程的中国教师,3名中方行政成员。教职工中,外籍员工人数为11名。这样算来,在苏州的外籍员工总数达到33名。这包括法科兰金教授和其他教职工。

教职工的日常工作非常繁重。Proctor Lea作为代表前去参加传教士大会,他的离开加重了我们管理的负担,使得我们必须要做一些暂时的调整。教职工除了完成学校日常工作外,如往常一样,还做了许多与大学工作间接相关的工作。不管这些工作从整体上对我们有多大的帮助,但毫无疑问,它极大地妨碍了教职工全身心对学校教学工作的投入。

史密德先生休假回来以后被任命从事牧师工作,没有返回学校。卡利先生开始担任行政秘书之职。许安之在第一附属中学教授英语并在教育学院任职。非常感谢他们加入我们的事业。学期末,司马德开始休假,魏廉士离职从商。平客楼先生被调往上海担任第二附属中学校长,他是听从董事会的召唤,怀着极强的责任感前去任职的。他在大学工作高效出色,他的离开使我们很难找到合适的继任者。格芬·艾利斯小姐今年将继续在附属第一中学教英语。许多星期以来,我们一直期待着在美国招募的成员的到来。他们是贝蒂、慕亚和葛伦。可惜他们未能到来,我们深感失望。这样一来,由于缺乏人手,我们的工作很难开展。

学生

在苏州,我们今年总共招收了399名学生。很明显这比去年略有减少。但实际上并未有多少减少,因为在秋季学期末辍学的学生比以往要多。高年级班的招收情况着实喜人:附属中学四年级班招收了52名学生,一年级班招收了32名,这是这两个班级有史以来最大的招生数目。文学院和理学院共招收了82人。加上法科全日制学生27名,大学生总数达到109名,这是我校大学招生人数第一次超过100名。这些学生,大多数来自于苏州方圆100英里的地方,大约有20名学生来自广东,还有极少的同学来自于中国其他遥远地区。

去年学校工作进展良好。现在的招生人数更让我们对未来充满希望。目前,共有注册大学生128名,而去年秋季学期只是73名。这128名学生占到今年全体注册学生的三分之一,而去年大学生人数只占到全体注册学生的五分之一。加上法科的注册人数,总的注册学生人数达到154名。这样一来,我们在苏州的招生总人数达到381名,比去年秋季学期增加了25名。

学生活动

首先来看宗教活动。宗教生活是学生生活最重要的部分,我坚信,我们从未像今天这样认识到它的重要性。基督教青年会继续着日常的工作。每周的常规会议、星期天晚上的祷告会、《圣经》自愿学习班、每日团体祈祷会也都得以维持。各种会议的领导者工作十分积极。我们精心挑选的小组从基督教青年会夏令营中学到很多东西。基督教青年会为改善学生生活,做了大量工作。学生志愿者乐队得以重组,在Chao教授的领导下认真学习并在教堂外定期表演。在春季学期,6点钟早祷时间严格遵守。星期三晚上祈祷会在小教堂举行,出席是自愿的,然而每周的出席率都很高,经常达到75人到100人。李牧师就耶稣性格特征作了一系列演讲。

主日学校得以维持。学生如果参加教堂服务且定期参加《圣经》课,则可以修到学分。Chao教授一直都是督学,他每周的演讲非常有趣,非常吸引人。所有这些形式的宗教活动都受到学生宗教活动委员会的监管。38名学生在圣约翰教堂以及宫巷的主日学校定期提供志愿服务。

今年春天,我们举行了特别复兴布道会,这次仍由江长川领导。活动结束之际,有13名学生表示有意加入基督教,其他人则明确表示赞同基督教生活,共有28人表示信教。几天后,Sherwood Eddy博士在我们安排的圣约翰教堂对学生团体发表演讲,这引起了学生们的特别兴趣,使得前来咨询教义的人数达到50人,之后有15人加入教会,其余的则参加了特别宗教课程。一年间,共有21名学生成为教徒。全体学生中教徒人数达到119人,这是目前为止我们所拥有的最大人数。

下列学生组织活动也得以维持:初高级文学会、唱诗班、景倕会、柯达俱乐部、戏剧协会、哲学协会、科学协会、美术协会、各种班级组织、运动会。在学生会管理下的惠寒学校,一年中共有76名学生,其中60名大学生做过兼职老师,有接近200名学生成为红十字会成员。

重组

为满足政府教育计划的需要,大学部进行了重组。预科为两年,正科为三年,代替通常的大学四年。这也就需要中学也进行重组。重组从去年年末开始,现在正在进行。数年前,我们是首批满足政府中学组织要求规定的教会学校。现在,这样的五年计划看起来是种长久的安排,它使得我们与这一计划同步。我们在过去取得了出色的成绩,这要求我们尽一切可能保持在中国教育界的领导位置。我们有责任做得更多。

监理会管理层批准了教会百年发展委员会提出的对学校将来发展的评估。这一评估还不太符合我们现在的需要。我们在华中的学校在将基督教引入中国的过程中起到非常大的作用,我们要抓住这样的契机,大大增加我们教会在中国的教徒人数。如果我们不这么做的话,那么我们教会在中国的百年事业就远远算不上成功。

我们精心计划,努力改善我们学生的健康状况。这几个月以来,苏迈尔博士在这方面给予了很大关心。我们前所未有地感到有必要进行更好的工作安排,不仅仅是治愈疾病,也包括预防疾病,使我们这么多充满热情的学生都有强健的身体。我们应该采取各种方法来做好这项工作,并请受过良好培训的人来专门负责。理事会已经批准了这个请求并且做出了号召。现在,我们在组织和引导学生进行体育锻炼方面做得比以往任何时候都好,我确信我们能够取得好的成绩。

今年,我们获得了校园东面的大部分低地,为此我们已经努力了大概15年,我们正在制订计划争取早日利用这块地。

财务

很高兴能够再次宣布:学校的收入足以维持学校的正常运转。学校所有中国教职工的薪水、学校所有固定资产的维护、威廉姆斯先生和夫人的薪水都由学校收入支付。由于实际所需,我们为实验室增添了许多设备。6月份,我们手头可用的结余达到了16 607.31元,这些钱将被用于支付6月、7月和8月的所有薪水,以及大量的维修费。即使支付完这些,我们手头也应该仍有结余。必须记住,我们能够做到这些,是由于我们的精心管理和辛勤劳作。

我们一如既往地向品学兼优、才智聪明的学生提供资助。这包括:减免牧师子弟的学费、为中学和小学提供奖学金、提供学费贷款、特定情况提供食宿费贷款,以及提供勤工俭学等。给学生提供贷款有些风险,但我们觉得这样做非常有必要。我们满怀希望地期望学生还贷,虽然有时还贷速度较慢,但基本上都会归还,很少令我们失望。我们深信,用这样的方式给这些品学兼优的学生提供帮助,要比仅仅减免学费(将来无需返还)好得多。

董事会批准了法科继续运行,法科迎来了丰收的一年。在7月3号那天的毕业典礼上,法科第一届7名毕业生和文学院、理学院的毕业生们一起获得了毕业文凭。

第二附属中学和第三附属中学也都取得了很好的发展。两所学校的教职工工作水平都得到了提高,学校在统一汉语课程建设方面也取得了一些有益的进展。一条振奋人心的报道是,1918年这两所附属中学的大多数毕业生都进入了大学继续深造。

在冬季毕业典礼上,圣经学校有14名学生毕业,他们中的大部分现从事传教工作。尽管杨博士家庭变故造成学校财政困难,师资缺乏,但学校工作还是很有成就。

我们分开来讲述小学的情况。请允许我在这里说,由于财政支持被大幅削减,一些小学不得不关闭,一些小学未得到教会的经济支持,但仍在运转。

下面是关于学生和毕业生的陈述,非常有趣:

		学生	毕业生
	文学院和理学院	82	15
大学部:		109	22
	法　　科	27	7
第一附属中学		317	29
第二附属中学		139	10
第三附属中学		122	9
圣经学校		35	14
小学		890	87
		1 612	171

夏季工作

1917 年夏季有两周非常忙碌。这期间有一个三个部门参与的会议,这三个部门分别是牧师学校、主日学校和小学教师师范学校。会议出席率良好,工作令人满意。至少有 8 个教会参加了会议。会议后,由各个教会的代表组成了管理委员会。此次会议有超过 400 人出席。大会之所以能够成功,是因为得到了 J. H. Blackstone 先生斯图尔特基金会的财力支持。

1918 年 7 月 16 号到 25 号,在一个组织严格的联合委员会指导下,我们第一次举行了同样的会议。今年,Blackstone 先生继续资助大会。由总委员会任命的分委员会制订各个具体方案。华东教育委员会专门负责师范部门。这次会议出席人数很多,与会代表热情高涨,出席大会情况如下:

	男士	女士	
牧师学校	162	53	215
主日学校	147	17	164
师范学校	130	79	209
	439	149	588

考虑到还有一些地方代表虽参加了会议,但却没有登记,所以出席人数很可能会超过 600 人。尽管由于突如其来的大量出席人数造成了拥挤状况,大会工作还是取得了圆满的成功。委员会对大会的出色工作进行了高度评价。来自不同教会、不同部门的人们齐聚一堂,它所结下的深厚友谊具有重要意义。至少有 10 个教会出席了此次大会。为了能在下年与杭州的大会联合,从杭州来的一个代表团也出席了一天大会。与杭州的大会联合问题留给下一届委员会来解决。

总结

可以说,尽管遇到了种种困难,但是我们所有的教育机构年内工作出色。我们应该现在就进行规划,在来年继续提升我校的工作,并且利用 10 年庆典之际,把东吴大学及其所有附属学校都提升到新的高度。

校长葛赉恩谨具

Minutes of the China Mission Annual Conference of the Methodist Episcopal Church, South, 1918.

东吴法科报告(1918年)

1918年11月13日

1918年7月2日,本校迎来了第一届毕业生,共有7人,分别为马润卿、陈洪、杜学文、陈邦亮、王凤瀛、陆聪祖和张籥云。7人中,又以马润卿最佳。1917~1918年间,学校共招收27名常规生,另有4名特殊生。1918年秋季学期,学校注册在校人数为27人,其中三年级有4人,二年级有11人,一年级有常规生6人,另有6人为特殊生。

在这些学生中,9人公开承认他们是基督徒。所有学生对基督教教育都产生浓厚兴趣。基督徒学生们在校园里成立了基督教青年会学生分会。最近学生们又组建了一个辩论社,该社举办的辩论活动让参与者受益匪浅。由志愿者组成的指导小组亦非常尽责。

经审核,本校从1917年2月7日至1918年6月1日这段时间内的总收入为4 326.06墨西哥元,总开支为4 333.55墨西哥元,超支7.49墨西哥元。

教务长兰金敬上

Minutes of the China Mission Conference of the Methodist Episcopal Church, South, 1918.

东吴大学第二中学报告（1917—1918年）

1917～1918学年，东吴大学第二中学由兰金全权负责，他同时还担任东吴法科的教务长。从今年秋季学期起，我开始接管第二中学校务。

秋季学期注册在校人数	108人
秋季学期新生人数	38人
春季学期注册在校人数	116人
春季学期新生人数	27人
全年注册在校人数	135人
毕业生人数，1918年7月	9人
加入教会学生人数	15人
收入（包括去年结余）	12 063.65元
支出	11 801.48元
结余	262.17元

在毕业的学生中，已有6人正在东吴大学继续深造。

校长平客楼

Minutes of the China Mission Conference of the Methodist Episcopal Church, South, 1918.

东吴大学第三中学报告（1918年）

过去的一年，就许多方面而言，可以算是学校发展最好的一年。目前学校老师更为团结，因此，各部门工作的完成情况也比往年更好。全校所有教师都是基督徒，这在学校历史上尚属首次。全年注册在校学生人数达到116人，其中近70人为住校生。春季学期，学校牧师江先生（Mr Kuang）在学校举办了一场复兴布道会，反应热烈，共有19位男生和当时唯一一位非基督教徒的老师决定加入基督教。随后，他们接受了洗礼并加入教会。去年一年，在全校师生中，基督教徒的比例达到百分之七十八。

在春季，学校举办了一场运动会，激发了男生极大的热情和兴趣。为赢得比赛，他们早晚都积极训练。运动会期间，本城主要官员均到场观看，几乎所有官办学堂的学生以及很多其他人也前来观摩。防务大臣给参赛者送来了价值近20美元的银质奖章，而地方官员也送来了许多纸和扇子等物作为奖品。

在过去的一年中，学生们开始尝试自己创办校刊。起初他们决定每学期只发行一期，一年两期。第一期于5月面世，学生们的努力值得赞扬。我们希望这项事业能继续下去，因为它为学生们提供了展示才能、宣传自我的机会。

6月份，有一个班共9名学生毕业。其中2人进入东吴大学继续深造，2人进入东吴大学附属学校工作，1人在华北铁路公司谋得一职位，1人在邻省的一所学校担任英语教师，1人留校，还有2人从商。

我们很高兴地获知，在去年7月举行的大学基督教青年会夏季会议上，有8位代表是来自本校。其中1人为本校派出的代表，其余7人则为本校往年的毕业生，如今他们代表以下机构：长沙耶鲁医学院、东吴大学、东吴护士学校、上海浸礼会大学、基督教青年会商业学校和金陵神学院。

在过去的一年里，我们不得不尽量节省，以应对日益增长的开支，这对我们而言几乎是无法完成的任务，这一点从后面的财务报表中可以反映出来。需要指出的是，位于内陆小城市中的教会学校都面临着非常严峻的形势。为应对拥有大量充足资源的官办学堂的竞争，教会学校不得不设法争取生源，而事实上，很多人根本不了解教会学校的优势所在。例如，本校对面就是一所省属中学。该校拥有教师近30人，他们中许多人毕业于知名大学，如上海的圣约翰大学等。该校年收入为15 000元，其中10 000元来自政府拨款。该校拥有教授自然科学课程时所需的各种设备，配备各类体育器材以及乐团使用的乐器等等。该校的学费最高为一年44元，同时该校还可以提供许多全额奖学金。相比之下，我们学校一年收入所得最多不超过5 000元，只有6位教师，无设备亦无器材，学费最低也要达到每年80元，更为糟糕的是，我们还不得不为绝大部分学生提供学费贷款。任何人都可以想象，这样的情形何以能吸引学生前来就读。也许对教会学校而言，能维持现状就已经很不错了。

学校目前的师资队伍和以往一样，保持不变，由校长和6位中国教师组成。此外，魏斯德太太每天也给学校很多班级授课。江牧师(Mr Kuang)每周为学生举办一次有关《圣经》的讲座。

财务报表

1917年6月30日至1918年6月30日

收入:	
学费	5 240.99
拨款	1 183.40
来自差会的特别收入	673.75
特别收入	10.30
教育委员会	510.00
总计	7 618.44
支出:	
上年亏损	303.60
工资	1 919.20
住宿	2 472.53
杂项	254.79
日用品	361.39
洗涤	135.68
理发	60.37
照明	130.06
书本	391.85
体育运动	111.00
维修	693.01
服装	743.60
电话	38.40
保险	19.50
总计	7 634.98
结余	16.54

魏斯德敬上

Minutes of the China Mission Conference of the Methodist Episcopal Church, South, 1918.

东吴大学附属小学委员会报告（1917—1918年）

本委员会这一年来的工作可谓异常艰难。目前我们所面临的问题不是如何拓展学校工作，而是如何维持各校之现状。1917年12月，委员会召开会议。在此之前，委员们曾考察过大部分附属小学。在仔细研究有关各校情况报告后，委员会同意在现有资金基础上继续开展各校之工作。若以当时汇率估算委员会已有资金，许多学校要面临关闭之境地。此后，汇率一再下滑，要不是差董会批准了我们全年预算缩减方案，恐怕整个附属小学发展计划都要搁浅。因此，这一年来，各校所有开支均控制在最小范围内，无任何增加。

去年夏季，华东教育联合委员会成功地举办了一期教学研讨会，并召开了夏季联会。由于我们之前也举办过这类教学研讨会，因此本委员会所属各校教师并没有参加此次研讨会。尽管如此，我们认为举办这类活动对提高师资队伍的素质必将产生积极影响。此次教学研讨会的举办也没有给本委员会增加任何额外开销。一年来，共有以下11所附属小学接受过经济资助，分别是：

第1小学	南翔	第2小学	宫巷
第4小学	松江	第6小学	湖州北
第7小学	HuTsang	第8小学	无锡
第9小学	松陵	第11小学	Tsaung lien daung
第12小学	常州	第17小学	Poonan
第21小学	湖州西		

然而，这些资助也极其有限，如果能获得更多资助，这些学校的工作一定可以做得更好。尽管如此，绝大部分学校的工作还是完成得非常出色。位于东吴大学附近的那所学校，虽从未接受过委员会的任何资金，但却得到了东吴大学的财政补助，这笔钱正好用以支付校舍租金。该校自建校以来就屡有改善，前景大好。

去年夏季，委员会所属各校共毕业学生81人，许多人现已进入中学继续深造。

由于时间和财力所限，作为委员会主席，本人无法按照预期所想参观所有附属学校，唯有尽力而为。去年夏季学期末，本人参观了两所学校，此外还视察了一所学校。委员会其他委员们亦较好地履行其监察职责。

当前委员会工作之重在于加强对学校的日常监管以及寻求更多财政支持，同时更要让所有牧师和教会成员不断坚定自主办学之理念。我们应尽力确保上述工作的顺利进行，以此作为监理会成立一百周年纪念之献礼。

附属小学委员会主席葛赉恩敬上

Minutes of the China Mission Conference of the Methodist Episcopal Church, South, 1918.

东吴大学圣经学校报告（1918 年）

1918 年 6 月，本校一学年的工作暂告一段落。这一年来，学校共招收学生 34 人。在此，我想向我们圣明的上帝表达诚挚的谢意，感谢他在过去的一年里对学校的眷顾。尽管在财政方面，学校经历了一段困难时期，但上帝从未离弃过我们，在他的保佑下，我们最终还是获得了必要的资助。

1 月 25 日，我们举行了本校有史以来第一届毕业典礼，东吴大学的文乃史牧师亲临典礼现场并发表演讲。此次共有 14 名优秀的年轻人毕业，其中有 2 名来自长老会。同时，我们还颁发了结业证书给另一位来自长老会的学员。当天，我们还举行了首届布道演说比赛，这项活动得到了孙明甫牧师的资助，因此该活动也以他的名字命名。经过激烈的竞争，3 名毕业生被挑选出来。在典礼当天，这 3 人要在 5 位评判面前进行布道演说，被认定为表现最佳的那一位可以获得一本有皮面装帧的、精美的《圣经》。最终，Taung Ts-wan 赢得了那本珍贵的《圣经》。

周日，即 1 月 27 日，来自宁波长老会的 Zia Ts-hyi 牧师在毕业典礼上为我们布道。

在过去的一年里，学校的师资队伍基本保持不变。当杨博士因其女患病及去世之故而暂离学校之际，孙明甫牧师给予了我们及时的帮助。我们主日学校秘书一职现由 Mr D. P. King 先生担任，他一如既往地为学生们进行宗教教学法方面的培训和指导。这项工作也成为本校的一大特色。

我们的学生继续坚持在教堂内举办福音传道活动以及户外传教，同时他们还承担主日学校的一些工作。多亏了南京的布莱克斯登牧师，我们才获得了一笔来自弥尔顿 · 斯蒂沃特基金会的捐款，这笔款项使我们可以再次在周日安排学生前往周边城镇进行巡回传教。这对我们工作而言，无疑是巨大的帮助。

步惠廉

杨维翰敬上

Minutes of the China Mission Conference of the Methodist Episcopal Church, South, 1918.

东吴大学1918—1919年度报告

教职员

中国教职员：有6位全职和4位兼职教师讲授西学课程；有6位全职教师讲授中文课程。校监全身心投入行政管理工作，另一人协助他的工作。

美籍教职员：包括文乃史先生、白约瑟先生、祁天锡先生、卡利先生、许安之先生、慕亚先生、葛伦先生，以及龚士夫人、葛赉恩夫人、格芬女士和贝蒂女士。卡利先生没有给学生上课，而是学习汉语。许安之先生一边教学，一边学习汉语。葛赉恩夫人和龚士夫人各教一个班。贝蒂女士和慕亚先生大约在去年会议期间抵达本校。贝蒂女士是专职教学。慕亚先生在秋季和春季担任部分教学工作，但把大部分时间都用来学习汉语。葛伦先生由于来得太晚而未能在秋季学期上课，但在春季学期担任了一些教学，为此校长也不得不担任部分教学。司马德先生在休假。赵紫宸先生由于健康原因不能胜任全职工作。在大部分时间教职员的工作量很重，部分教职员承担着大量的课外工作，即那些或多或少与本校有关的工作。教会工作占用了相当多的时间与精力，但我们仍然提供了力所能及的帮助。

学生

自办校以来，本年的招生数在东吴大学招生史上排名第二。曾有一年的招生数比今年还多，但本年招收的大学生人数毫无疑问打破了纪录。大学生的人数每年都在稳步地增长。去年的报告显示：大学生人数大约占学生总数的五分之一。本年该比例上升到约三分之一。具体情况如下：

研究生	3	
大四学生	10	
大三学生	16	
大二学生	27	
大一学生	46	
大学预科生	26	138
中学四年级学生	39	
中学三年级学生	60	
中学二年级学生	64	
中学一年级学生	60	223
中学预科生	67	428

加上法科的学生，招收的大学生数共计165人。就本校办学宗旨而言，很显然这是我们历史上最好的招生情况。

由于春季学期本校放假较早，以及学生强烈反对常规活动，往年的毕业典礼本年没有举行。但在9月8日授予了学位并颁发了毕业证书，具体情况如下：

文学学士……………………5

理学学士……………………4

文学硕士……………………3

中学毕业证书………………47

9月15日，在上海向两位法科毕业生授予了法学学士学位。

我们的毕业生很受欢迎，有趣的是：在大多数情况下，他们为了参加毕业典礼等活动，不得不向工作单位请假。

宗教活动

除了教职员中从事宗教工作的固定人员外，李牧师、邱(Tseu)牧师和巴克蒙先生也给予了帮助。所有学生都必须定期参加教堂和主日学校举办的活动。除了以上这些及每周必需的《圣经》学习外，学生们还要参加几个自发组织的《圣经》学习班。每周三晚的祷告会参加的人很多，而且全年都有守夜活动。许多学生一直在附近的主日学校提供服务。基督教青年会学生成员已超过200人。宣教志愿者团现有4名成员，另有5人有意加入。

5月举办了一场特别的复兴布道会，先由来自杭州司徒雷登纪念堂的邱(Tseu)牧师非常认真地主持了几天，然后由来自"中国基督教倡导会"的陈(W·P·Chen)博士接手布道工作。恰逢"巴黎和会"对山东问题的处置结果传入中国，绝望之情弥漫在中国民众心头，这严重阻碍了布道会的进行。尽管如此，这场复兴布道会还是取得了令人满意的成果。有8名学生加入了教会，其中一位是大学毕业生。有11名学生表示有意加入基督教，还有很多其他学生对基督福音表现出浓厚的兴趣。这还不包括另外一大批学生，他们希望加入教会，却受到了家庭的阻挠。本年有11名学生加入了教会，基督徒学生数达到136名，人数超过往年。赵紫宸先生由于健康原因未能完成计划中的宗教工作，尽管如此，他的个人影响仍然很大。

学生活动

惠寒小学继续以学生为本。各种体育运动、文学会、唱诗班、科学会、景倕会以及其他各种组织，引起了学生们的广泛兴趣。

东吴体系中的三所中学举行了三校辩论会，又在东吴大学里举行三校田径运动会。这些活动激发了学生们对健康的关注。

在过去的一年里，学生们完成了必修的体育训练，并取得了很好的效果。这对一些负有组织和监管职责的教职员来说，是一份艰巨的工作。

在春季学期后面的日子里，学生会完全被组织发动起来，大力宣传反对政府的官僚作风和日本的侵略。学生们一直努力坚持宣传，整个运动在大部分时间里没有出现过激行为。在校方的许可下，学生会很大程度上得到了自治。然而，在七到十天后，有关当局决定本校必须放假，除非能恢复正常的工作；许多学生希望能复课，但也有部分学生出于自身或外界影响对此表示反对，他们希望能将所有学生组织起来，继续开展已经进行的宣传活动。谣言四起，激起了学生的不满与愤慨，这一直持续到本校放假前夕。学生们对李伯莲校监强烈反感，这也许是本校历史上最让人遗憾的事，而事实上他在整个运动期间一直不遗余力地促使学生和老师保持联系与合作。不必再描述这件非常令人遗憾的事了，但它却最终导致了李校监向校董会提出辞呈。学生会的其他工作也因此受到严重阻碍，未能取得显著成绩。到了夏天，学生会代表对此事表示遗憾和歉意，这也说明此事并不代表所有学生的想法和希望。李校监的辞呈引起了校董会的遗憾，并对他的工作表示赏识。自建校以来，他为本校的发展尽心尽职，本校的成功与他的努力是分不开的。各部门都明显感觉到他的离职给本校带来的损失，校长感触更深。因此，我们管理者的责任感大大增强了。

东吴体系

尽管仍有许多不足，但本体系的大多数学校本年都做得很好。各小学仍然急需全面的管理，尽管没有达到该要求，但大多数学校工作都做得不错，还有些做得很好。中学的工作都做得很好。圣经学校也在不断发展，并在许多方面取得了实质性的进步。东吴体系各校的招生数如下：

文理科…………………………138		
法科……………………………27	165
第一中学………………………290	
第二中学………………………127	
第三中学………………………109	526
圣经学校………………………27	27
小学(不完全统计)…………885	885
各校总计	1603

暑期会议

去年夏天的会议是第一次在教会联合委员会的指导下举行的。本年年初，东吴会议管理委员会和杭州会议委员会共同制订了一项联合计划。这需要许多耐心与艰苦的工作才能完成，就在7月，终于在本校举行了此次联合会议。7月8日到17日召开了圣经协会与主日学校同工协会联合会议，7月18日到31日召开了小学教师协会会议。布莱克斯通(J. H. Blackstone)牧师再次从司徒雷登基金拨款资助了此次会议的召开，支付与会者的路费与膳宿费等。

委员会总会业已开展工作，分会也设置了相应机构。山东的紧张局势、联合抵制日货活动以及突如其来的洪灾都使民众深感沮丧，尽管如此，与会者很多，会议取得了圆满成功。参加圣经协会会议的有278人，参加主日学校同工协会联合会议的有115人，参加小学教师协会会议有166人，与会者人数共计559人。由于洪灾，很多事先报名者未能到会。

虽然此次会议给一些本校教职员增加了许多额外的工作，但我们相信：参加大会的人数以及与会者所表现出的热情足以证明他们的努力没有白费。

改进

在多年等待之后，去年我们终于获得了位于校园东侧的一块洼地，我们花了几个月的时间把这块地填平了。校园面积增加了3.5英亩，这对我们的工作是极大的鼓励。

由于苏州电厂当时已抵押给日本人,因此我们无法随意使用它的电。由于学生的抵制活动,在春季学期结束之前,我们被迫停止使用该厂的电。夏季的时候,情况并没有好转。7月底,本地区我们差会的代表聚会,做出决定:依靠城市的电力开展秋季工作很不安全。这几年来,我们一直在寻求基金建立自己的电厂。这样做的原因是:东吴大学和博习医院一天都离不开电,而这一点是城市公共服务所无法满足的。所以,本校急需创办一家电厂为本校及其他机构供电。因此,我们一直在努力,但到目前为止,还没有取得完全的成功。希望在今后的几个月里,我们自己的电厂能够投入使用。

1920年本差会拨款用于修建我们急需的科学馆和住宅楼。由于我们的工作规模大、受益广,以至于工作一展开就备受欢迎。我们正不断前进。该预算还将对教职员提供许多必要的帮助。

我们意识到有必要把工作尽可能地引向实际应用,决定在大学部开设一个三年的化工课程,旨在促进国货的发展、加工与精炼,以取得实用和有益的成果。我们希望在1921年开始授课。

我们也希望能制订大学师资培训计划。本校也正在开设一些课程,但师资的巨大需求促使我们在这方面更加努力。去年本校制订的一项最重要的计划,即东吴大学为在金陵神学院修完一年神学课程的毕业生授予神学学士学位。我们已经认真地开展了这项工作,因为我们相信它将大大有利于解决一直困扰我们的难题,即如何让更多的本校毕业生投身于宗教事业。我们应该立刻安排一个人去做这项工作。我非常满意地汇报这套方案,因为我相信它是我们工作中的一个明显进步。我们已经答应与金陵神学院合作,并且已经有一位教职员专司其职。我们现在必须尽自己的最大努力使该计划变得富有成效,同时我相信:已安排的计划将有助于我们克服困难,即让大学毕业生接受进一步的宗教训练。本年的课程可以作为选修课帮助那些学生获得神学学士学位,同时为他们将来从事宗教工作奠定基础。

根据提议,我们还计划在本校创办一所语言学校,组织新来的牧师学习吴方言。有好几次其他差会也向本校提出过该建议,我们希望在不久的将来能开始创办该校。

财务

我们本年的收入除了支付所有中国教职员的薪水及电厂的维修与运转费用外,还支付了一位外籍教师的薪水与路费,以及另外一位外籍教师的薪水。财政结余可刚好支付余下四分之一学年的各项开支,一直到春季学期开学。我们已经向一些值得帮助的学生提供了资助,令人非常满意的是:我们本年的财务状况运行良好。我们非常希望筹划并积极准备"百年大会",同时为本校获得更多的支持。这是我们当前工作的重中之重。

财务报表

收　　入(单位:元)		支　　出(单位:元)	
学　　费	18 698.00	膳宿费	10 496.55
膳宿费和杂费	18 453.00	薪水	16 790.74
校服	1 008.00	校役工资	1 076.80

续表

收　　入(单位:元)		支　　出(单位:元)	
实验室	1 457.89	建筑费	2 977.63
图书馆	424.53	校服	1 008.00
体育运动（包括1918年的少量结余）	1 309.80	图书馆	764.89
存　款	1 490.00	校场	339.77
借款偿还	517.00	体育运动	1 132.82
利　息	314.32	工场	287.54
奖学金	30.00	A.C.C.	1.00
杂　项（包括结余15 800.51）	17 649.71	邮费、印刷费等	429.00
总　　计	61 342.25	水　　费	200.00
		杂　项	6 904.57
		实验室	2 018.92
		设　备	529.16
		电　费	883.12
		结　余	15 500.76
		总　计	61 342.25

校长葛赉恩谨具

Minutes of the China Mission Annual Conference of the Methodist Episcopal Church, South, 1919

东吴大学年度报告(1919年)

葛赉恩校长　1919年

美籍教职员包括12位全职或兼职的男士和女士,还有17位中国教师(其中有兼职人员)。大学部的招生数创历史新高,本校总招生数在东吴大学历史上位居第二。去年各部的招生数如下:中学预科67人,中学233人,大学138人,共计428人。上海的东吴法科招收了27名学生之多。本年共颁发12张大学文凭和47份中学毕业证书。有两位法科毕业生被授予法学学士学位。我们的毕业生很受欢迎。

本校的宗教氛围很浓厚。所有学生必须定期参加教堂和主日学校的活动,每周还要定期学习《圣经》。另外,几个自发组织的《圣经》学习班如常进行。每周的祷告会参加的人很多,大量的学生都继续为附近的主日学校提供服务。基督教青年会的学生成员数已超过200人。4名积极分子组成了一支宣教志愿者团,另外还有5人表示希望加入该团。本校还举办了一场特别的复兴布道会,结果有8名学生加入了教会。有11名学生表示有意加入基督教,还有很多其他学生对基督福音表现出浓厚的兴趣。本年有11名学生加入了教会,目前基督徒学生共有136名。还有一大批学生,希望加入教会,但受到来自家庭的阻扰。

由学生们自己管理的惠寒小学,继续以学生为本。各种体育运动、文学会、唱诗班、科学会、景俙会以及其他各种组织,引起了学生们的广泛兴趣。所有学生都得参加体育训练。

春季,学生会被组织发动起来,坚持宣传反对日本的侵略。学生们一直努力坚持宣传,整个运动在大部分时间里没有出现过激行为。然而,它严重扰乱了学校的正常工作。最让人遗憾的结果是:学生们对李伯莲校监表示强烈反感,导致他的辞职,这使得校董会非常遗憾。学生们后来对此事表示遗憾和歉意。

东吴体系中的其他学校也做得很好,共招收学生1 175人,具体如下:法科27人,第二中学127人,第三中学109人,圣经学校27人,小学885人。加上大学招收的428人(如上所述),各校总招生数达1 603人。

本校在暑期召开了两个重要的会议:一个是圣经协会与主日学校同工协会联合会议,另一个是小学教师协会会议。与会者共计559人。这两个会议给本校增加了许多额外的工作,但结果证明努力没有白费。

首先需要改进的地方是:我们希望不久能创办一家电厂以供东吴大学和博习医院使用,修建科学馆和住宅楼,开设化工课程和师资培训课程。还计划在大学创办一所语言学校,组织新来的牧师学习吴方言。

除支付牧师教师的薪水外,东吴大学已经能自养,还能够向一些值得帮助的学生提供资助。本年的收入是61 342.25元,与支出基本持平。

Annual Report of the Board of Missions of the M. E. Church, South, 1920

东吴大学第二中学报告（1919 年）

校　长　潘慎文

去年的招生数是 127 人,新学年开始时招生数是 117 人。我们已经拥有 6 位新教师,其中 4 位外国人,2 位中国人。另外,本校还雇用了 1 位中国的操练教官来负责体操和军事训练。除了支付主管牧师的薪水外,学校能自给自足。

Annual Report of the Board of Mission of the M. E. Church, South,1920.

东吴大学第三中学报告（1919 年）

校　长　魏斯德

本校教员包括校长、校长夫人和 6 位中国教师。另外，本校牧师江长川(Kuang)先生每周给学生上一次《圣经》课。去年注册在校人数为 115 人，湖州本地的学生非常多。新学期注册在校人数为 118 人，组成了一个很引人注目的男生班。我们有寄宿生 100 人，这使得我们的住房非常拥挤，迫使我们在校外租房。我们非常感激“庆祝传教一百周年活动”委员会承诺的援助，因为我们有望得到额外的宿舍、一个新饭厅和厨房等。

基督教青年会发展状况良好，定期集会参加的人很多。有 20 名男生每日下午都坚持在主日学校帮忙；许多学生和老师还在夜校为店员上过课，这是海岛堂坚持的推广工作的一部分。另一个学生团体为贫困男孩开办了一所夜校。

学生们对体育运动产生了浓厚的兴趣，如足球、篮球、网球和棒球。学校出于友好竞赛的目的，加入了一个中学联盟。每周举办的文学社团(面向所有学生)，已经让参加者受益匪浅、乐在其中。

5 月的时候，学生们出于爱国加入了全体学生的罢课。所有公立学校都放假了，但是本校男生希望能留在学校，通过自学继续他们的学业，同时继续开展抵制日货的宣传活动。然而，我们认为：继续住在学校而不能定期上课是不明智的，这可能会导致许多让人遗憾的事情。学生有权选择上课或回家。他们选择了后者，学校因此在 6 月 9 日放假，所有学生离开时明显心情不错，还对学校抱有深厚的感情。

今年的收入是 5 421.49 美元，支出仅有 321 美元。

Annual Report of the Board of Mission of the M. E. Church, South, 1920.

东吴大学圣经学校报告(1919年)

校 长 步惠廉

今年的招生数是20人,一个由7个年轻人组成的班级毕业了,6人来自我们的差会,他们不久就获得了职位。我们的债务得到了清偿,现在稍有盈余。

我们的一些学生每周都外出,在五个附近的地方做一些主日学校的工作和福音传道。另外,他们还为我们在松江的三个小教堂提供了有效的帮助。今年我们聘请了一位优秀的中国教师,还来了一些非常好的演讲者。收入是5 704.47美元,支出是4 857.29美元。

Annual Report of the Board of Mission of the M. E. Church, South, 1919.

东吴法科报告（1919 年）

教务长　兰　金

我们的招生数是 27 人,2 名毕业生获得了法学学士学位。今年有 3 个同学成为基督徒。中国最大的需求之一是有基督教理想同时接受过良好训练的律师。本校是中国唯一一所有特色的基督教法律学校。它的设备和财力亟待加强,直到能充分满足发展的需求和机遇为止。

Annual Report of the Board of Mission of the M. E. Church, South, 1920.

东吴大学1919—1920学年校长报告

教职员

本年我们的教职员构成如下：有17位外国人担任全职或兼职工作。同时，有11位中国教师讲授西学课程，另外还有8位只教汉语。除这36位教师外，还有兵操教官、乐队指挥、4位实验室助手和1位图书馆管理员，使得文理科和第一中学的师资总数达到43人。

这里还要报告几件严重影响教职员工作效率的事情。文乃史教授在吴语科校长就职典礼之后，大部分时间用于该校的管理工作，同时也在大学授课；由于妻子患有重病，祁天锡教授一整年的工作都受到了极大的影响。在春季学期的中期，他由于这个原因被召回了美国，妻子的遗憾去世使得他必须在家呆上最少一年的时间。我们真诚希望来年他能恢复工作。祁天锡教授离开后很难再安排人手接替他的工作。戴荪教授很大程度上放弃了自己的汉语学习，接替了祁天锡教授的部分工作。圣约翰大学安排吴弃对先生（他在本校毕业后去了那里工作）每周来东吴大学工作两天，接替祁天锡教授的部分工作。葛伦牧师在6月初被调到常州工作，我们已经安排了其他人接替本学期葛伦牧师的课。戴荪先生和聂显先生本年来到本校，前者讲授植物学，后者做体育指导并在中学上课。他们的到来大大增强了我们的师资力量。

学生

到目前为止，本校承认的最大的学生团体成立于春季学期，当时成员有410人，比去年秋季学期增加了41人。由于校外有一所可容纳很多人的大房子，才使得大规模的集会成为可能。要照顾这么多人使我们在许多方面都出现了资源紧张，同时又让我们非常担心。

5月开始的学生运动严重影响了本校的工作。我们首先担心的是本学期的工作是否能完成，但在采取了几个有效的措施后，我们避免了与学生团体发生任何不愉快的冲突；并使得我们在停课数天后成功复课，完成了本学期的工作。毕业典礼在7月6日举行，4人获得了文学学士学位，10人获得了理学学士学位，37人从中学毕业。同一周，法科也举行了毕业典礼，8人获得法学学士学位，这样本年大学毕业生总数达到22人。

以下学生统计数据，既反映大学部，也反映整个东吴体系：

	在校生	毕业生
文理科	138	14
法科	30	8
大学总计	168	22
吴语科	23	

第一中学(苏州)	320	37
第二中学(上海)	136	6
第三中学(湖州)	148	10
中学总计	604	53
圣经学校	28	
小学(不完整)	1 300	
各校总计	2 123	

宗教活动

一年来,本校的宗教生活既非常活跃又充满生机。基督徒学生有136人,其中17人是新加入的(包括13名大学生)。

受到极大关注的"宗教人口普查"活动已经进行了好几年,该活动已证明对基督教领导者的工作起到了很大的帮助。

5月,就在我们定期举办复兴布道会的前夜,爆发了学生运动,原定计划因此受到耽搁。但就领导工作而言,一年来积极的布道活动取得了很好的成果,大家都做出了卓有成效的工作。因此,我们觉得在学生的宗教工作方面,这真是非常有益的一年。

本校所有的基督教教师经常被召集开会,讨论和规划本校的宗教生活。我们把这些教师分到各个班,以便学生联系他们。这项工作非常成功。

本年几个自发组织的《圣经》学习班如常进行,招收了大约100名学生。对于该工作,学生们始终抱有极大的兴趣。

学生宣教志愿者团一年来活动频繁。有4名专职成员和3名副手。赵紫宸先生和校长轮流在周日接见他们,为"百年大会"和其他教会活动做特别的指示。本校与地方教堂的积极合作活动也在进行中,大多数年轻人在本年的宗教生活与工作中都取得了明显的进步。

东吴大学与金陵神学院共同拟定了一套方案,东吴大学学生在金陵神学院修完神学高级课程后,将获得东吴大学神学学士学位。开设这样的课程是为吸引大学生而做的进一步努力;我们相信,这也是迄今为止本校制订的最好的一项计划。在去金陵神学院之前,学生们可以在本校学习神学预科课程。差会秘书经过辛勤工作,终于发现了一个合适的人选,此人能帮助我们为学生们学习这门课做准备,还能为他们的宗教活动提供帮助。

本年学生们成功地开展了一些宗教与社会服务活动,具体包括:基督教青年会的宗教活动、基督教学生会的宗教活动、惠寒小学的教学活动、在校外的主日学校讲授四个下午的课程,学生们在葑门外创办一所学校,各种形式的自愿支教活动,为本校和地区雇员开办的一所夜校和周日晚的宗教服务活动,宣教志愿者团的宣讲活动,150名自愿者在暑期圣经学校授课,等等。

学生体质增强

为了增强学生体质,我们每年都在不断地改进工作。我们正努力把学生们培养成体格健壮的领袖人物。每年我们都会增加投入,增强学生体质。七八年来,我们一直对每个学生进行体检和身体测试,而我们的这些做法被医学界公认为本地区所有学校中最好的。这些方法正逐步提高我们的工作效率。学生们体质的增强防御了疾病的侵扰,很少有学生因为生病申请休学,对此我们受益匪浅。必修的体育课正有条不紊地开展,同时我们还注重竞技体育,如众所周知,本校获得了上个赛季华东地区大学体育联赛足球冠军。我们还将不断关注那些适合所有学生的体育课程,同时还想让一个基督徒来专司此事,这对学生性格的形成和宗教思想的熏陶而言,作用难以估量。对此我们可以获益匪浅。

新工作

吴语科在1月正式开课,它得到了蓝华德会督和正在参观的两位差会秘书的热情支持。吴语科的开办还得到了女布道会的大力支持,并借苏州妇孺医院旧址为校舍。文乃史教授被任命为校长,他聘用李伯莲先生为主管教师。虽然这项工作是全新的,但第一次尝试就非常成功。本学期招收了23名学生,代表6个差会。尽管还有不少困难,但工作还是进展顺利;同时,李伯莲先生为了来年的工作把自己整个暑期都花在了解决这些困难上面。现在的情形已经有了极大的改观。校董会任命了一个委员会来关注该校的发展前景,成员有:潘慎文博士、李伯莲主管、校长以及金振声女士。结果表明:到目前为止,该项事业是富有成效的。

在无锡为创办实业学校进行了寻求地皮的工作,结果在城外购买了一块很好的地,而无锡的官绅也为了该事业正在筹钱。

在去年秋天召开的年会的授权下,本校积极响应,准备在苏州成立一所联合师范专科学校,招收男女生。由董事会负责的该项工作业已展开,这也是校长报告中的一部分。该工作虽然引起了相当大的兴趣,但到目前为止只有一个差会采取了具体行动,对此表示赞同。本差会还没有采取行动。尽管迅速实现该计划的前景不容乐观,但是这个问题已经被正式提出,我相信最终会取得很好的结果。

大约3英亩地皮的填平和本校东边围墙的加固,使校园东南部的扩充得以完成。校园南边我们用竹栅栏取代了围墙,预示着我们将来会把校园扩展到对面的城门脚下。

"百年大会"获得了美国阿肯色州小石城第一监理会教堂65 000元的捐赠,这有助于发展本校的修建计划。对我们这样一个在中国的教会机构而言,这也许是我们接受监理会的最大一笔捐款,由于汇率偏低和建筑费用增加,它已经开始不能满足我们的财务需求了。如果目前教职员还有精力来监管这项工作的话,那么我们将立刻安排修建目前最需要的科学馆。我们希望尽快制订计划,改进这项重要的工作。

我们已经购买了景海女师北边的牧师住宅,这将可能用作校舍。本校的电厂还没有最后完工,等完工后将可以为整个苏州东部的地区供电。因为差会无力将这些设备从美国运来,我们只得向怡和洋行借一些设备。我们希望在1个月左右之内如期运转我们的电厂。

假期工作

去年寒假,基督教青年会在本校成功地举办了一届学生会议,替代了通常在夏季召开的会议。

1919年7月,江苏—浙江基督教同工会议在本校召开,对过去几年的工作进行了总结。会议分为两部分:第一部分是圣经协会与主日学校同工协会联合会议,参加者有393人;第二部分是差会的小学教师协会会议,参加者有166人,共计559人。有些计划出席的人由于突如其来的洪灾的阻碍无法前来，但我们仍尽最大所能成功地举办了此次会议。1920年暑期也召开了同样的会议，但由于本省的军事行动导致交通受阻，小学教师协会会议被取消。圣经协会与主日学校同工协会联合会议的参加者很多，会议工作被公认是非常成功的。圣经协会招收了220名成员，主日学校同工协会招收了151名成员，加上40名教职员，共计411人。

财务

通常学生的学费收入已经足够支付一年中的以下费用：如中国教职员的薪水、通常的维修费与修理费等，还支付了一位外籍教职员的薪水。本年的学费收入大约有40 000美元，在支付了上面提到的开销后，剩下的少量结余将投入到本校的长期发展中去，比如电厂等。大约70到80名学生获得了学费贷款，或被免去学费。正是在我们的精打细算之下，我们的财务运转良好。

结论

本年的工作对教职员而言非常繁重。伴随着我们取得一些未曾料想的进展，教职员也付出了很大的（甚至是巨大的）努力。校长和差会的其他成员，为本校的发展绘制了一幅宏伟而又可行的蓝图。文乃史、祁天锡和龚士是学校中最有经验的三位教授，他们的离去将会给来年本校的工作造成不小的困难。鲍乃德先生来了，戴荪先生全身心地投入到工作中去；我们还聘请了一位法语和德语老师，他会给我们带来很大的帮助。尽管遇到了许多困难，但回顾一年来的工作，我们发现还是取得了相当大的成绩，并且我们坚信上帝一直在保佑本校。因此，我们有理由期待将来能不断取得进步。

校长葛赉恩谨具

Minutes of the China Mission Conference of the Methodist Episcopal Church, South, 1920.

东吴法科 1919—1920 年度报告

我们很高兴向大会报告：在过去的一年里，中国比较法律学校（即东吴法科）的工作非常好。在 1920 年 6 月 24 日的毕业典礼上，我们授予 8 名学生法学学士学位。1920 年秋季学期开学后，我们招收的 27 名学生如下：正科学生，三年级 4 人，二年级 6 人，一年级 16 人；特别生 1 人。一年级班是本校历届招生人数最多的一个班。在目前招收的学生中，据报道有 13 名学生是基督徒，其中有 1 名学生去年加入了监理会。我非常遗憾，本年只有 1 人入教。教会所热衷追求的是：所有其他还不是基督徒的人将会信仰上帝，同时所有的师生将会为基督事业作出更大的贡献。

我们非常满意地汇报：我们的主已经感化了来自美国德克萨斯州福特沃斯的刘伯穆夫妇来东吴法科工作。他们已于 1920 年 9 月 5 日到达中国，目前正在吴语科学习中文。

答谢

我们要非常感谢上帝，因为在过去的几年里，正是他创立了本校。他还热忱地为本校创建了一个急需的图书馆，提供了相关的法律书籍和其他普通读物，同时提供了急需的奖学金及其他帮助。

1. 图书馆

弗吉尼亚林奇堡的勃白恩先生，捐赠了 900 本非常有价值的法律书籍，因此该馆又被称为“勃白恩法律图书馆”。

美国田纳西州查塔努加的罗尔（W. L. Rohr）夫人，在与她的老朋友勃白恩先生多次交谈后，勃白恩先生就决定捐赠 900 本法律书。另外她还通过私人关系，从查塔努加律师界、法律图书馆协会、乔治 · T. 怀特（George T. White）先生、本顿 · 怀特（Benton White）先生、特林布尔（J. M. Trimble）先生、约翰 · 钱布利斯（John Chambliss）先生、查尔斯 · 科菲（Charles Coffey）先生、尼尔 · 托马斯（Neil Thomas）先生、托马斯（M. M. Thomas）先生、考恩 · 韦布（Cowan Webb）先生、拉芬斯 · 小托马斯（Lavens Thomas Jr.）先生、罗尔（W. L. Rohr）先生、霍顿（J. A. Horton）先生、布伦迪奇（Brundidge）夫人、萨拉 · 阿特利（Sara Atlee）夫人、巴格利（C. B. Bagley Jr.）夫人、伊丽莎白 · 戴乐（Elizabeth Taylor）夫人、韦布（J. D. Ward）夫人、沃德（J. B. Ward）夫人、考德威尔（Caldwell）夫人、安德森（R. B. Anderson）夫人、邓巴 · 纽厄尔（Dunbar Newell）夫人、威利（E. E. Wiley）夫人、米里亚姆 · F. 莫里森（Miriam F. Morrison）夫人、邓肯（D. J. Duncan）夫人、内尔 · 布伦迪奇（Nell Brundidge）夫人、詹姆士 · 莫里森（James Morrison）夫人、珀西 · 尼布利特（Percy Neblett）夫人、库珀（Cooper）夫人和罗尔（W. L. Rohr）夫人等处筹得捐赠。还有来自美国纽约州罗契斯特的律师合作出版公司、武昌文华大学、纽约美国法律书局、韩明德牧师和克劳福德（Crawford M.）会督的捐赠。所有捐赠共有超过 1 300 册的法律书籍和普通读物。案例书由吴经熊先生和钟震先生所购，而购书的资金来自刘伯穆夫妇和兰金先生。另外,陆鼎揆为本校订阅了一份杂志,杭州律师协会热心地捐献了几份有价值的律师工作报告。

2. 奖学金

高秋荃先生逝世后,他的家族每年向本校捐献100元作为奖学金,资助那些需要帮助的学生,这被称为"高秋荃奖学金",以纪念他们亲爱的父亲。

毕业于本校的吴经熊先生,向母校提供了一个法律书籍奖学金,其中包括一整套书籍,以供班上经济困难的学生使用。

3. 捐赠

美国田纳西州查塔努加的两位托马斯(W. G. M. Thomas and L. M. Thomas)先生,已经按照我们的建议,向本差会支付了3年的捐赠,每年600美元。

马吉·H. 罗尔(Maggie H. Rohr)夫人,以前是美国田纳西州查塔努加人,她在去世前向本校捐赠了2.5美元。

美国路易斯安那州巴吞鲁日的皮克(Wm F. Peak)博士向本校捐赠1美元。

高(C. Y. Kao)先生曾是本校学生,他的夫人2年多来每月向本校捐赠5元。

杨绍彭先生是本校毕业生,他的夫人每月向本校捐赠5元。

笪耀先先生也是本校毕业生,他的夫人向本校捐赠2美元。

需求

1. 图书馆

本校需要一个完整的图书馆,藏有中英文法律书,以及其他国家的重要法律书。图书馆还需要普通读物,不论是英文、中文还是其他语言的书,每本都有用。

2. 建筑与设备

本校急需能容纳至少1 000名学生的校舍。如果能有足够的捐款,我们就可以尽快建造这些校舍。

3. 教职员

我们需要一支最优秀和最有经验的教职员队伍,他们将把基督教思想传输给学生,而这些学生有望成为中国未来的领导者。

4. 捐款

上帝已经做出预示:中国当前急需大批接受基督教思想同时又训练有素的领导——他们在中国受训以至于能密切关注国内局势,他们所受的良好教育能消除当地不良风气给他们带来的负面影响。如果有足够捐款的话,本校就可以向全国22个省中的每个省都提供10个奖学金,这些奖学金将颁发给那些考试胜出的大学生。有了足够的资金就可以支付他们所有的学费,以及每个暑期的旅行费用。首先去美国,安排这些学生去的每个城市都有浓厚的基督教氛围。第二年暑期,尽可能游遍全中国。最后在第三年暑期,乘坐横跨欧洲大陆的西伯利亚铁路到英国,最后借道美国返回中国。如果能有这样一个奖学金的话,我们就能培养中国最优秀的年轻人,使他们在三年里接受这样的教育,为他们成为中国未来的建设者做好准备。因为中国是一个伟大的国度,中国人民可能是最伟大的人民。假如有足够捐款的话,还可以为教师及其他需要钱的地方提供足够的资助,其费用可能不及美国近来建造超级无敌舰队所花的钱。

5. 圣经学校

如果本校要把工作做得最好,更确切地说,如果本校的毕业生要把他们的工作做得最好,那么全中国应当有一大群基督徒。鉴于我们目前非常缺乏训练有素的牧师与基督教领导,我们迫切需要再建一所圣经学校。这样不仅可以培养基督徒,还可以为当前中国提供极佳的传教计划。如果它拥有像本校这样的设备,那么它就可以向中国的年轻人提供最好和最正确的《圣经》教义,在这批信奉上帝教义的老师的教育下,这些学生能够成为感化中国民众内心道德世界的领导者。

教务长兰金谨具

Minutes of the China Mission Conference of the Methodist Episcopal Church, South, 1920.

东吴大学第二中学报告（1920 年）

总的来说本校经历了辉煌的一年。像我在去年报告中指出的，秋季学期注册在校学生为 117 人。春季学期于 2 月 3 日开学，该学期注册在校人数是 120 人。和其他学校一样，学生罢课给学校工作造成了许多困难，尽管受罢课影响学生们浪费了很多时间，但没有造成太严重的危害。在 7 月 7 日春季学期结束的时候，有 17 名学生获得了毕业证书。

今年我们有 11 位中国教师和 2 位美籍教师，他们都忠于职守，这从学生们所取得的进步中可以看出。我们很遗憾失去了一位非常好的教师——陆先生（K. T. Loh），他被叫去无锡帮助那里的官绅在该市建立一所学校。我们已经得到了一位东吴大学的毕业生——金（King）先生的帮助，他已经能够填补陆先生不在所造成的空缺。

副校长孙闻远先生继续为学校提供最忠实和最有效的服务。但不幸的是，他在夏初由于健康的原因病倒了，所以他于 7 月下旬去了莫干山附近的巴不丢，呆在那里直到 8 月。他主持了 9 月学校的开学工作，身体似乎不错。但与开学相关的紧张工作对他而言负担很重，他又病倒了。我们都对他的身体感到不安，害怕他完全病垮，所以我决定他必须停止工作，离开学校，彻底放松调整一下。因此，我从学校资金中拨款给他，让他去北京拜访他的姐夫几个星期，希望这个改变能帮助他恢复到以前的健康状态。

我想所有对本校感兴趣的人将非常高兴听到，我们已经聘请卜德士为校长。我们要记住的是：卜德士先生娶了埃塞尔·波尔克（Ethel Polk）医生，她在西伯利亚从事过红十字工作。当我在莫干山的时候，我从孙明甫那里得知有可能请卜德士先生来上海，并担任第二中学的校长。霍约翰、赫恩（Hearn）和我在莫干山就此事情进行了磋商，他们都积极建议邀请卜德士先生来上海并负责本校事务。因此，我发了份电报，同时也就该事写信给了卜德士先生。我及时收到了回复，他接受本校校长一职，10 月 1 日可以来。卜德士先生现在已经来了上海，住在昆山路 18A 号。我们希望他和他的妻子在不久的将来成为本差会的固定成员。

一年中学生在文学、体育和宗教等方面继续开展各项活动，所有参加者都表现出浓厚的兴趣，而且从中获益不少。

秋季学期于 9 月 10 日开学，这个学期的注册在校人数已经达到 150 人，这是我们几年来最多的。

1920 年 7 月 8 日，学校收取的学费是 13 860.67 美元，在付出学校费用的总数 13 312.55 美元后，手头还盈余 548.12 美元。从 9 月 13 日秋季学期开学，收取的学费是 7 065 美元，付出的费用是 2 341.58 美元，9 月 30 日手头的盈余是 4 723.42 美元，使得 1920 年 9 月 30 日手头的总数达 5 271.54 美元。

校长潘慎文谨具

Minutes of the China Mission Conference of the Methodist Episcopal Church, South, 1920.

东吴大学第三中学报告（1920 年）

秋季学期开学时，招生数要比往年多；从各方面看，这都是一个成功的学期。不幸的是，10 月湖州的学生会决定对日货实行联合抵制。由于这是所有的公立学校采取的联合行动，我们的学生不能拒绝参加，否则将蒙受不爱国的指控。在 1 个月的时间里，每天有 40 名男生被选派去巡逻船码头。这自然严重影响了本校的教学工作。然而我们尽了最大努力，希望在春季学期情形会有好转。

春季学期开学时比以往任何时候都好，我们招收了很多学生，宿舍都住满了，还聘请了一位新老师，一切都充满着希望。然而，我们希望有一个安静学期的愿望又破灭了。4 月中旬，湖州所有的公立学校在接到上海学生会总部的指令后，宣布罢课，目的是迫使北京政府采取反日的立场。湖州所有的教会学校也决定采取共同行动，宣布罢课 10 天。罢课结束的时候，发出告示：我们的教会学校将于 5 月 3 日复课，好给那些可能晚些返校的学生留有时间。其他教会学校的学生在 3 号那天基本都返校了，但我们的男生却仍住在街上，为了继续做宣传而决定与公立学校的学生行动保持一致，后者已经安排在 17 号复课。我们向本校获得奖学金的男生发话，如果他们不在 5 月 3 日返校，将失去奖学金。有几个人回来了，但其他人没有回来；后者有一人例外，他后来返校并支付了余下学期的食宿费用。期间有几个我们学生罢课的领头人很愤怒，因为我们不向他们的非理性要求让步。他们就发传单，还在报纸上发布通告，虚假和恶毒地诽谤本校。他们声称代表所有的学生，然而只有 30 名男生默认他们的行为，后来才知道，几乎所有这些行为都受到了这些领头人的胁迫。

似乎这些令人遗憾的情况可能暂时会严重损害到本校，但我们很确信：既然本校已经明显采取了正确的立场，就不会遭受长久的不良影响。情况也确实如此，因为大部分学生陆续返校，他们许多人都收到了其父母支持学校立场的来信。本学期的最后 7、8 周，学校像我们希望的那样平静和令人满意。

本学期召开了由基督教青年会主办的为期一周的会议，会议的目的是招募新成员从事宗教服务工作。8 名男生决定以布道为终身事业。

我们的学生自愿加入到在教堂召开的“百周年复兴布道会”，受到了很大帮助并获得了许多启示。

6 月 19 日，有 3 名男生入教，其中 2 名来自毕业班，这也使该班学生都成为基督徒。

今年有 11 名男生毕业，我们计划对毕业典礼进行一番创新。6 月 29 日，湖州市由卫理公会创办的 8 所学校共同举行了毕业典礼。500 多名毕业生济济一堂。圣约翰大学的 Y. T. Tsu 牧师发表了演说。所有参加的学校都觉得非常满意，这也为我们差会做了一个很好的广告。

有一件让人满意的事情是：春季学期开始之际，就可以开始建造我们的新饭厅和厨房了！我们沿着学校背后的河道修建了一个码头，这个修在水边的码头使得本校的场地面积增加了大约 4 350 平方英尺。这两座建筑在夏季完工了,现在正投入使用。饭厅室内大小长 51 英尺、宽 34 英尺,有 15 扇窗子,这是一个让人感觉非常舒适的大厅。这些进步得到了所有关心本校发展的人士的极大好评,同时本校的设施也更加完备。

今年注册在校的人数是 148 人。

1920 年秋季学期开学时,学生人数比往年要多,目前注册在校人数为 132 人,其中 115 人是寄宿生。

收入		支出	
去年的余额	321.43	薪水	2 810
食宿费用	2 822.93	食宿费用	2 634.76
学费	1 222.40	书籍	17.1
杂项	1 381.8	洗衣	236.45
拨款	2 133.22	杂物	278.01
专款	69.14	电	374.45
书籍	171.6	理发	43.35
董事会	287.16	修理	147.45
建设基金	1 300	体育运动	143.64
		工资	72
		设备	145.22
		供给	369.79
总计	9 709.67	保险	19.5
		建筑	1 300
		余额	937.95
		总计	9 709.67

校长魏斯德谨具

Minutes of the China Mission Conference of the Methodist Episcopal Church, South, 1920.

东吴大学圣经学校报告(1920年)

圣经学校校长步惠廉牧师在7月初返回美国休假。圣经学校委员会选举鲍涵恩在步惠廉先生不在的时候代行校长之职。

杨博士(W. H. Yang)一直在圣经学校当圣经教师、校医和宿舍管理员,由于自己的健康原因不得不提出辞呈。金志仁先生也被委员会选举代替杨博士的位置。金先生是一位教授圣经历史、教会历史和宗教教育学的教师。他也管理宿舍。唉!我们没有一位校医,可能由于这个原因,失去了1个学生——陆先生(Loo Chien-au),他去年9月死于霍乱。

杨博士作为圣经教师的位置已经被代理校长鲍涵恩所取代。

暑假期间,学校对主教学楼、学校宿舍和步惠廉先生的住处进行了修缮。

由于春季学期的学生罢课,学校放假了,原本要毕业的班级没有按时毕业。然而,我们在9月1日开学时有27名学生申请入学。经过认真的筛选,我们建议4名学生继续留在培训学校学习一两年。我们目前有23名学生。在学校开学典礼上,我们有幸请到下面这些人演讲,孙明甫牧师、Li dzong-doen、Yu We Nyung、Yoen s-oen、Faung Yoen-foo和怀特(M. C. White)小姐。他们精彩的演讲给所有的学生带来了极大的启示,随后的三四天我们又进行了同心合意祷告。老生经常在周日去周围的村庄,为那里牧师的工作提供帮助。

他们对每周参观过的地方和所做的工作进行汇报,通过这个方法,学生们获得了实用的知识和经验。因此,我们相信,这种方法可使他们适应日后的传教生涯。

我们已经收到了来自不同省份的信件,如广东、河南、山东,还有朝鲜的,他们希望来松江圣经学校学习。

有两个特别的需要应引起我们高度注意,即一幢新的学生宿舍楼和一个预科部。

住宿条件应该能大到足够容纳至少100名学生,还应该安装门和玻璃。预科部应该与主校紧密联系;因为假如想进入圣经学校的学生到其他地方去准备入学考试的话,他们经常会误入歧途并且很少再回来。

另外,预科部应该处于已做好准备工作的圣经学校的直接监管之下。

因此,我们希望圣经学校委员会能注意到这些非常紧急的需要,力促做好足够的准备工作,从而尽可能早地满足这些需要。

此外,我们请求注意以下事实:我们圣经学校的一个主要困难产生的原因,是那些申请入学的学生经常被发现非常缺少教育和准备。竟然到了我们必须强烈要求在选择和推荐年轻人进入圣经学校时得非常仔细的地步,即只录取那些年满18周岁,还是教堂的积极分子,并学过与高小课程水平一样的中文。

东吴大学圣经学校从1920年6月30日到10月21日的财政报告如下:

收入		支出	
以前的余额	867.64	薪水	740
来自差会司库的现金	1 440	维修费	294
捐赠	30	学生会	72
来自南卡罗来纳查尔斯顿的威廉姆斯(Williams)的黄金	150	医疗服务	25.6
学费	130	雇工	78.94
海斯·威尔金斯(Hayes Wilkins)圣经学校付给 Doo Vung-yuen 薪水的现金	18	书籍、文具	54.99
苏珊·B. 威尔逊(Susan B. Wilson)学校付给 Doo Vung-yuen 薪水的现金	31.5	生活津贴	272
黄金	150	学生9月旅游	18.09
		3个家庭的迁居和旅行	140.3
		学校的设备	38.70
		广告费	36
总计	2 517.14	总计	1 771.16
		黄金	745.98
			150
		余额	2 517.14

代理校长鲍涵恩谨具

Minutes of the China Mission Conference of the Methodist Episcopal Church, South, 1920.

东吴大学附属小学委员会报告（1920 年）

委员会今年的工作和往年一样。小学董事会的常务委员会有皮利（E. Pilley）牧师（今年初担任，后由霍约翰牧师继任）、孙闻远先生和主席。委员会的每个成员之前都被分配了工作以及其他相关职责，所以很难用满意的方式来监管该校。但通过各种措施，委员会提供了大量的监管和指导，许多是以主席的通信与说明的方式进行处理的，另外其他人也贡献良多。

我们坚信需要一个适合该工作的人，他能以一种更持久和更有效的方式引导该工作。我们正在寻求这样的安排。虽然我们不能在短期内看到成功的希望，但我们会继续和同胞继续保持合作，试图从目前不完善计划的运行中实现最大可能的好处。

今年如报告中所言，16 所学校已经获得了委员会的财政支持，其他几所学校能自给。今年分配到本校的钱与以往每年接受的拨款相比稍有盈余，使得从去年开始，我校的财政稍有赢余。来自这个差会的资助总数达 3 600 墨西哥元。

1919 年 7 月，本校成功举办了一次教学研讨会，这是联合暑假会议的一部分。参加者很多，工作也做得很好。与会者并不像我们期望的那样非常具有代表性，其中一个原因是当时的洪水阻止了其他地区的人来。然而，尽管如此，我们觉得本可以更好些。魏斯德先生、祁天锡先生、李伯莲先生、哈克尼（Hackney）小姐以及其他人，负责完成本机构的工作。

小学委员会主席葛赉恩谨具

Minutes of the China Mission Conference of the Methodist Episcopal Church, South, 1920.

东吴大学年度报告

葛赉恩校长　1921 年

从严格意义上讲,东吴大学包括:苏州的文理科、上海的法科、苏州的吴语科、苏州的第一中学(设在本部校园内)、上海的第二中学、湖州的第三中学、松江圣经学校以及 23 所小学。

本年的招生情况如下:大学 138 人,毕业生 14 人;法科 30 人,毕业生 8 人;吴语科 23 人;苏州第一中学 320 人,毕业生 37 人;上海第二中学 136 人,毕业生 6 人;湖州第三中学 148 人,毕业生 10 人;松江圣经学校 28 人;23 所小学 1 453 人。总招生数为 2 276 人。

这不包括女子部管理下的学校学生数。

东吴大学和第一中学的教职员包括 17 位全职或兼职的外国人,19 位中国教师,7 位中国助教,总共 43 人。招收了 488 名学生,创历史新高,这使得本校不得不在校外租房。5 月的学生运动严重影响了本校几天的工作,但未出现长久的负面影响。

本年大学有 14 人毕业,其中 4 人获得文学学士学位,10 人获得理学学士学位。东吴法科授予了 8 人法学学士学位,使得本年大学毕业生人数达到 22 人。学生们的宗教活动取得了非常好的成果。基督徒学生有 136 人,其中 17 人是新加入的。我们做了一个"宗教人口普查",这对基督教领导者非常有帮助,从这些数字中可以证明福音传播的积极效果。教师们定期碰面为所有学生制订一个系统的宗教活动计划。几个自发组织的《圣经》学习班如常进行,招收了 100 名学生,还有一支由 7 名积极分子组成的宣教志愿者团。

本年学生们成功地开展了一些宗教与社会服务活动,具体包括:基督教青年会的宗教活动,基督教学生会的宗教活动,惠寒小学的教学活动,在校外的主日学校讲授四个下午的课程,学生们在葑门外创办一所学校,各种形式的自愿支教活动,为本校和地区雇员开办的一所夜校和周日晚的宗教服务活动,宣教志愿者团的宣讲活动,150 名自愿者在暑期圣经学校授课,等等。

我们正在不断加强对身体健康的重视,大多数中国男生身体状况不佳。为了实现该目标,每个学生都要接受仔细的体检和身体测试,必须进行适当的身体锻炼。我们也注重竞技体育运动,本校去年获得了华东地区大学体育联赛足球冠军。

吴语科从 1 月开始组织新来的牧师学习吴方言。已招收 23 人,他们来自 6 个差会。结果表明:该项事业是富有成效的。

本年的学费收入大约有 40 000 元,足够支付除牧师教师的薪水外的所有费用,还为学校的长期发展保留了少量结余。另外,有 70 多名学生接受了资助。

本校继续成为会议召开的中心地。去年寒假,基督教青年会在本校成功地举办了一届学生会议。7 月,举办了一次圣经协会与主日学校同工协会联合会议,还举办了一次小学教师协会会议。

Annual Report of the Board of Missions of the M. E. Church, South, 1921.

东吴第三中学报告（1921年）

（一）本校新建房舍颇称宽敞，楼下为大礼堂足容数百人，楼上分八教室，按班授课。较之上年以饭厅为拜神堂者较为利便。余如厨房、厕所、浴堂等均极完备、清洁，实有赖于我美诸友人襄助之力，此不得不感谢者也。

（二）校内职员除校长及校长夫人外，尚有九人，皆能忠诚任事，以故成绩优良，校内宜安，风波不生，较之前两年实有不同。学生亦颇安心向学，各教员咸称赞之。惟去岁年底，职教员因特别事故解职离校者计有五人，今兹续行延聘已恢复原状矣。

（三）宗教事业亦甚发达。上年有本校牧师江君讲道，学生被其感动愿入教者计有三十四人，而当时受洗礼者则有十一人，其后又有相继进教者二十一人。至秋季中，共计受洗礼者达四十一人之谱。察本校学生方面为基督徒者十之七，教员方面仅有二人未入教。是学校诚为布道之良好机关也。上年本校毕业生有五人愿立志传道，现在东吴大学肄业未毕业生中，决定以布道为终身事业者，已有六人。再前，有一本校毕业生由美留学归国，现任金陵神学教员。此其彰明较著者也。

（四）本校行毕业礼之盛况。去岁起，行毕业典礼与湖郡女校联合同时举行，本城各级长官均纷纷莅会致训勉词，观者甚众。镇守使赠二校毕业生扇子各一，以示纪念。复有上海青年会总干事曹君雪赓莅会演说，其题为“中国青年之责任”，慷慨淋漓极为动听。

（五）本校学生之人数。去年秋季共一百三十七人，今年春季共一百五十八人，本学期学生加多至一百八十余人，为历来所未有者。将来本校之发达可预卜也。

校长魏师德谨具

《中国基督教卫理公会监理公会年议会记录36—41次》第36次会议

东吴大学圣经学校报告（1921年）

（一）教员　本校国语教员杜文渊先生回了北京后，我们的教员团就有了改变。今年上学期得东吴大学毕业生赵昌铭君充作算学、理科、英文、体操的教员。本校觉得非常快慰，能有赵先生作我们的同事，他对于本校有很好的服务。

（二）学课提高　我们得本校委员会的许可，今年上学期起一切学课都照了中学校的程度重新编定，所以本校的学生读毕课程后，除专究经学外，且有中学校相当的学识。

（三）招足四班学生　本校原有四年课程，可惜只有三班学生。今年上学期添招一班补成四班学生。这样每年可有一班学生毕业。但是班次加多，课程提高，原有的教员不足分配，甚至每教员每礼拜担任教课至二十八节之多。本校委员会已经允准从中国传道人中间特派一位，作本校的经学传道之法的教员，兼任灵德的领袖。我们觉得这位教员与我们的学生前途是很有关系的。很望年会能成就我们的需求。再有为了学生贴费的加增、教员薪金的加添、学生数目以及医药杂费的加多，所以原有经常费不足支配。很望差会经济部能按委员会的允准，加足我们经济的缺乏。

（四）学生实数　本校现有学生四班，共二十五人，内有一生因大水阻碍到现在还没有入校。

（五）居宿所　本校原有的居宿所狭小破旧不堪，差不多将要倾倒，所以非得翻造合式的新宿舍才能维持下去。

（六）步惠廉校长回国的关系　步先生回国后遭遇困难，至今未来，以致各事不能进行。深盼上帝为我们开路使他早些回来。

代理校长鲍涵恩具一九二一、一〇、一九

《中国基督教卫理公会监理公会年议会记录36—41次》第36次会议

东吴大学报告（1921年）

葛赉恩校长　1921年

东吴大学和东吴体系继续在扩大，去年的招生数是我们历史上最多的。本校的容纳能力已快到极限，必须到校外租一所大房子来扩充我们的校舍。大学部已经招生183人，吴语科32人，法科23人，使得大学生总数达243人。第一中学（属于东吴大学的一部分，设在本部校园内）招收了343人，上海第二中学222人，湖州第三中学186人，三校共计751人。松江圣经学校有23人，我们的附属小学有1 400人。各校共有2 400人，而去年只有2 100人。

东吴大学的教职员有：12位牧师教师和27位中国教师。学生们的精神状态非常好。基督徒们组织起来，在很多方面进行了有益的尝试，结果大量学生加入教会。准备了几周的复兴布道会，召集了所有的基督教领导，结果非常令人满意。在会议决议那天，有114人表示有意加入基督教，30多人自愿从事基督教服务活动。

我们已经付出巨大的努力来培养那些决定献身宗教服务事业的年轻人，对于他们，我们抱有很大的希望。有一支学生宣教志愿者团非常积极。我们希望将来能输送更多的人去从事基督教工作。

我们非常注重体育训练，这对中国学生尤为重要。本校举办了校际田径运动会，我们男生的成绩在所有的教会学校中遥遥领先。本校还用3 000元建了一个临时的健身房，结果证明它是不可缺少的。

吴语科招收的学生来自6个不同的差会与组织，该校需要一个固定的场所。

我们正在考虑设立一个实业科，还准备在无锡创办一所实业学校。

我们已经建立了一家电厂，它正为我们整个地区提供良好的服务。图书馆正在扩充，功能也不断完备。我们已经聘请了一位校友担任秘书以应急。也许最重要的是：我们应当采取措施与景海女师保持合作，开设一个教师培训部门。

本年的学费收入大约有50 000多元，足够支付除牧师教师的薪水外的所有费用，本年的结余有6 725元。许多学生每年都能获得贷款和奖学金。

本年有10人获文学学士学位，17人获理学学士学位，1人获硕士学位，4人获法学学士学位。毕业生的水平提高了很多，他们必将在领导中国的基督教事业中大有作为。

湖州的第三中学为“百年复兴会”修建了新食堂，三中师生为此感到欣喜。这个新食堂也将为该校的祈祷和其他公共活动提供场所。在本学期结束的时候，该校百分之七十的学生成为了基督徒。我们深信：这给我们提供了一个很好的传播福音的机会。

松江圣经学校又增加了一个班，由一些有前途的年轻人组成。还需要增加一位老师。该校目前急需一栋新宿舍楼，将花费7 500元建好。

Annual Report of the Board of Missions of the M. E. Church, South, 1922.

东吴大学第三中学报告单（1922 年）

此周年中本校成绩之优美，洵前所未睹，约分四端言之。学生陡增至二百三十三人之多，课室俱满宿舍无闲，学额之扩张实有一日千里之势焉。秋季，郭先生来执教鞭，循循善诱，微奥启咸，而燕人傅先生教国学经术，颇著卓效，浙人唐先生讲文学尤擅特长，其余教职员均恪尽责分，无或懈怠，此教员之良也。学生注重运动，勤于练习，今年比赛，足球、网球、篮球执全湖之牛耳。东吴三中学运动会名列第二，此本校创设以来无上之荣耀，亦体育进步之明证也。宗教方面，尤方兴未艾，学生之教邻童主日学者，实繁有徒，青年会亦有蓬勃之精神。客春举行复兴会于本校，学生受其感动而皈依救主者春季十二人，秋季八人，以全体学生计，已进教者八十四人。崇信基督而未受洗者五十六人，非基督徒七十二人，故欲达全校归主之目的实觉有厚望焉。一九二二年毕业班共十有八人，其中八人今肄业大学。本年收入一万九千九百四十元九角八分，支出一万九千九百四十一元九角三分，其中五千零七十四元为建筑校舍之用。

校长魏师德谨具

《中国基督教卫理公会监理公会年议会记录 36—41 次》第 37 次会议

东吴大学圣经学校报告（1922 年）

本校今年春季开学是二月十六日，我是二月十三日方才从美国到松江，相隔只有三天。一切校务统由副校长鲍涵恩君布置就绪了，我不过“萧规曹随”罢了，所以觉得容易些。

我们很快活的杨维翰君身体渐渐复得原了，仍旧能够回校任事，这是大有帮助本校的。

上半年学生二十八人，内属长老会的两个，属浸礼会的一个。在六月里举行第三届毕业式，有毕业生五人，他们都是顺服神旨，预备为主做好工夫的。

下半年气象很好，可为从来所未有的。本校成立时候就和我们同工的胡笃平君和第一届毕业生翟健雄君都回到本校来担任教授了，他们对于本校都是有浓厚的感情和熟悉校内详细情形的人。学生也有三十八人之多，竟是本校开办以来破天荒的大数目了。新宿舍正在建筑中，我们盼望明年春季开学的时候可以迁移进去。

所可惜的经济困难，不能照原有计划预备路费给学生到邻近乡镇去相助各礼拜堂作工。但是我们仍旧派他们在本城各处和邻童主日学内服务也。有救世军每礼拜出发一次，作露天演讲，所以他们还算有些实地练习的机会。

我们对于过去和未来很抱乐观，极盼望学额加增，以致推广到他公会去。因为本校虽系本公会独办，在精神上并没有此疆彼域的意思。至于现在所有他公会的学生呢，长老会三人、浸礼会一人、内地会一人。

鲍涵恩夫人担负音乐一课，教授一班学生唱诗，一班弹琴，这是我们十分感激的。

最缺少的是教员住宅。大约有一千元就可把现有的旧寄宿舍拆下，改造新的教员住宅了。若然得着公会的应许，这实在是一件轻而易举的事。

校长步惠廉具二二.一一.一〇

《中国基督教卫理公会监理公会年议会记录 36—41 次》第 37 次会议

东吴大学附属小学委员报告（1922 年）

本年由本委员直接资助维持的学校共有十五所，间接维持的有三校，即附设双林的乡村小学，当中有十一所是国民兼高小科，教职员共有八十四位，学生共有一千一百九十四人，教室四十一间。本公会自产的校舍共有十所，今年新建筑的有二所，即常州东门的十二校和苏州城中的第二校。本委员今年供给各小学校的津贴费共计洋四千二百十元，各校所收学费共计洋六千四百元。通计每个学生每年的教育费约洋九元。而本委员的贴费每学生所得不足洋四元，较之地方公立学校的学生每年由公款拨助的教育费洋十六元（这数是金志仁调查本省南京、常州、无锡、南通州十二校所得的结果），实在觉得不足。所以各处校长为了经济短促办事很有困难，人们称扬我们办学的长处亦在这一点上，这并非我们有意刻薄，实在为了来源稀少的缘故。

本年得金志仁君的扶助，视察各处学校，使各校的组织编制管理和课外作业等事上加以改良，而教员的教授亦因之日求进步。

我们对于小学校的工夫有很大的希望，且有大规模的改组，已条陈本公会的教育部。很愿早得实行，可以格外地造福儿童，而教会亦可由小学的工夫得到有根基的保障。

文乃史
小学委员霍约翰
金志仁
一九二二. 十一. 八.

《中国基督教卫理公会监理公会年议会记录 36—41 次》第 37 次会议

东吴大学附属小学报告（1923 年）

本年由本委员资助维持的学校共有国民小学十九所，高等小学九所，教职员九十二人，国民科学生九百零二人，高小科学生三百零九人，共有教室四十三间，今年高小毕业生共有四十八人，本委员拨助各校经费共四千余元。

今年春天在苏州开办了一次小学校研究会，各小学的教职员共有五十余人出席，会中陈列各校成绩和新出版之各科教本，使会员浏览，藉增知识。该会秩序分四则：（1）新学制的实施法；（2）小学的宗教问题；（3）课外作业问题；（4）校务问题。我们且用半天的功夫参观苏州各公立小学校，用作各校教职员办学之借鉴。会毕，我们将上项四议案重新考量后，印成折片，分发各校，催促他们如法执行。

各校情形较去年略有进步，精神方面更较优美，各校成绩报告和出入账目等，亦较前整齐划一，对于学生信仰基督问题，今年亦得了很满意的效果。以前以为小学生不能进教的谬见，被今年的成绩打破，各校虽有发展的可能，可惜为经济所限止，我们不能将他们大大地扩充，如松江四校，常州十二校，无锡八校，苏州二校都是可以添办初级中学科的，但是为了人才与经济的缺乏，到现在尚未实行呢；为了校舍的限止，致多数学生摈弃校外；为了没有适当的操场，使学生体育方面不能受充分的训练；为了教会没有小学师范，使我地对于师资问题，受了不可救药的打伤，学校和学生受了致命的痨症。我们多数所称道的各完美公立的小学校，他们的常年经费少则七八百元至千元，多则至二三万元。现在我们要用四千多元的经费，办了二十八所小学校，能有这样成绩，可以称为幸事奇事了。

今年我们仍任金志仁君为视学员，执行本委员一切任务，且遍往各校参视察访，作指导和提携的工夫。

一九二三年十月三十一日
小学委员霍约翰　孙闻远
小学视学员金志仁　魏师德
同具

《中国基督教卫理公会监理公会年议会记录 36—41 次》第 38 次会议

东吴大学报告（1923年）

自去岁鄙人首次以东吴大学校长名义报告校务后之一年，东吴大学备经困难，此半由于教职员中缺乏富于经验之人，半由于校董部与校内行政部之改组，及采用六六四新制所发之种种改革，且不幸又值学生罢课，致秋季学期不得已提前数星期结束，幸困难虽如是之多，而今日学生总数，却较去岁为多。

中学与大学已经分立，中学由主任主理，中学教员常会，亦由主任召集，故一切职务之支配，较前略为适宜。

大学科长规定科目，指导学生选课，并主理大学教员会常会，一切教育方针及教育问题，均在此会详细讨论。

校监，大学中学各一，专任关于学生纪律一事，校政部为校内最后之治权所在，该部由校长、大学科长、中学主任、校监及校董所举之大学教员三人组织之，凡大学、中学教员会所提议之事，须经校政部考虑通过，方可实行，此制度今尚在试验时期，惟觉其能适应近时日增之需要，远胜于前此所有之单独校务部也。

前年年会时已经报告一载前大学生总数，二八三，本学期秋季总数，三四〇；

一载前四中学学生总数，六一〇，本学期总数，七八五；

一载前东吴大学及各附属学校之注册学生总数，二三四〇，本学期总数，二五〇八，

由此可见因去冬罢课而离校之学生，为数尚少，本学年春季开学时，总计所失学生，仅四十二人。

凡学生之参与该次风潮而回校者，咸令其签悔过书志愿书各一，申明不再抵抗学校治权，并不再为罢课之举动，未经核准之学生会，亦经解散，且于春季学期中，不准有类似之组织，其故以该次风潮，实皆学生会所然也，惟学生对于此举，颇形愤恨，故于一切事务，除上课外，均不愿参与，然各运动队，仍继续进行，非常满意，而田径赛队，竟能一如去年之夺得华东八大学之锦标云。

去岁之宗教事业，进行异常困难，其故以基督徒学生，为罢课时之暴动空气所笼罩，而有者且为其中之领袖，虽竭力设法恢复原有之精神，然终无进教者，亦无许愿进教者，该学期中最有用之宗教工作，或即施于一宣教志愿团者，该团计有九人，皆将来极有希望之青年。

迨本学期开学，所有春季中加于学生之特别禁例，一经除去后，学生之精神恢复颇速，而去岁之困难，已日见消灭，本学期有一良好之现象，即大学一年级班，共有学生九十余人。

六月九日，举行第十七次毕业典礼，受文科学士学位者六人，理科学士学位者十一人，大学预科毕业者三十七人，中学毕业者三十三人，六月十五日举行法科毕业礼，受法科学士学位者五人，是日并以法学博士学位，赠与美国驻华裁判官罗平权君。

本学期采用新学制，（初级六年，中级六年，大学四年）此改革于第一中学行之甚易，中

学四年级毕业后，以所余三级，编为高级中学，以去岁之中学预备科三级，编为初级中学，较此更低之班不收，原有之大学五年，亦经彻底改良，缩为四年。

近年各地教育家，皆从事审考，如何使一切学生或得具凡已受教育者所当有之普通知识，而同时又具一专门训练，俾可有用于一指定之职业，关于此项之议论，美国杂志中，遍纸皆是，且各种试验于美国正从事施行，中国之采用新学制，亦欲于上述之问题，有所贡献也。原有之自由选课法，今已改为选组，即一学生于一指定之科组中仅可选若干种，第一学期中学生科目皆同，至春季当选定文科或理科，凡将来欲任中学教务者，或尚未定将来职业者，可入普通文科，也可入普通理科，此外另设化学专门科及生物学专门科，毕业后授以理科学士学位，更有神学、法学、医学及工程学四项之预备科各三年，且要定有计划，使凡读此四项中任何一项者，可以其专门学校之第一年，作为大学之最后一年，如是则文科或理科，毕业年限可减少一年，而专门学校之入学资格，或可提高一年，盖今为二年，而如是则须三年矣。

本学期因采用新学制，减少数班，大学五班，缩为四班，大学以下原有七班，今减为六班，因之教员亦略减少，而于效力无损，然我人终以教员未能在校任事长久为遗恨，此实我人重大问题之一，下列教员，均已辞职他去：

经济教授衡德利，辞职入商界；

教育学教授兼第一中学主任平客楼，于今学期辞职返国；

许安之先生，今夏返国休养；

中学英文教授裴克女士，及德文法文教授哈凡诺夫夫人，于今春结束后辞职；

大学英文教授万林丁女士，成绩颇佳，惜一载合同已满，亦已辞去；

化学教授成功一，及政治学教授朱巽元，均已辞职；

化学教授龚斯，请假入金陵大学一年后于今夏六月，已与东吴脱离关系；

体育指导员张天抡，及体育助理员王先生，于去冬辞职；

谢仲文先生因体弱辞职，叶承忻先生，孙禅伯先生，吴弃对先生，均以故辞职；

秦俪范先生已辞去图书馆职务，而入宫巷乐群礼拜堂服务；

新聘之教员如下：

白约瑟先生已自美回校，复任教务；

汉门美硕士（端士人）于九月来校，任近世语言科；

劳来硕士（苛伦比）于三月抵此，担任其夫人自去岁九月所代之英文课，今已为社会学教授；

韩复生硕士任宗教学，兼宗教事务指导员；

聂显先生已于春场大学毕业回校，复任体育指导员；

德女士任大学英文教授；

程万里学士（勃林士登）任经济学兼历史教授；

沈惠元学士（东吴）于沪江大学任教务多年后，今已在此任化学教授；

黄星辉学士（文华大学）图书馆专科，在此任图书馆助理员；

史襄哉硕士（披白特）于美国肄业二年后，今在校为教育学教授，兼代理中学主任；

胡经甫博士（康内迩）于春间即在此为生物学教授，兼生物学科主任；

顾翼东学士（东吴一九二三）为化学科襄教；

沈伊耕先生任中学国文。

校内新住宅一所，今已落成，现为聂先生住所，科学馆（即葛堂）现尚在建筑中，至来年春季开学时，化学试验室大约可用，至九月全屋可落成矣，奠基礼已于六月中办毕业时行之。

双塔前之地基，今已填平，四周已筑围墙，以备中学新屋之用。我人诚望中学新屋，可于此数年内建成，因中学苟一日不移，大学无复有发展余地，欲入大学之合格学生，日见其多，不数年间，即可抵我人意中之数目，我人拟以五百为限，倘现有机关，能专供大学之用，则五年以内，大学之生，尽可抵五百之数。

去冬为重建电机之基础，故不得不于原有主机外更购一机。今则机已敷用，昼夜有电矣。

藏书室本年亦有改良之处，一九一七年级赠书室橡木桌八，椅五十，参考书籍之外，又加以读者指南及杂志装订，我人由借书统计表知借书籍杂志者较前为多，借书之学生，有二七五人，新添英文书籍八〇五册，并贵重中文书一大部，该书计价四七〇元，本年书室办事人正设法以卡片制用于中文书籍，以便阅者易于取阅。

本学期仍由收入款项中提出一巨大之数，以助优秀之学生，此项付出之款如下：

一、免费　　一九九〇元

二、工读学生酬报　　八八〇元

三、借给学费　一一六〇元

总数　四〇三〇元

今借出之款计有一五〇〇元，此款一经收集，即可作一巩固之放出款项，以助优秀学生。

校董部年会准凡由年会供给之本公会牧师，其子仍得于大学免费肄业，中学亦然，该学生可入其父传道处邻近之学校。

法科今已迁至昆山路十一号A校，地较宽大，教职员已经增补，学生人数亦日见其多，正科学生计九十七，预备科生三十七，去岁总数仅八十，我人拟与华东各大学合办法科，已发柬请各大学加入，圣约翰大学校务部已有议决如下：

议决圣约翰大学参与联合法律学校，并请差会担任一曾受西方训练之法学教授之薪金五年。

无锡实业学校，今方第二年，学生总数九十七，始授土木及金工类二科，本学期又添机械科，该校主要目的之一，即在造就一班实业界中可任指导之人材，意即人之有基督教精神，而又能以自身经验指导其所管辖之工人者。

去岁华东基督教教育会，对于造就初级学校教师一问题，非常注意，并望于此数年内，有宣教师多人，在此一带建立一联合师范学校。

学生注册统计表，及会计员之一九二二年报销附后。

校长文乃史谨呈

东吴大学连中学各科收入付出银数表

收入

存现　七,九六一. 三三　学费　三二,五〇一. 〇〇

膳费　二九,七四四. 〇〇　校服　二,六三五. 〇〇

试验室　二,三六七. 七七　藏书室　八〇五. 〇〇

运动　一,七四八. 七九　书籍　五,四三三. 七五

吴语科　三,五三三. 四五　电机　四,六九七. 一〇

罚款　一九四. 〇〇　学生存款　一,六三二. 〇〇

科学馆　三六,三五三. 二五　所得利息　四一〇. 四〇

杂项　三,一二〇. 五一　中国住宅　四,四八一. 〇六

地基　五,三四一. 六〇　西国住宅　六,〇〇〇. 〇〇

租金　八九八. 六九　偿还之薪金　二,一四九. 九八

买物偿还　六二. 五五　电机偿还　四,五〇〇. 〇〇

学生还费　六〇〇. 〇五　住宅纱窗　二六二. 六七

借款偿还　八〇九. 二五　总数　一五八,二四三. 六〇

付出

薪金　三三,六二六. 五五　膳费　一八,五六八. 二九

校服　三,〇〇八. 〇〇　试验室　五,二九六. 五八

藏书室　四,一四三. 一三　运动　一,八四四. 九八

书籍　六,二五六. 五二　吴语科　四,三五三. 九五

电机　四,九五六. 五六　副机　七,三〇七. 五八

学生存款　九四四. 二七　科学馆　三四,六四九. 二二

赋税及利息　三九. 〇四　杂项　一,一二三. 六七

中国住宅　四,四八一. 〇六　地基　三,一五四. 一〇

西国住宅　六,四三八. 〇九　校役　一,〇三六. 〇〇

旅费　二三九. 一四　电报电话邮费　三〇一. 二五

校场　八〇五. 六一　办事室物件　六八八. 〇五

学生事务　四一二. 六六　印刷　七六九. 九〇

广告　三五六. 二八　装配　一,五七一. 四四

布置中学地基　六〇〇. 〇〇　修理　六,五七七. 六二

存款　四,六五四. 〇六　总数　一五八,二四三. 六〇

一九二三年七月十三日会计孙雅各具

置产付出　五八,二四一. 四九　置产收入　五二,四三八. 五八

经常费收入　一〇五,八〇五. 〇二　经常费付出　九五,三四八. 〇五

东吴大学校系一九二三年秋季注册学生表

法科

三年级　一六　二年级　三一

一年级　四六　正科总数　九三
预科　三七　总数　一三〇
文科理科
四年级　三四　三年级　三五
二年级　三八　一年级　九九
特别生　四　总数　二一〇
大学生统计　三四〇　吴语科　三九
第一中学
高中　一六四　初中　一四六
第二中学
高中　一三七　初中　一二一
第三中学
高中　九九　初中　一一八
实业学校
高中　四三　初中　五四
圣经学校　三六
中学级学生总数　九一八　九处高小学校　三〇九
十九处初小学校　九〇二　全系总数　二五〇八

《中国基督教卫理公会监理公会年议会记录 36—41 次》第 38 次会议

湖州东吴第三中学校报告单

去年本校成绩，各方面均甚优美，学额俱满，新生因而见拒者实繁，学生共二百四十九人，平均每日到班者，二百有十七。教职员无有更动，教务之良好如昔。六月间，二十一人卒业，其中十四人继续求学。经济方面亦甚充足，全年收入二万零八百十八元七角二分，支出一万六千五百四十七元一角四分，五月底存洋四千二百七十一元五角八分，学年之终，存洋二千余元，经济之富裕既若此，所受教育部助款，似可停免，深望继今以往，经济仍如是丰盈，且揆诸近情，似可无亏短之虞也。但就学额方面观之，入款势难增益，盖宿舍有限，住宿生仅能容百六十人而已，此学期始改六年制，因而教员不得不增，而出款又不能不加矣。全年内宗教功夫綦为注重，善果良多，青年会亦努力进行。春季学期，丁立美先生来宣圣道，颇受学生之欢迎，丁先生所特别注重者，为立志传道事业，而彼时本校立志传道团，有团员十一人，奋兴会亦曾举行，海岛堂牧师董其事，学生进教者二十八人。

校长魏师德谨具

《中国基督教卫理公会监理公会年议会记录36—41次》第38次会议

东吴大学圣经学校报告（1923 年）

本周年中惠廉更觉本校教职员均宜于各职，而为上帝之工作，虽校中缺点尚多，然各人皆抱公开主义，预备改良，以适应环境。

本年学生共有四十五人，毕业者四人，内二人属长老会，二人属本公会，本公会二人均热心事主，不久将结善果，以符本校之望，更可喜者，即本校毕业生中已有九人为年议会会员，五人适在考试。

本校教职员为杨维翰君，鲍涵恩君，胡笃平君，翟健雄君，吴鎏甫君，与惠廉共六人，又鲍涵恩师母担任教授本校学生唱歌与弹琴，故惠廉等深为感激。

本校章程与前数年相同，惟惠廉等益觉本校既为圣经学校，则吾人主要事工即在限期之内，与学生充分之预备，因其在少年时，已失求学之机会也，是以吾人最注重《圣经》与中文，俾得此二科较深之学识，成为有用之人才。

本校虽以经济支出与生活程度增高，而不克使学生往附近村镇传道，然其在主日学及本城礼拜堂内，多作善工，且组织一救世军，而每周实行露天布道焉。

今本校藉宋韦义先生之盛意，得使徒补助部之资助，来年可扩张布道之范围。

本校新宿舍业已落成，秋季开学即可作用，本届暑假期内，种种修理与改造，当一一实行，俾内外观瞻整洁。

本校至要缺点如下：（一）教员住宅一所，以备二教员同居，现所租者，租费颇巨，而居室仍不适用，惠廉深望校董会即在要会筹划此事，俾可早日兴工建筑；（二）音乐教员，惠廉等深感缺乏音乐教员之痛苦，盖本校学生将来皆欲为牧师，而牧师不略有音乐知识，则领聚会时，不易使会众有良好之秩序，并和谐之崇拜；（三）国语教员，惠廉等深觉国语科为本校学生所必须，且宜熟练，则国语教员为本校所不可缺者，故拟在申聘请，约定每礼拜来校数次，以节省经费。

东吴大学圣经学校收付账目

收公会司库　大洋四千四百三十三元零六分

收东吴校董会　大洋六百三十元

收学费　大洋七百八十一元七角八分

收捐助　大洋一百十三元五角八分

收卖书　大洋一百三十四元一角五分

收药费　大洋十三元

收杂费　大洋六元三角四分

收利息　大洋十四元九角八分

收上年净余　大洋二百十三元五角三分

以上共结收大洋六千三百四十元四角二分

支出

付教员薪水　大洋二千一百零一元

付路费迁移费　大洋九十二元九角六分

付校役工资　大洋二百七十元

付热水柴及电灯费　大洋一百二十一元五角五分

付膏火　大洋六百八十元

付书籍及纸墨等费　大洋三百四十四元六角七分

付修理费　大洋一百六十四元六角四分

付租金　大洋一百零八元

付膳金　大洋九百零三元七角

付杂费　大洋一百三十五元九角八分

付学校装修费　大洋六十三元

付书房供给品　大洋十一元六角四分

付医药费　大洋六十元九角

以上共结付大洋五千零五十八元零四分

除付结存大洋一千二百八十二元三角八分

校长步惠廉具二三. 三. 三一.

《中国基督教卫理公会监理公会年议会记录36—41次》第38次会议

无锡实业学校报告

（年议会　1923 年）

溯本校自一千九百二十一年秋间经创办人司马德先生规划后，无锡人士即允合作。而校基亦已购就填平，惟事之最悲伤者，即司马氏不久因病暴卒，而本校之栋梁忽折也。翌年春，校董会即派定前南洋大学土木科长万特克为校长，以继司马氏之志，筹办此校，于九月开学，所有房屋工程及一切设备，均于春夏二季由校长及其助理江应麟全部督造成功。

是年之十月开办中学一年级，学生到者五十人，本年度仅可为试办时代，因全力注重于试出各方面之成效，及对于地方上之需要而设教也，惟事之大奇者，即学生大半愿受高等工业教育，缴相当之费，而在校时不需自给，盖学生亦自有理也。

以中国现状而论，凡学校毕业生而从事手艺，如木工及金工者，大半程度在中等以下，故本校决不能违实情而施行，换言之，将来本校毕业生，或为工厂之领班，木工承包者，监造及打样房屋者，以及艺术教员等，诚为实业界重要之职员。惟考查学生心理愿受职业教育与否，并无何种真诚，去年投考学生之踊跃，或系受收费低廉之影响，今夏加增学费，觉欲招生一百，已属难事，就校中功课而论，固极有价值，然大部学生，未肯积极于学，致结果与期望甚远，然无论如何，本校宗旨总以半日授学生以中等学校之普通课程，而其余半日授以各种职业教育也。

自教育观之，则一切正在学习及实验，惟以经济而论，则正在消费时代，校长不能言华语，致对于可得无锡人士助力之事，均未试办及实行，实为大憾，除美国总部拨款三万美金，（四万九千墨金）外，借自东吴大学部者，亦已三万三千墨金矣。而锡人士允助之款，迄今无人交来，今夏东吴大学，又借拨银一万五千元作建筑房屋及设备费之用，以事实论，在未收满六年生徒之前，建筑房屋，设备校具，随时需款。

本校所授基本职业教育之工场，非惟须独立，抑亦须自能发展及生利，今自地方需要情形，及阻力最少而论，则最易开办者，莫若建筑业，为最有希望，而监工，木工，承包家具，制造及绘图打样等，此数者，所谓名实双收，已于去年开办，其外尚附设一钣金工场。

今夏添设机械工场，虽非巨观，然规模已粗具，自教育而言，中等学校本不须如此设计，然校中工场设备以有商业之价值机为根本，而机械工场实占商业上重要位置，且除希望得利益外，尚有更纯正之主旨，即使社会人士明了校中工场管理，既照基督之主旨而行，且竟能与外界不依人道主义及不诚实之工作者相抗，实可赞叹，奉为规范者也，况学生于同时实睹商业，及制造实情机会，亦属难得，以现情论，校中基金，大部借款，社会人士疑惧者不知凡几，然须知本校必须实践初志，否则此种教育之背幕，或实有失败之理焉。

论本教会之主旨，以灌输学生以基督之真理为目的，且使国家愈近天国，责莫大矣。本校毕业学生，均系国家中等以上社会中坚人物，本年学生信教者不多，然须知本校学生几全系来自非基督教之家庭及学校，故去年仅七人，今年仅十一人也，学生精灵上之进步，未达希望地步，然后此之进步则无量也。

校长深荷本校委员会及校董之赞助，而校中教职员及胡牧师亦均热忱合作，不然其结果当更不满意，总而言之，此校实系吾教会之永久良好工作地，不禁钦佩司马德先生及其友人之远大目光，为不可及也。

校长万特克具

《中国基督教卫理公会监理公会年议会记录36—41次》第38次会议

东吴大学第三中学报告（1924 年）

本校秋季学期开学的预期时间是 9 月 6 日 ~8 日。但随着时间的临近,似乎很难按时开学。

本校召开了一次全体教员大会对此进行讨论,大家一致同意推迟开学时间。

9 月 3 日,昆山地区爆发了战争。

大量家庭携其家人逃到了避难所。危机在 9 月 19 日来到,并持续了 3 天。

后来本校又召开了一次全体教员大会重新制定开学的日期,最后决定于 10 月 6 日 ~8 日开学。

开学那天来了 37 名学生。人数每天都在增加,直到现在有 181 人。

本校的财务状况良好,学校的前景乐观。

代理校长衡特立谨具

Annual Report of the Board of Mission of the M. E. Church, South,1925.

东吴大学圣经学校十周纪念刊发刊词(1924年)

日往则月来，暑往则寒来者，时间大流之自然行动也：不以寿夭穷通，富贵贫贱之人事变迁而有所移易于其间；亦不能藉人间学术或任何方法增损之而迟速之。“时”与“人”不亦各行其是，等于“风马牛”乎？然同一时也，甲国得之则兴盛，乙国遇之则衰亡；同一时也，勤者用之则成功，惰者有之则失败；“时”亦大矣哉！且我之时而非尔之时，作甲事之时决非作乙事之时；可见“人”与“事”又各时其时，而绝无互相授受，二者得兼之可能矣。古人之所以有“寸阴”“分阴”之惜，“时乎不再”之叹也夫。盖世界人类，苟无时间，则何有乎生？复何所事事？人之于时，非惟处乐境，为善事者当时时纪念，即反于是者亦须刻刻不忘焉，况有十年之成功如本校者哉？是十周纪念，刊印小册，可谓“理所当然”。

回忆本校创立时，程度仅备略识“之”“无”者之所肄业，故国文读本，不过董著六百字编耳。教职员全体，只步公惠廉，杨公维翰，胡公笃平三人而已。教室则仍乐恩中学之旧，简陋不堪；宿舍一所，复有倾圮在即，不堪终日之势。今也不然，入学资格，已增至初中二年级或相等程度。教职员倍之，得六人焉。三层楼新宿舍，已巍然耸峙；教员住宅，亦添筑数幢，至于毕业生之出而任事于教会中者约有数十人。吾侪若非“穰田者”之“所持者狭，而所欲者奢”，则如此进步，不可为不速，如此成绩，不可为不佳，正大有纪念之价值在也！

虽然，已往事实，既为陈迹；优者言之，近乎自夸，劣者言之，亦无可奈何；惟来日方长，正直有为。就过去之步骤，例将来之进程，则二十三十……年后，必大有可观！此纪念册者，不仅对于过去而具历史性，实在希望将来之理想中，一息壤盟，预约卷也。吾其努力前进，以副神人之厚望乎哉！

翟健雄

东吴大学圣经学校十周纪念刊，苏州大学档案　3永149

十周纪念之回顾（1924 年）

东吴大学圣经学校建设于松江县西郊乐恩公厅之右。始于一千九百十四年二月中旬。名曰松江圣经学校，为监理会独立机关之一。后以年议会公决，遂附属于东吴大学，故有今名。

初次录取新生二十余名。其中去其所业而来者，居半数。虽程度不齐，习惯不同，而热心向主，虔诚祈祷，潜心读经，则如出一辙。其他功课，亦能努力修学，故进步颇有可观。虽然，圣工练习，亦不可缺，是以本校兼重焉。沿沪杭铁路松江附近一段之村镇，有监理会之教堂而希望本校遣派学生往助者，本校莫不各如其愿。所派之生，亦克尽厥职，以符人望。乐恩堂每半年举行大布道一礼拜，记名者恒约百人。规定每礼拜二分班查经，先由本校学生分队探望，请其到班听讲；成效虽未大著，而遵行颇久。

本校教职员，深感救恩，未遑自顾，愿竭所能以符主训者，曰：步校长惠廉，杨干事维翰。步公专授《旧约》史，犹太游记，传道之法，牧师之法，教会纲例等，皆传道人之必修科也。此外又兼乐恩循环协理，浦北循环循环司。事务重重，终日栗碌，人谓之操劳过甚，而彼泰然处之。此所谓以身作则，躬行不怠，俾学生有所适从其知行合一之训欤？杨先生夙蒙启示，专授《圣经》，兼理校务，又掌校医，是以为学生者，深得身心之乐，铭感不忘。

开学期内，每日上午课毕，各职教员会集一室，虔恳上帝，悦纳所作之工，并沛降灵恩，俾下午各工作胥合神旨。而学生则另有祈祷室，可随时进入，朝觐呼吁焉。

每礼拜日下午四时，学生在本堂主日学及附近各主日学担任课事既毕回校，复集于杨先生住宅之露台，听杨先生讲解天路历程，津津有味。问答之间，师生相得，怡养性灵，其乐洵非浅也！

胡笃平

东吴大学圣经学校十周纪念刊，苏州大学档案　3 永 149

我对于母校十周纪念的感想

教我明白《圣经》,使我知道真理,令我十分佩服的母校——圣经学校,开办迄今,已足十周。于6月28日要举行纪念会了,我的心何等喜乐啊!

或说:这个学校的程度很低,在国内没有什么名誉;他的年龄很小,栽培出来的人才也是不多;不配举行什么纪念,有何可乐的地方呢?

唉!不知该校内容的朋友们,难免有此种浅见的评判;但在我们看来,是很有纪念的价值的,实在可以愉快的。为什么呢?我不是夸张地说一句,这个学校的道理是很纯正的;灵德是很高尚的;师生的情感很美善的;同学的交谊很亲爱的;同学们在各处作工的成绩,都是堪称述的;并且于教会中所占的地位,也都很重要的。这样说来:谁谓不当开一个十周纪念会大家快乐一番呢?因此,我对于母校有几种很深的感想,在这纪念册上把它发表出来。什感想呢?

(一)我想母校如讲武堂。　在十年内造就了不少天国健将,足以和那各方面的恶势力奋斗,不愧为基督的精兵。(提前六12提后二3)

(二)我想母校如救生局。　在十年内训练了不少勇男儿,在这茫茫的孽海中拯救那沉沦的同胞出了死亡。(林前九17至23)

(三)我想母校如电灯厂。　在十年内发出了不少的亮光,照耀各处黑暗的社会。(太五14至16弗五5)

(四)我想母校如畜牧公司。　在十年内练习了不少好牧人,都以基督的心为心,充足了牺牲服务的精神,喂养上帝的羊群。(腓二5可十45行二28彼前五2)

(五)我想母校如农事试验场。　在十年内教授了不少农夫,撒出许多福音好种子,将来必有一百或六十,至少三十倍的收成。(林前三6太十三23)

(六)我想母校如营造厂。　在十三年内栽培了不少聪敏的工程师,堪以建造上帝的圣殿。(林前三9　16)

(七)我想母校如福音通讯社。　在十年内差遣了不少社友,以天来的真理——耶稣,在他们身上宣传于世人。(可十六15罗十15西三16)

(八)我想母校如戏班子。　在十年内教练了不少出色的名角,到各地方去演那惊天动地、神人共悦的好戏。(林前四9)

上面所述的八种感想:表面上似乎节节自称自颂,骨子里(细味所引的《圣经》——我们能不能如经上所说的?)我认为句句自策自励。愿我同学们大家加勉!亚们!

一九二四、五、一九,书于魏塘

居念岵

东吴大学圣经学校十周纪念刊,苏州大学档案　3永149

母校十周纪念之感言

溯本校自一九一四年创办迄今，十年之间，人才辈出，卓尔不群。在公会中任宣教之责者，实繁有徒。于此足觇成效之宏，事业之伟矣。虽然，学术愈演而愈进，潮流愈趋而愈广，物质愈文明，则需要宗教之翼助也亦愈甚。吾毕业同学，固不在少数，然肩斯重任，果能应付裕如乎？是诚疑问也。余靦然毕业于母校，春风时雨，受惠良深，当兹十周纪念，安可不谨陈一言，聊作刍荛。窃以为凡事不进则退，吾校宜乘此时机，大加扩充。一曰，校舍当重行建筑也。因陋就简，不足以壮观瞻，宜仿照大学，等而齐之。教员住宅，亦须增建。庶执教鞭者，有安居之乐，无局促之虑。此尚属于形式方面者也。一曰，程度当尽力提高也。语曰：工欲善其事，必先利其器。工且然，况吾侪之神圣事业乎。故宜采取欧美神学制，而使课程与之相埒。此则属于精神上之根本要图也。至吾侪离校同学，更宜鼓励后进，为母校罗致英才，斯则先觉以觉，后觉亦为应尽之责，不容忽诸。夫能如是，吾知四方之负笈来吾校者，必更形踊跃。而我主恩泽之被及人间，亦愈见其无涯矣。更有不能已于言者，步公惠廉、杨公维翰、胡公笃平，学问道德，卓绝无伦，惨淡经营，手创是校，其精神事业，当永耀千秋。附笔祝之。

一九二四、五、三，草于泗安
章炳春

东吴大学圣经学校十周纪念刊，苏州大学档案　3 永 149

本校十周纪念之感言

本校创办人，步公惠廉等，惨淡经营，煞费苦心，始成是校。自成立至今，忽已十年于兹矣！其间培植传道人才，散布于各地为主作证者，约有三十余人。虽为数区区，然亦非易易。观《旧约》时以利亚先知其学徒之数，《圣经》中虽未明载，大约有数十百人。然而能继其任者，一以利沙而已！又观《新约》时之从耶稣者，亦有数千之众，而造就者不过十二人。在此十二人中，尚有一卖师者焉。而十一人中之有干事才者，亦不多觏。此可见培植传道人之难已！吾校经十年之苦心，能培植三十余人，所以非易也，所以有纪念之价值也。

吾于一九二〇年秋季入校，一霎眼间，已四年矣。"光阴如流水，日月如穿梭"，真非虚语也。吾在此四年之中，得上帝之灵沐，教师之熏陶，同学之惕励，得益实非浅也。吾于此不得不道一声"感谢"！今届暑期毕业，吾得忝列其中；又适逢十周纪念之期，得与历届毕业诸君，相晤一堂，躬逢其盛，其快慰如何，此非吾拙笔所能形容也。猗欤盛哉！吾侪能欣赏如斯之盛典，岂可不赞美主恩乎？

然而吾以为纪念之目的，非如此而已。吾之希望不仅在此形式上之纪念与歌颂，与此一时期之纪念与歌颂；当以精神上时时刻刻永永远远之纪念与歌颂！吾更希望吾会——监理会——同人与吾侪有同样之纪念与歌颂！因吾校是吾会所公有：我即公会之一分子，公会即我也；犹我即本校之一分子，本校即我也。所以吾愿吾会同人以吾校之名，常存心坎，使吾校再十年后，——二十周之纪念时，更有极大之荣耀归神，此尤为吾所祝祷者也！

一九二四、四、二九，于本校一号宿舍

许佐同

东吴大学圣经学校十周纪念刊，苏州大学档案　3 永 149

东吴大学圣经学校记事

一九二四年六月二十日，集十周纪念会于乐恩公厅。由本校教务主任杨维翰先生主席唱诗祈祷（袁恕庵连环司）毕，本校军乐队奏军乐，翟健雄先生报告宗旨，吴鎏甫先生宣读颂辞。本校英文唱诗班唱英文诗，第一届毕业生代表居念岵教师演说，韩文伯牧师致颂辞，第二届毕业生代表陈杏舫牧师演说，第三届毕业生代表郑洪声先生演说，胡振祥牧师代表庄居正先生宣读颂辞，第四届毕业生代表张明泉先生演说，第四级肄业生代表汪屿君、第三级肄业生代表奚龙光君、第二级肄业生代表莫良夫君、第一级肄业生代表朱荣遇君相继述说对于本校之新希望，步惠廉校长追述本校十年来之经过情形，本校国乐会会员奏国乐，本校委员薛伯赉博士演说，来宾张企留先生演说，松江连环传道代表沈文蔚牧师演说，主席致谢辞祝福。散会。

附录

本校委员薛伯赉博士演说辞

我接到贵校来信，叫我来演说，心实愿意。因我在中国工作，圣经学校是我最关心的事业之一。我方才听诸位肄业生代表述说对于本校的新希望，才知诸位都有未明设立本校的宗旨的地方；譬如说，不要借重玛门的势力。不知开设学校最难的就是聘请教员，我们所聘定的步惠廉校长、杨维翰、胡笃平教授，都是很难得的教师。诸位学员在此学《圣经》，我以为最好学耶稣。但我们现在所聘定的教职员，都能跟从耶稣，代表耶稣。我当时请杨先生到本校来的时候，心里很有些担忧；因我那时知道杨先生还没有现在这样深，而薪水一层又很困难，蒙杨先生慨然不以金钱为目的，允了我们的聘请，来本校担任教授。诸位看《圣经》能够明白耶稣；但看实行耶稣教训的人，更容易明白耶稣。须知本校和别种学校微有不同，所以我不希望诸位能够了解各种科学，而望诸位能够了解本校设立的宗旨。诸位毕业之后，必服务于教会，但须显明耶稣的人格于行为上，且要使每节《圣经》能显明在行为上。诸位中谁愿为大牧师，则须背耶稣所背的十字架。若有一个牧师不肯背十字架，则我上海连环用不着他，我想其余的连环也必用不着。我尝闻中国人说爱国，但真中国的在乡下，诸位要救中国，须到乡下去做工。乡下做工，不在于口才、学问，只要能显明耶稣的人格够了。希望诸学员和教职员，蒙上帝多多地祝福！

张企留先生演说辞

大概来宾，不过说几句恭维话，而我却要把《圣经》里的民族问题来和诸君讨论一下。以色列人出埃及，完全是一种民族觉悟；因在埃及受了埃及人的压迫，才有摩西起来率领以色列人，反抗埃及法老，甚至离开了埃及，来到迦南，自己建立起一个国家来。现在的菲力宾、印度、朝鲜……所受的压迫，和当时的以色列无异，但没有以色列人的觉悟，和毅然决然的摩西起来，率领民众，反抗施压迫的。现在的中国，何尝不是这样！外受帝国主义的压迫，内受军阀们的压迫，处在这二重压迫之下，不知到什么时候才能离开这埃及！国家的原素，不外土地，人民，商业三种。现在中国的土地，早成了半殖民地了。人民呢？极力欧化，变了黄皮肤的西洋人。商业呢？对外商战失败；在内工艺不振，商业日衰，舶来品充塞市上。简直不成国家了。民族的要素有五：1. 宗教。2. 言语。3. 血统。4. 习惯。5. 风俗。我们中国人从来只知有家族，不知有民族，诸君都服务在宗教界，我很希望诸君在宗教方面有一个民族的觉悟心！（是篇只怕差误的地方很多　记者按）

东吴大学圣经学校十周纪念刊，苏州大学档案　3 永 149

步惠廉校长述说本校十年来的经过情形（1924 年）

想不到转瞬之间，本校已经十年了！我记得十年之前，我在美时，和总会财政干事炳生先生说起，该在中华年议会界内，设立一所圣经学校，作为栽培在华传道人员之用。我还没有回到中国的时候，有某先生和杨维翰干事、胡笃平教授接洽。后来蒙上帝祝福，不久就告成了；且委我做了校长。在这十年里，可谓万事顺流；不过因五四运动，曾有过一次罢课。现在已有扩充的气象了。但望上帝眷顾，将来更加进步！并希望每级学生，努力前进！

东吴大学圣经学校十周纪念刊，苏州大学档案　3 永 149

东吴大学系报告书(1924年)

窃于一年前,鄙人对校事,如大学、中学之划分,新学制之采行,大学学科之分系,一中校基之指定,电机房之扩充,图书馆之推广,与圣约翰大学合办法科之商榷等等,曾作一度之报告,就以上诸端之中,近来颇多发展。今夏葛堂,(科学馆)工成,各科试验室已由林堂、孙堂迁入,林堂下层改为大学办公室、应接室及古物保存室,孙堂除第二层四分之三推广为图书馆外,其余皆供第一中学之用。葛堂则容生物、化学、算学、物理四科办事,厨房业已改建。花房则迁于校场东南隅,并于练身房中。新造淋浴室,以便学生运动之后,即行沐浴。去年十二月曾向驻华骆氏医务基金委员会,请求补助葛堂设备经费,当即收到捐款洋银二万八千元,今夏即用此款购置器具,以备本学期得以完全应用,兹该堂定于十一月二十九号正式开幕,切盼宠临,以匡不逮。骆氏基金部又指定三万五千银元,分五年拨付,以供增加教员书籍及经常费用,新教员霍维德博士、汤墨林硕士,即由差会用此经费延聘到校,尚有一人现在伯林斯登大学肄业。

今秋大学生人数,未受战事影响,中学人数较逊于一年前,教职员依然时有更动,惟人数及效率,则未减少。大学及中学,皆确有进步,今年毕业两次,一在一月十九号,毕业者十八人,一在六月十六号,毕业者十四人,前二日六月十四号法科有十五人毕业,并以荣誉法学博士衔,赠王宠惠、董康两先生。

大学生怀疑宗教态度,难以骤变,此亦各校皆然,不独本校也。鄙人等力求用诚笃及基督教精神解决一切问题。鄙意惟克己,公开,实事求是及笃信,理无二致,皆归天国之说,为能使我辈及一般学生战胜现时纠纷。

本年学生统计及本会计年度经济报告附后。

东吴大学系学生统计

大学部

法科　一四一　文理科　二一六

中学部

第一中学　三五七　第二中学　二八五

第三中学　二四一　第四中学　八五

圣经学校　四〇　中学生统计　一〇〇八

小学各校学生　一三七一　大中小各级统计　二七三六

文乃史具

财务报表

（1923年7月1日—1924年6月30日）

收　入（单位：元）		支　出（单位：元）	
1923年7月1日结余	4 654.06	第二大楼	1 243.04
科学馆	68 473.87	工　资	3 588.97
薪金偿还	2 512.84	实验室	5 925.6
学　费	83 674.2	薪　水	49 063.73
利　息	729.10	发电机	6 556.66
发电机	2 968.35	广告费和印刷费	1 408.64
杂　费	347.06	吴语科	5 185.61
租　金	1 582.00	图书馆	3 807.27
吴语科	5 475.92	科学馆	52 096.50
膳宿费（司马德纪念馆）	96.49	膳宿费	16 347.57
借款（1924—1925）	1 505.29	体育运动	3 230.73
杂　项	4 495.66	改　善	2 136.83
总　计	176 514.84	校舍维修费和校舍设施	1 144.69
		修理费	2 710.43
		贷　款	8 615.00
		办公费用	1 526.80
		教室和学生事务	1 136.08
		杂　项	714.14
		总　数	166 432.24
		结　余	10 082.55

保险柜现金和银行存款 ………………… 9 817.99
M. B. 公司 ……………………………… 264.56
总计 …………………………………… 10 082.55

会计孙雅各谨具

东吴体系1923—1924年度招生统计表

法科……………………141
文理科……………………216
第一中学……………………357
第二中学……………………285
第三中学……………………241
第四中学……………………85
圣经学校……………………40
中学总计……………………1 008
18所小学……………………1 371
各校总计……………………2 736

《中国基督教卫理公会监理公会年议会记录36—41次》第39次会议

东吴大学圣经学校（1924 年）

上年九月学年开始的时候，我们已经能够自备新的寄宿舍。这是很好的建筑，三层楼洋房。内有二十四个房间，每间好住学生两个。样式最合改良卫生的方法，所以没有一个学生可以自己关上门和新鲜空气隔绝。下层有膳室和娱乐室，也有四间小房，两间做医药室以备学生诊病，内有一间是我们预备招待校外演讲员的。

一年之中我们录取学生四十二个，始终在校内的四十个。六个是长老会来的，二个是浸礼会来的。其余都是本公会各教区介绍来的。本校的名声，倒也传达得很远，所以我们有过一个新嘉坡来的学生。

正在上学期终了之前，杨先生完全睡倒了，故我们在这个学期的工作经过中，有些困难。然而主和我们同在，结果很好，出于意外。杨先生大有起色，我们希望他下学期的开始，在校中仍旧担任原职。

我们还是缺少国语教员一人，音乐教员一人。我们教员中的一个就是翟健雄君，虽没有什么特别训练和另外的大部分工作，固然不能做深造者所能做的，然而他很愿服务，在事业上做些功夫。我们也不得不感谢鲍师母，因为她在教授学生唱诗方面，大有臂助。

我们已经在校中装设自来水管，盼望暑假后，泉水流通，使我们可以得到所需要的清水。这将成为一件大幸事了。

我们圣经学校的校董会在五月里的第一礼拜四开过第一次常年会，对于本校改良上，多多设法。

当一学期之内，我们曾请湖北循道会陈崇桂牧师，《兴华报》主笔罗运炎博士，东吴大学教授赵紫宸硕士，慕尔社交礼拜堂主任安迪生牧师，东三省布道员梅瑞生君等演说，大有裨益。每月有名人得力的演说一次，是我们的目的。

六月二十八日我们举行十周纪念会。毕业生中有几个回到母校，参与庆祝，情形很好。

六月里校董部的常年会中，议决加增本校程度，要招收初级中学第二年级相等的学生。表面上看来，如此举动，似乎拒绝了几许有价值的青年，实则长此下去我们要看见好的效果出来。

因为江浙战事的关系，我们秋季开学，大约延迟了二个月。现在呢？我们已经恢复原状，有三十四个学生到校了，还有几个因为疾病和其他的缘故，未曾能够来。

我们在感谢上帝和希望将来之中，包望能够用这个一季的短学期，帮助学生。杨先生在这个学期已经能够销假做事，这也是应当感谢的。

校长步惠廉谨报　一九二四、一一、二〇

《中国基督教卫理公会监理公会年议会记录 36—41 次》第 39 次会议

无锡实业学校报告书（1924年）

去年度之情形，除有一二点未能惬意外，大致均有希望，结果何如？虽然尚在未定之天，事业则依旧进行，未尝少懈也。

（一）建筑与设备。本年度用去之建筑费，约计洋三千元，工场设备费如之合计，约共洋六千元。

（二）中学部。本学期因受战事影响，交通阻塞，金融停滞之故，致学生虽经考取，多数未能来校，学生总数仍为八十五人，与去年相同。惟去年为三级，今则四级耳。原定于学生方面可以增进收入之计划，因此显然失败矣。

（三）职工部。高级中学，以养成中等实业人才，适应社会之需要为宗旨，仍分"建筑""机械"两科。"建筑科"以造就建筑、监工及建筑打样人员为目的。"机械科"以造就工场管理及机械打样人员为目的。葛乐恺先生，五月间从北京来此，主任机械工场，学识，热忱，两擅其胜，诚本校之大幸也。

（四）学生生活。自二月间吴敬人先生担任教务主任兼校监以来，训育方面，大有进步。三月间，霍约翰先生曾来此布道一星期，有学生十数人记名慕道，结果甚佳。

（五）教职员。本校教职员，均忠诚奋发，克尽厥职，更有多人兼任工场职务。去年度报告，营业总值为一十六万元，大部分为江应麟、刘名树两先生直接经手。经营甚为合度。

（六）营业部。本部之宗旨：一则为直接可以扶佐学校；二则所以表现基督化之实业公司，应有之精神于社会。去年度除金工场外，各部均获有相当之盈余；因金工场开办独后，而管理费独巨也。苟有充足之资本，及固定之主顾，则永久之基亦可以树焉。出品部之宣言，前已发出，想早邀鉴及，此不过将本年度之进行与期望，比较完全陈述之，以见吾人正在循正轨而求伟大发展也。

（七）地方人士之合作。对于此点所成就者无多，是为对于学校存立问题，最缺憾之一事；当学校开办之始，原期地方人士能予以确定之协助。惟今则仍不得不托赖于大学部之维持焉。当地士绅认定之捐款，兹受战事影响，一时尚难收集，而大学校董部所赐与之助力，实至大也。

（八）宗教训练。本校现有之教职员，对于训练实业领袖或堪胜任而愉快。惟训练具有基督精神之领袖人才，实为本校惟一之目的，此吾人所以日望有人之能陶冶教员、学生、工人于一炉，成为基督精神之团体，较望获得永久固定之经费为尤切也；吾人非不能稍尽绵力，第终不若负有专责者之易于收效耳。

（九）统计。学生　高中二年二十八人，高中一年十五人。

初中三年十一人，初中二年二十一人，共八十五人。

职员　十五人。

财政概况——校产（暗耗在内）　九万八千一百四十五元。

工场设备　一万一千元。

六学协助（截至一九二四年六月底止）四万六千七百六十六元。

百年大会美洲捐款　四万九千七百三十元。

本地捐款　五千八百六十八元。

中学部经常费　四千二百三十五元。

工场盈余　六千五百七十五元。

（十）结论。吾人现今仍在试验时期，无论将来之结果与变迁如何？总之可以获得机会，循此有价值、有兴趣、有建设精神之进展方式，而参豫推衍神国之大事业，此吾人所欣幸而感谢者也。

校长万特克谨上

《中国基督教卫理公会监理公会年议会记录36—41次》第39次会议

东吴大学附属小学报告书（1924 年）

今年我们仍任金志仁君为视学员，招行本委员当有的任务，且遍往各校参视察访，作指导和提携的工夫，统观各校状况，现有乐观的事四则，可以促进我们当事人的希望：

（一）自养方面。今年为了我们所得的款子少于去年，不得不将各校的贴款减少，然各校仍能照常进行，反较以前进步，显见多数学校愈近自养的目标。

（二）宗教方面。今年各校仍举行学生决志信仰基督的运动，得了很完美的效果。各校对于主日学校，学生礼拜，益德会，和学校中的宗教服务，都得到很切实的程序，大可补足学生的宗教生活。

（三）教授方面。各校近已照了四二新学制编组，教科书本亦已改用新学制课本，学生方面易于进步。今年我倒为了经济短少，没有开办小学研究会，但多数教员已尽力作了很好的教授，且教员参观团和研究教育杂志等书籍，亦得到教法的助力不少。

（四）发展方面。各小学校照了现有的地位和可以容纳的座次，已统被学生占满，差不多没有发展的余地，所以有几所小学校只能少收前期小学一二年的学生，将学校的程度逐渐提高，现有苏州宫巷的二校，松江的四校和常州的十二校等，已在筹备办理初级中学校事宜，即其余各校，亦正在发展之间，如能得到优美的人才和经济的补助，我们确信各小学校更能得到较优美的效果。

本年由本委员维持指导的学校，共有前期小学十八所，后期小学八所，租赁的校舍七所，分班教室四十四间，教职员九十二人，学生一千三百七十一人，本委员拨助各校的经费共洋三千五百十二元五角，比较去年学校少二所，学生较去年多一百六十七人。

小学委员　文乃史　宋煦伯　孙闻远 同具　视学员 金志仁

《中国基督教卫理公会监理公会年议会记录 36—41 次》第 39 次会议

东吴大学报告(1925年)

回溯去年十一月间,年议会方在召集,时江浙初次战争已平,同人等深自欣慰,盖学校事务得以继续进行,而来学者不见大减也。会事毕,越七日,本校即为葛堂行落成典礼,参与者均知名之士,祁天锡教授代表、美国罗氏驻华医社濮蔼士会督代表、葛赉恩博士代表校董部及其被纪念之家族,俱有演说,颇极一时之盛,该堂专为教授科学之用,教员甚有经验,设备尚称完密,不独为全国所难得,即在美国教会大学中,亦不多见。

本校因战事关系,去年开学迟缓。惟为扣足修业时期计,曾减少节假,缩短年假。今年春季,本可希望学生足额,奈一月江浙战云复起,不克如顾以偿。但所堪引为满意者,即去岁工作得能结束,春季始业以后,顺利无阻,虽遭震惊全国之五卅事件,学校内部无恙,大考及毕业式依然举行。以如此多事之一载,而各方面均无遗憾者,此皆由同人黾勉从事,教职员与学生感情融洽,通力合作所致。

教职员无大变更;下表系开示过去一学年中之人员额数,暨本学年(即一九二五至二六年)始业时所有实数,至于学生数,亦有同样之比较表焉。

	1924—1925学年	1925秋季
教员	55	48
职员	13	13
助理员(学生兼充者)	17	15
校役	43	47
电气处(机师及助手)	4	4
总　计	132	127

大学文理两科及第一中学

	1924秋季	1924—1925学年	1925秋季
大学	201	237	264
高中	141	163	150
初中	84	99	*97

*在无锡实业学校

1925年秋季学期基督教学生人数

大学………………105　　　　高中……………………22

会计账略报告,另具清单开呈。百年大会,果能如吾人所期望,照数拨款,为完成葛堂建筑之用;则报告中核计之透用或亏欠数,至少当为如数之盈余,幸垂鉴之。

过去一年中,教员迭次按期会议,其中一半之会议,为东西文化之讨论;即论其特色与相互之关系,及其于将来世界文化中如何联络之问题。兹事体大,实现在全国基督教界中领袖所最为关怀者,抑基督教大学所应付之问题,无有如今日此题之重要急迫者。故本校早在为国学部物色名宿、主任全部事宜，俾与自然科学各部并驾齐驱。前国立东南大学国学系主任陈钟凡先生慨允就本校之聘，不日莅苏，斯则尤觉庆幸。

图书馆大为扩充，目下占孙堂二层楼全部面积。中文书籍，正在重行装订，并依新法编为目次，俾检取时更见利便。且教员学生向馆参考者，日见殷繁，亦一可喜之象。

前年本校与基督教青年会全国协会合办一体育专修科，以造就体育指导员为宗旨，供青年会、大学、其他学校、暨社会教堂之用。本校体育主任聂显君与骆克雷、许民辉二君专任教练，洵为适应时势需要之举。

为减除校舍拥挤，并为借助于实业学校之设备起见，初中一部分自本学期秋季始，移驻无锡。本校教员中有三人与学生同往，以补充该处教员人数之不足，亦为众擎易举耳。

过去一载间，全中国基督教教育家切心注意于宗教教育及学生礼拜问题。吾人受两方面交迫，对此有不得不注意之势。一则，教会学校悉遭排斥基督教运动中领袖所攻击，声称外人管理之学校，皆使中国学生不成其为中国人。二则，学生与家属以为教会学校未曾向政府注册，将来毕业后，不得与他人共享同等之公权。是以教会学校如拟注册，则宗教研究及宗教仪典之遵守，必宜出于学生之志愿。惟基督教教育界当局同时正在对付另一问题，可完全与甫述之两项无关，其事维何，即强迫式之宗教研究礼拜遵守，与造就基督徒品性，究为如何之关系是已。盖已有多人，觉得大学程度之学生，其宗教修养，非由其自由选择，决不足以收良好之效果；而教界中领袖宣示斯旨者，亦不一其人。诚以人人必行礼拜，必习一律之经课，个人之责任心因以抛弃，而发展宗教的品性之机会，反因以丧失。故今春各领袖曾作屡次之集会，专为协商此类问题。意见纷歧，在所不免。但中国领袖之对于大学生，都赞成自由制。本校为试验之计，准大学各级生自由遵行礼拜。但仍规定一二两年级，各必修宗教学中某科一项。此外有宗教学各项选科，各级皆可择修。现在修习此种选科者，颇不乏人，而且趣味深长云。又礼拜日公共礼拜，礼拜二四之晨祷，亦许彼等随意出席。惟礼拜一三五有朝会，演讲关于学生各种切身问题，宗教自亦在其内。彼等照章，必须出席听讲。如此措施之成绩若何，尚难逆料；不过吾人确信如斯而行，庶可玉成至美之人格，而于中国作至有永久价值之贡献。要之，使基督教居中国国民生活之一部，我侪莫不以此为职志，所以非群策群力，不足以奏全功，是所望于学校所在地牧长之赞导，议会诸同志之匡予不逮，幸甚，祷甚。

一九二五年十月二十七日，校长文乃史谨呈

大学及第一中学 1924 年至 1925 年收支报告

收入

直接关于教育者

学生缴费　44 378.26 元

差会拨给各员薪水　45 125.00

罗氏驻华医社捐款　37 500.00

基金项下　13 471.00

杂项　281 89……140 756.15 元

非直接关于教育者

各费　36 967.43 元

葛堂建筑费　19 559.95

租金　5 333.00

基金项下　1 394.90

杂项　2 534.85……65 790.13

206 546.28 元

支出

维持项下　7 628.38 元

行政项下　22 172.50

建筑费(葛堂等项)　33 932.49

各部教育　104 056.49

图书馆　7 239.97

奖学金及免除学费　3 376.30

体育运动　4 520.40

操衣　2 548.71

各项用具添置　5 804.90

宿舍膳厅项下　20 716.18……211 996.32 元

透用　5 450.04 元

一九二五年十月二十七日,东吴大学会计孙雅各谨具

《中国基督教卫理公会监理公会年议会记录36—41 次》第 40 次会议

东吴第二中学校学期报单（1925年）

学期　自主历一千九百念四年秋季至主历一千九百念五年春季。

学额　秋季高中一百三十三名　初中九十七名。

春季高中　一百十七名　初中一百零四名。

凡本年在学校新旧学生总数二百六十三名。

毕业生高中毕业者念一名，其中进大学者十八，入苏州东吴大学者，有十四，念一名中毕业后，办事者有三。

教员与办事员共二十二，其中教友十七人。

“经济”，本校校长以及办事人等，每学期用很大光阴筹划定规每年之一季或一年之预算表，本年亦行履前法。

入款两万六千三百七十五元三角八分。

支款两万六千四百二十八元二角九分。

上年卜德士君未回美国以前，在鄙人尚未来华之时，遂请卜德士君调派办理校中一切事务，兼有孙闻远君学务极有经验，代理校长，俟鄙人来华，学校已经办理妥当，完全开学，趁此机会，不得不赞许两人办理学务极其得法，加以勤劳忠实，诚令人钦佩焉。

上年双十节，鄙人到沪，濮会督命我帮办别种事务甚多，故本学校上学期事务，并未完全担负，裴格萌君，秋季任本校司库职务有半年之久，并教授宗教功课一班，春季亦教授宗教功课一班，除鄙人亦教授宗教功课一班外，另请西女教习教授英文，其余功课不计，皆华教员教授。

本年有种种艰难事，秋季间近上海地段江浙战争，市面因而不宁，人心慌慌，学生皆不一律用功，此一端大有关于学校。战事平息，继而又遇五卅案接踵而至，遂于六月初旬停课，等一星期解散学生归家，遂放暑假，而本校并未发生风潮，而且能使高中之毕业生，舒徐毕业，是凡初中之毕业生，等至开学时毕业。

本校功课外，如健身会，讲学会，童子军，如常进行，各样皆有教习相帮，办法完美，然宗教一方面，如青年会所办者，未为得法，以致衰败，拟于春季整顿。宗教工作，正在研究之时，五卅案发生，是以耽延，只得秋季再为整顿。遂请金陵神学校毕业生，叶芳珪专门相帮宗教工作，以及课程外之宗教运动工作。论到本年本校宗教进步，鄙不满意，然缘因在五月底，正开奋兴会时，发生五卅之风潮，以致停歇。

学校地点，颇嫌窄小，拟欲放大范围，为难之至。苟办普通之中学堂，在此区区地点，诚不易也。如今学生来此苦恼地点之学堂肄业，概皆因本校原来之名誉外扬，慕名而来也。鄙人再来中华以前，为董事部函聘，但董事已承认按此校地点办普通中学，绝不能得优美收效，鄙拟修改方法，加入商科一门，学生可定行业方针，毕业后即可往商界办事，有无往不利之希望也。鄙欲为本校聘两教习，一专门教授英文，一专门教授商业，英文教习海益尔已来,而商科教习尚未聘得,是以商科耽搁矣。

暑假后办就六处夏令补习学校甚佳,学校赵敌七主理一切事务,本校全体捐助九十三元,本校派教习六,一在本校,五在其余五处,每处均有本校学生办理校长职务,别学堂之学生相帮教授。此夏令补习班有开七星期者,四星期者,平均共有五星期半,学生:男二百七十六,女一百九十一,教习:男二十人　女三十四人。

校长葛赉恩具

《中国基督教卫理公会监理公会年议会记录36—41次》第40次会议

东吴大学圣经学校报告（1924—1925年）

在过去的一年之中本校有学生三十九人。客秋的战事妨碍本校的工作，以致校中延迟到阳历十一月初才开学。虽然只可以上三个月的课，而连上一个学期展长的日子，仍旧能够完毕一学期的课程。

去年秋季开学的时候，录取新生十人，连今春插班的二人一共一年级生有十二人，成了人数最多的一级。其中二个是特别生。十个是属于本公会，一个是浸礼会来的，还有一个是内地会来的。全校统计学生长老会六人，浸礼会三人，内地会一人，本公会二十六人。

可惜本公会送来的几个学生，不是出色人材，去年的成绩分数未能及格：当上一个学期结束的时候，没有一个使我们满意补入优额；恐怕在这学期之末，能够进入优额的也不会多。现在本校优额生只有十九人，内中六人本学年将要毕业了。本校的优额应该有二十二个，但是不能够随随便便给予不堪造就的人。

本学期开始不多的时候，杨维翰先生的身体不好，我们不得不给他休养。幸有我们的教区长胡稼秾先生能够补他的缺，担负这事十分胜任愉快。杨先生业已正式具函辞职，所以本校必须要得着一个人恒永代替他下去。这是一件不容易办的事，我们不过受天父的指导罢了。

本校长久需要一位国语教员，现在可以高兴地说居然成功了，就是请到一位北京的汪泽民先生。看起来他是于本校很有用处的。假使中国要成功一个大国，人民必要用统一的言语，觉得我们正在做这些初步工夫的一种。

本校还缺少一位音乐教员。鲍涵恩夫人相助本校许多良好的工夫，在音乐上训练几个学生，固然是我们应当感激的；但是本校要一位正式教员，能够教授全体学生的唱诗课与其他风琴方面的特别工夫。

虽则本校还未曾达到最高的能率，但照年议会记录看来，本校已经栽培了一小部分的传道人，也当稍为安慰。本校毕业生中来年要有十三人做年议会中的正式传道，九人做试用传道，五人做本处传道了。

校长步惠廉谨报

《中国基督教卫理公会监理公会年议会记录36—41次》第40次会议

《回渊》卷头语

共和第一丙寅为母校东吴大学创立之第二十五周,是年又为母校有历史上关系之存养书院五十五周,博习书院五十周,上海中西书院四十五周,宫巷中西书院三十周。懿欤休哉!半百载之递嬗蜕变,而五校之菁英悉萃于是矣。其在大易之系辞曰:天数五,地数五,五位相得而各有合天数二十有五,地数三十,凡天地之数五十有五。斯言也不啻天发神谶为我母校预启万年有道之朕兆矣。书有之曰惟天地万物父母,天数二十有五,母校创立至今之纪念也地数三十,母校之母校递嬗蜕变以迄乎。母校创立时之纪念也天地之数五十有五。自筚路蓝缕以启山林以迄于今日之灿烂庄严仍日新而无疆之纪念也。举凡母校暨四母校之母校,其成立迄今无不函五数,易所谓五多功,书洪范所谓九五福,老氏所谓吉祥止,止者亶其然乎。母校自存养书院开创迄今乐育英才,大启蒙宇,自少而壮壮而老者,咸风流云散离合靡常。今者万壑来同朝宗于海,将见庞眉雪鬌与白袷朱颜者肩摩毂击群集一堂,黄师慕韩老少年之语谶于我身,竟亲见之虎观谈经圜桥门而观听者亿万计,东观盛风将复见于今,而母校将来之为五十周百千万周以至无量恒河沙数周,炳炳麟麟宏我汉京,行见名震寰宇以跻于剑桥、牛津之列者,悉以此次为嚆矢矣。谨距跃欢呼而为之序。

中华民国十五年十二月佩诤王謇

《回渊》,苏州大学档案 3 永 158

二十五年来之东吴

方曹先生子实之创存养书院于葑西十全街也，远在一八七一年，是不特为教会兴学吴中之滥觞，抑亦为吴中兴学之先驱。

存养嗣以一八七九年迁入天赐庄，因署曰博习书院。基址仅占今之西北一隅。教授时一以华语出之。在昔，国人狃于门户之见，其于有教无类之博习，自亦未能一洗其仇视之故习。人之毁之者，犹恐不及，更遑论乎前来请业。以是举凡来执弟子礼者，都属荜门圭窦之子，性尤桀骜不能羁。而从来领袖教会之名流，类皆为我第一监院潘博士慎文之及门弟子者。宁非博士廉顽立懦之功邪？

林博士乐知，旋又手创中西书院于海上昆山路，此一八八四年事也。洎乎一八九七年，以蕲人财力之经济故，博习乃并而入于中西。于是，中西遂益肇西风东渐之始。当世邮务、电政、路局以及实业界中之桃李，强半在我门。有以哉！有以哉！

甲午一役，日既败我，中学为体西学为用之说始倡。一八九五年，孙博士乐文，爰有宫巷中西书院之设，而课诸生以西学，乃至于西文。大江以南，风气为之一变。

有清末叶，新政将兴而未兴，科举垂废而未废，社会志趣，靡定所向。一年适丁二十世纪幕始启之岁。偌大学府，因岿然出于姑苏台畔。草创基金，半为盖惠两监督在美所经募，半由柏博士乐文，集自平江、黄浦、蓉湖、琴川以及苕溪之缙绅先生辈。时膺校长之选者，为乐文孙公。东吴固三国孙氏之所据者，吾校遂亦以东吴闻于世。是岁冬，林堂成。

葛博士赉恩，既继潘博士慎文而掌上海中西书院。经之营之，锐意以应新时代之需要为职志，无如又辄为经济所苦。一九一一年，葛公遂挈其中西之师生而来苏，且主东吴校政，东吴声势，于是大振。是以，吾人徒知东吴成立，凡二十五稔。殊不知，东吴之先有中西，中西以前有博习，前乎博习者，更有存养在也。

无何，孙博士乐文，忽焉谢世于一九一一之春。于戏，公则逝矣。公之伟业丰功何可忘！吾人将以垂其苦心孤诣于久远。孙堂之广厦万间，遂矗立碧云天上。凡曾栉春风而沐化雨者，复为建立华表，以志其向往之深。

其后，宿舍、食堂、职教员寓第，先后构成。前校医柏公乐文，邃于医养之术，活人无可算，海内知名之士因多与往还。时值公五秩初度，士大夫辈，请为公寿。公坚辞弗获。乃有易其称觞祝嘏者以建自流井之劝，众韪其说而水塔以成。此塔之所以柏名也。一九二三年，吾校复自置引擎，以输饮料，以道光源。

科学馆。一九二四秋，前校长葛赉恩博士尊人之所经始而成者也，故曰葛堂。门分户别，都为科学教室、实验室以及演讲厅等。举凡光线、声浪、构造，乃至听众席次之位置，罔不与科学原理相吻合。

昔者，吾校篮球队应沪江之招，往战于沪江健身房。其归也，一败涂地。吾校健儿，固皆绝好身手，户内运动既非夙娴，遂一蹶不能振。于是前体育主任司马德先生，乃以个人擘画之烈，而成健身房于一九二〇之年。先是吾校学生之浴也，浴于盆。盆之为数仅十七八，是何足以敷莘莘学子之应用。聂宪先生，既履体育主任之新，遂于健身房之南偏，另辟雨淋浴室二。于是，不仅师生得尽浴，各级运动罢后，且须强迫沐浴矣。

吾校历史上之图书馆，约分两时期。一曰藏书楼时期，其于书籍，初无相当之编置；一曰图书馆时期，溯自一九二一年，美之图书馆专家朗滕女士来校以来，复得今馆长黄先生星辉，相与别类分门。始以挽近最流行之杜威十进法为遵循。更越年，西文一部，始部署蒇事。今则国文之部，亦组织就绪矣。举凡桌、椅、书架，乃至出纳表格，一以美国图书馆协会所规定者为依归。其简片目录，有以类别者，有以书名字母顺序别者，有以著者姓名字母顺序别者，以故，索取殊敏捷。此外，复有分析之别，以及参照之片，读者咸称便焉。以言地点，则由林堂二楼之东南一角，而孙堂二楼之北部，而占孙堂二楼之全面积。盖已三迁其居矣。

吾校原有庖厨，颇为一般人所诟病。因曾遣使四出，参观结果，各校类皆与我相伯仲。惟以清心、中西、圣玛利亚三女校为最上乘，吾校遂融三校建筑方法于一炉。夫然后乃有今日之新结晶。

若曰校场之空旷，我固不足以与当世最高学府相颉颃。而运动之径，则为司马德先生所建成。以视砂土，坚实过之。以例铁石，又绝少呆板之失。说者谓为冠全国，非虚语也。

先是潘公慎文，掌教理科时，居恒乞灵于华语。华文教本，既付阙如，相当术语，尤难杜撰。科学仪器之于国内，尤类凤毛麟角，百世不一见。而潘公缔造经营，实验室也，观象台也，次第落成。继潘公起者祁天锡教授，曩亦仅以独力主理科教务。龚士博士既东来，始以理化科事属之。寻复有朱博士志涤莅校，任物理科讲席。于是，东吴科学遂赫然蜚声于学术界。

吴门生物之繁，甲于天下。重以祁天锡教授历年采集发见之所得，吾校标本，遂美且备。匪特陈死标本，罗列无所遗。即其生者、活者，亦罔不俯拾即是。是以治生物者，人各得而躬自实验外。复置有材料一科，国内外之以材料仰给于我者，大有山阴道上，不暇应接之概。至若仪器之应有尽有，犹其余事耳。继祁授而主是科者，为胡博士经甫。生物科之弥享盛名，博士与有力焉。

理科而外，复有文科。历届掌教务者，若国学泰斗余杭章太炎先生炳麟，吴中陈舲舱诗解元希濂，梁溪嵇健鹤明经长康，以及号为百科全书之海虞黄摩西先生人，皆吾校足以自豪者也。

共和国之立国以法，夫人能识之矣。挽近四海鼎沸，民不聊生，此宁非法之不立，为厉之阶。而国内所谓立法司法人才，又寥寥若晨星。吾校法科，以应时代之需要，遂于春申江头，呱呱堕地。学课以中国法、英美法为依据，而旁参大陆诸法。吾国法律学校，初无有研治比较法律者也，有之，实自吾校始。民刑事诉讼，则别为一科。犹虑学者实习之不能充分，每两周，因复有型式法庭之设。诸色人等，全科学生，例须轮值扮演。事前，主教者先以案情通知原被告律师，两告律师各具诉状答辩。而后，双方提出人证物证相证佐，各出其舌剑唇枪，以为胜负之一决。辩论既告终结，法官乃宣读判词，使诉者不服，得请求复审，或昌言上告。其程序之按部就班，或以现行法院，或以会审公廨，或以英美法庭为指归。间亦采取陪审之制，所以蕲其训练之尽于量也。

吾校以欲一反偃武修文之积习，尝为全校学生，结部曲，整行伍，相与从事乎兵式之操，任教练者，为声名赫赫之魏旭东氏，其戎装之威武，犹彰彰在人耳，精神尤抖擞绝伦。每于晨兴后，且有柔软体操。纵祁寒盛暑，不少间。已而，体育且成专科矣。为谋诸生实习计，恒发起种种比赛。最显著者，如历届江南各中学篮球夺标比赛大会是。吾校之于各项运动，夙秉司马德先生遗训，辄以与其曲而胜，毋宁败而直一言为圭臬。虽然，其他友谊比赛且弗论。即如华东八大学之联合比赛，亦未尝少少示人以弱。试观一九一九年之夺得足球锦标，一九二二年网球之战最后胜利，以及一九二二与一九二三年之两以田径赛冠一军，岂偶然哉。

欧美人士之有志谙我东土语言者，非病于不经济，即苦于微师资。吾校因设吴语一科于乡之妇孺医院，今则迁入约翰堂矣。科复有一长以主之，所以专其责也。

吴中之东吴一中，顾名思义，不待言，得喻其为我之枝校者也。与一中姊妹行者，复有沪上之二中，雪溪之三中，锡山之实中，以及云间之圣中焉。

竞智、丽泽，吾校原有之辩论会也。每当绿满江南，万华如海时，约翰与我，例有竞辩。我之代表，即以两会精锐充其任。一九一四年，第一次举行于吾校。题曰中国今日借外债，利害孰甚？约翰主有利，而我则历数其害。我校代表为潘慎明、徐景韩、邵桐轩三君。评判员为范源濂、侯葆三、谢洪赉三先生。结果，我校胜。一九一五年，第二届于约翰举行，题为欧战结果：三协约或德奥胜？于中国孰为有利？吾校代表为高践四、徐景韩、邵桐轩三君，主协约胜，则于中国有利。公证员为王宠惠、杨心一、贾季英三先生。结果，胜再属吾校。一九一六春，吾校又值地主，第三度之辩题为：道德问题与生计问题，于今日中国，孰为尤要？吾校代表陈调夫、陆季清、王怀仁三君，尚道德。裁判员为黄炎培先生等，结果约翰又败。一九二二春之辩题为：中国在大会，是否失败？吾校代表李兢渊、张师竹、沈体兰三君，否认其为失败，张一麐、赵厚生、沈慕曾三先生，以评判员资格。断言我之理由，较约翰为充分。综计前后竞辩凡七战，而我竟胜其四。

各校学生会，类皆为五四以后之产物。而吾校学生会，则更前于五四。最初号曰学生参事会，其职权为统辖关于全校学生事宜，组织则由各级级会领袖组成之，遇有严重事故，复得召集全体学生大会，付诸公决，所以异于学生会者。各级代表，承各级级会之授意，匪惟行其评议之实，抑且握有执行之柄耳。入后，学生会既应时而诞生。纵在假期中，一应应行事宜，仍由各同乡会组成之支会，相机而动。其工作若通俗演讲，调查商品而外，如通俗夜校。纵亦随学潮而被摧残，然其往事成迹，迄于今日，犹为人所称道。五卅事起，学生会因复中兴。

江南之始有夏令会也，即循吾校青年会请，而来会于吾校，吾校校会之名乃大噪。事功之与其他校会，无以异也，其生面别开者，惠寒小学是矣。一九一一年，始并惠寒。最初，学童殊寥寥，每日授课仅以二小时为度。职员教员，则以吾校同学，于课余公暇充其任。校舍亦老屋数椽而已。后经姚校长铁心辈，四出劝捐，募建校舍于今之景海附小校址，且聘常驻教员，以专职守。于是，半日学校，竟一跃而为全日学校矣。学童学费，乃至书籍制服等费，一由校中供给。盖惠寒学童，尽属家式寒微而失学者，以故每岁经费，辄在国币二千元而上。旋又经殷校长新甫作其始，汪会长葆铭底于成，另开新校舍于方塔西偏，且有惠寒路，直达天赐庄，所以使学童逃于行路难之叹也。

吾校原有学会之组织，实滥觞于科学会。入后文学会也、哲学会也、教育学会也、地质学会也、社会科学会也，际会风云，先后成立。其科学会，则复有数学会、理化学会、生物学会之别，夫以切磋琢磨之旨趣，相与张皇幽眇，异时造诣，胡可量耶。乃学潮而后，遂一蹶不能振。今之如硕果之仅存者，惟文哲学会与生物学会耳。

东吴军乐队之享有盛名，已久且远。曾于校中、无锡、吴兴、江宁等处，数开音乐大会。每有所奏，抑扬顿挫，四座尽倾。余如赎路也，助赈也，为平校筹款也，靡不由我主其事，而得有良好之结果。一九二一年，远东运动会会于黄浦江头，我队曾代表祖国，与会奏乐。以故，益承海内外知音者之称许。其过去历史之烈烈轰轰，至于此极。虽曰队中诸君子之习练有素，而导师戴先生逸青之勤于厥职，更不容或忘者也。东吴初不仅以军乐见长，举凡弦乐团，景垂会，皆能于大庭广众中，令人屏息以听。至若景垂会，会复有丝竹、胡索、古乐、锣鼓四部之分。京剧亦附焉。

丽则会之发轫，尤符赤先生敦信辈。实首其事设有书画、音韵、雕刻之科。音韵一科，复有诗词、歌曲之别。科各置长以总其事，会员得任选其二，惟每月须出成绩若干。是以每开展览会时，满目琳琅，成绩斐然可观。

吾校童子军，曾开邑中友军之先河。以故，团名列第一。一九二一年，尝赴远东运动大会，精神抖擞，一洗吴中文弱之故态。又明年，全县举行大会操时，考第一，邀上赏。后二年，省立联合运动会，会于秣陵，队员盖其新、盖其辉、汤垂绪、汪树昌诸君，相率参与，其表演尤为观众所欢迎。是岁夏，万国童子军大会，会于丹麦。盖君其新，当选为中华代表，一献其身手于西欧，于是，世之人，始知今日中国，已非向之垂其辮、裹其足者，所可同日语矣。越年，苏常道举行联合露宿大会于天下第二泉畔，我军之一言、一动、一居游，在在足以惹人注意。以此，东吴童子军，得有模范团之目。

技击队，既于吾校宣告成立，我国固有之武士道，始得渐自惨澹而趋于绚烂，即产于新大陆之今戴荪科长，亦从而与焉。此固由燕赵正宗东鲁戴师庆云，潜心指导之功。抑亦闽南苏君行三，融会南北二派，力尽本领之效也。迨部长刘君光仁，既赴海上中华全国武术大会，我队之令闻，乃益彰。

人之知东吴者，莫不知有东吴剧社。例如一九一八年春，试演于约翰堂之荆花劫，空谷兰。一九二一年春，演于全浙会馆之什么是解放，到底哪哼，双解放，人间地狱，谁的妻；秋，演于青年会之好卖买，美人剑，残余的照片。一九二二年，演于苏州学生联合会游艺会之新村正。一九二四夏，演于健身房之间接结婚，小姐失踪。科学馆落成时之爱国贼，可怜闺里月，圣诞节之大闹明伦堂。以及一九二五年春，再演于健身房之好妹妹，孔雀东南飞，一对嘴喇苏等。类皆动人深长思者。

北洋大学教授，爱那博士，曾有创设荣誉学会之发起。旋经北洋、燕京、唐山、文华、华西、岭南、东南、金陵、约翰及吾校，共同附议而组成之。一九二三年，既得总会许可，吾校支会，即呱呱坠地。

我同门兄弟之来自数千里，乃数万里外者，何可以更仆数，其故乡之与姑苏，必也语言殊，风俗异。吾人处世，纵当芥视六合，户庭九洲。虽然，回首故乡，谁复能漠然无慨。此各同乡会之所以如雨后春笋欤。

吾校刊物之由学生团主其事者，有雁来红，有学桴，有东吴，有新东吴，有东吴年刊，有法学季刊，有东吴法科年刊，有一九一五年级之乙卯，有一九一七年级之丁巳同级录，有同学会委员会之老少年，有美洲同学会之 Old Soochow。其由个人编撰者有黄摩西先生之中国文学史，潘先生慎文之八线备旨，格物质学，代形合参，质学新编，微积学，基督证道论，基督教总论，传道金鉴，天演辨证等。有谢先生鸿赉之基督教与科学，共和基础，模范军人，基督教与中国，自由精义，基督之精神，有神论，基督教与进化论，基督教科学，基督教与哲学，新教育探本谈，死而不死，唯物论之失败，基督教博爱主义，人生之真观念，求道筌言，基督之人格，释信仰，圣经锥指，圣德管窥，圣绩尽闻，后进楷模，道德之研究，观察力之养成法，公益讲话，学生会说，证道集，天国伟人，学生会约，讲书指要，免痨神方，卫生新义，读经论。天程双翼，晨更，密祷论，信士日规，灵修约旨，定命新论，代祷论，祈祷发微，青年棒喝，原习，修德金针，成德金锁匙，个人传道谈，经济论，学生卫生谈，完璞巽言，葆真法语，青春危机，义勇少年，最新地理教科书，最新理科教科书，瀛寰全志，平面几何学，立体几何学，代数学，三角术，化学，物理学，生理学，微积学等。有胡先生贻谷之现代思想中之基督教，非基督教运动平议，教会觉悟与非基督教运动，基督教与中国文化，科学与基督教信仰，神迹诠微，欧游经验谭，体育与人生，健康与卫生，有刘先生湛恩之公民教育运动计划，怎样做一个中华民国良好公民，公民测验表，职业指导实施法，择业自审表，青年会教育事业概要。有赵先生紫宸之基督教哲学，耶稣的人生哲学等。有沈先生青来之什么是基督教。有陆先生志韦之渡河。有徐先生雉之雉的心，毁去的序文等。有王先生佩诤之宋平江城坊图考。有王先生志稼之公民生物学。有史先生襄哉之纪元通考，中华谚海等。有谢先生颂羔之宗教教育概论，理想中人，How to Improve Your Style and Other Short Essays. The Confucian Civilization 等。有吴先生献书之 Elementary English Grammar and Composition 等。

先后学友之曾出吾门者，多于黄河之鲤，其乘长风，破万里浪，跃龙门而脱化者，例如投身政界之王宠惠、顾维钧、董康诸先生。工程界如杨豹灵、裘镜岑诸先生。金融界如宋汉章、贝淞孙诸先生。教育界如陆志韦、胡经甫、徐养秋诸先生。体育界如卢颂恩、张信孚、梁官松诸先生。美术界如杨左匋、秦俪范诸先生。印刷界如王显华、周泽甫诸先生。法律界如陈霆锐、何世桢、何世枚诸先生。戏剧界如陈大悲、张石川诸先生。教会中如李仲覃、江长川诸先生。社会服务团中如刘湛恩、沈体兰、李启藩诸先生。著作等身者如谢洪赉、赵紫宸诸先生。

二十五年以来之东吴，既灿烂庄严如火如荼如此。二十五年以后之东吴，当更有轰轰烈烈，屡蜕变而屡进化者在。吾人当拭目以望之矣。

《回渊》，苏州大学档案　3 永 158

私立东吴大学校董会章程

（民国十六年订）

第一条　名称

本会定名为私立东吴大学校董会。

第二条　事务所

校董会事务所设中华民国江苏省上海特别市。

第三条　目的

校董会目的为继续创办人兴学。原意就华东区域内，以基督教监理公会名义经营私立东吴大学，遵照中华民国教育宗旨，培养高等人才，促进社会福利及公民训练，并造就健全之人格。

校董会会员及东吴大学内部负责人员，均须以品格高尚、学养充富并具有相同之目的者为合格。

第四条　会员

（一）校董会会员额定十五人，以监理公会西教士三人，同学六人，其他六人组织之。

（二）校董会会员不得以校内教职员或学生充任。

（三）其中须多数为本国人。

（四）会员年龄须在二十一岁以上，其中四分之三须为监理公会会员。

（五）校董会会员任期三年，得连选连任。

（六）校董会会员每年依次改选三分之一。在校董会年会时选举之会员中如有缺额，由校董会就原组织中临时补选之任职，至原选人期满为止。

（七）选举方法：由校董会推选提名委员若干人，提出加倍候选人员经年会用投票法表决，咨请中华监理公会或该会所指定之团体加以认可，并呈报教育部备案。

（八）校长、西顾问及创办人来华代表为额外会员，有发言权无表决权。

第五条　职务

校董会依照第三条目的之规定办理东吴大学，负对内对外完全责任。其例行职务如下：

（一）决定办学方针。

（二）任免校长并呈报教育部备案，及审定校长所荐任之校内行政人员、教授与西顾问（西顾问一项须经创办人之核准）。

（三）给予荣誉或毕业生学位。

（四）报告主管教育行政机关。

（五）租购财产并受创办人之委托保管财产及资金。

（六）筹划及处理一切财政，办理校产之保险及修理，并对创办人负交涉一切债务之责。

（七）审议并决定校长所提出之一切事务。

（八）规定或修改本会一切附则并咨请中华监理会之认可。

第六条　集会

校董会每年集年会一次。须于会期前一个月通知之,如有特别事故得由会长于期前通告。召集临时会议,各会以正式会员八人出席为法定人数。

第七条　职员

校董会设会长一人,副会长一人,书记二人,会计一人,任期一年。在年会时投票选举之,连选得连任。校董会会长须为本国人。

第八条　委员会

校董会职员合组执行委员会,处理校董会委托事务。校董会得设各项常务及特别委员会,其职权由校董会临时议决规定之。

第九条　修改

校董会章程得于年会或特别召集之临时会中,由全体会员过半数之表决修改之。惟修改提案须于大会前三个月通告全体会员,修改后再咨请创办人之认可,并呈报教育部备案。

苏州大学档案　3 永 12

东吴法科改为东吴法学院

改聘华人吴经熊为院长……盛振为为教务长。昆山路东吴法科为杰出之法律学校，成绩之美，蜚声中外。其毕业生中，现在法界肩任要职者，指不胜屈，现已改为东吴法学校。为积极进取起见，特由该大学董事部于本月十六日议决，聘任华人吴经熊法学博士为该院院长，又聘盛振为为法学博士为教务长。

《申报》1927 年 3 月 26 日

钮永建当选东吴大学校长

苏州东吴大学开办已来,已历二十五年。近为顺应时代潮流起见,一切行政组织及学课校务皆力事革新。该大学校长一职,向为文乃史博士担任,本月初大学董事部会议,文博士为求贯彻大学革新之旨趣,毅然向董事部提出辞职,该董事部亦能谅解其用意,当即照准,并一致推选钮永建为继任校长。在新校长未就任之先,仍责成前校长文负责。按,钮君本教育家,现大学方面已派人与钮君接洽。

《申报》1927 年 3 月 29 日

东吴大学之革新情形

苏州私立东吴大学，自前任校长美人文乃史博士辞职后，校董部及在校师生对于校务革新以及校长人选问题，早有所讨论，积极进行，不遗余力，兹分述于后：(1) 校政。在国民军抵苏之前，一切校政仍由前任校长文氏负责。直至三月三十日，所有在校西国职教员，全体离苏赴沪。其时在校中国教授，已有校政委员会之组织，并由潘慎明教授代理校长。所有西国教授担任之课程，或由在校中国教授兼任，或向校外聘人代理，一日间已将各科课程完全配定，照常上课。同时学生方面，召集全体大会，先请潘慎明教授报告校政办法，次刘荔生、凌景诞相继发言，略谓今日东吴，乃中国人之东吴，处此时期，所有在校学生均应以学校为已任，具百折不回之志，与校政部合作，必使学校得立于巩固之地位。于是学生精神大振，一致协力与学校维持秩序，无丝毫涣散气象，前途甚可乐观。(2) 校长。该校校董部，自文校长辞职后，对于继任人选问题，物色甚久，最后一致推选钮永建君为新校长，按钮氏本教育家，颇得社会之信仰，该校师生一体欢迎。日昨校政部方面已派代表史襄哉、张宝林与学生代表陈洌、刘荔生来沪，与钮氏面洽一切。结果，钮氏允先任该校国文教授。该校师生甚愿钮氏能长该校，现仍在接洽中。(3) 组织。该校在收回教育权声浪日高一日之际，师生合组一校务革新委员会，每级代表二人，校政部二人，于学问立案问题，仔细研究，力谋彻底革新。自昨来沪四代表与钮氏接洽后，即往晤前任校董部长葛赉恩博士，要求在最短时间，由校董部讨论答复。① 董事部改组，董事部长，由华人任之，部员全由华人充之。② 董事部如有诚意，维持东吴大学，请将经费之来源及其支配，详细报告。③ 学生代表有列席校中最高行政机关权（指校政部）。④ 教员之去留，全由校长主持之。⑤ 一切财政，皆须公开。⑥ 在可能之范围内，诚收学费。⑦ 一切校产由董事部执管。⑧ 原有西国教职员，董事讨论征求在校教职员与学生之同意，以定其去留。⑨ 董事部应当在最短期间，停办一切小学。⑩ 立刻进行注册。⑪ 学生会应与教职员会，对于校政部处同等之地位。⑫ 于必要时，学生代表得出席董事部会议。

《申报》1927 年 4 月 9 日

私立东吴大学校董会第四次临时会议记录

上海昆山路景林堂,民国十六年八月三十日。

到会会员:

江长川、步惠廉、李登辉、胡贻谷、鲍乃德、麦玲雪。

一件改开谈话会。

主席宣布本届临时会出席人数不足法定,其故由于会员多数暑假,而以时局关系交通又多阻梗。本会原定二十号召集,曾以不足法定延会一次。

临时决议以选聘校长事不容缓,本届临时会应改为谈话会,并暂定下列各项办法:(一)由提名委员会提出新任校长人选之报告,并付临时表决。(二)以此项临时决议案通知缺席会员,请于九月七号以前致函会长补行书面投票(过此期限即作为赞成票额)。(三)正式决议案以到会会员所投票额与缺席者所投票额合计,与定章相核再定其是否成立。

一件临时决议案。

提名委员会提出杨永清先生为新任校长兼文理学院院长,临时表决一致通过。

苏州大学档案　3 永 10

发展(1928–1941)

东吴大学移交经过情形

东吴大学成立于二十五年以前，因历史沿革上早有移归本国人主治之观念，且经逐渐施行，故至近年移交问题发生，收回教育权呼声甚嚣尘上之时，该校当局者并不觉骤突。溯自第一任校长孙公乐文(Dr. D. L. Anderson)手创巨业，缔造艰辛，开办数年以后，即主张学校当竭力使成中国化，学校中之领袖当以中国人居之。故校内行政最高机关即校政部，其中自始即有华人参加。关于向政府注册一层，已早于前清光绪年间向北京学部请求承认。只以当时学部方面尚未颁布规定办法，遂致未成事实。然则东吴当局自始即目本校为中国人自己所有之教育机关，早有明征。

更就校董会方面论，该会系成立于1900年。其会员初虽尽属西国教会中重要职员，以后逐渐有本国知名之士加入。迨去年国民政府颁布私立学校立案条例，其时华人之充任董事者，人数已居三分之二矣。故除以副董事长江君长川改选为董事长，将原任之董事长改选为副董事长，行政组织方面，皆已与政府条例符合，而无须变改矣。

至校长方面之改以华人充任，此举已于五六年开始办理。缘中华民国十一年，葛赉恩博士坚辞校长职，校董会乃推文乃史博士为校长。旋复推选该校1909年级毕业生杨永清(惠庆)先生为副校长，只以先生服务外交界，辞职未准，不果莅校。同时该校教授赵紫宸先生被选为教务长。

去年三月初，文博士鉴于时局趋势，更促校董会从速实行选举本国人为校长，同时先行辞职。校董会几经讨论，乃于夏间延聘杨先生为正式第一任华校长。杨校长于去年十月二十八日到校，旋于十二月三日举行校长就职典礼，实开全国基督教教会大学之新纪元。

至于与国民政府进行注册立案一切应备文件，早于去年夏间准备妥当，送呈中央大学(即前第四中山大学)。今春二月间，中央大学特派专员来校调查，现在静候批示中。

现在本校之组织系统如下：

(一)教育系统

本校系设下列两院及各中学(其名称均须冠以私立东吴大学字样)：

(甲)文理学院设江苏吴县苏州市，分文理两科。

(乙)法律学院设江苏上海特别市。

(丙)第一中学校附设于文理学院。

第二中学校设江苏上海特别市。

第三中学校设浙江吴兴县湖州市。

(二)行政系统

校董会为本校系之最高机关，其组织法与职务另于校董会章程中规定之。

(甲)大学校长由校董会选举聘任，主持本校系一切校务，及对外事项。校长向校董会负责。

（乙）文理学院院长，法律学院院长，及西顾问均由大学校长推荐，经校董会选举聘任，向大学校长直接负责。

（丙）西顾问之职务为筹募国外经费及处理西教授之给养问题。

（丁）第一中学校校长由大学校长推荐，经校董会表决，交由大学校长聘请，向大学校长直接负责。

（戊）文理学院文理科教务长，及法律学院教务长，均由各该院长会同大学校长推荐，经校董会表决，交由大学校长聘请，向各该院长直接负责。

（己）文理学院文科、理科及法律学院各教授，由各该院长聘请，呈请大学校长批准，转报校董会存案。各教授向各该教务长直接负责。

（庚）第一中学校教员由文理学院院长聘请，呈报大学校长备案。各教员向校长直接负责。第二、三中学校各教员，由各该校长聘请，呈报大学校长备案。各中学教员向各该校长直接负责。

（辛）文理学院及法律学院校政部各七人至九人，以大学校长，各该院长，及教务长为当然委员。其余委员由大学校长推荐，请校董会委任之。校政部以院长为主席，向大学校长直接负责。

（壬）校政部之职权约举如左：

（子）注意学校风纪之维持，校律之遵循，校内一般生活之安宁与和谐。

（丑）注意学校卫生及庄严之维持及增进。

（寅）编制预算、决算，由校长呈报校董会审查取决。

（卯）组织校务各机关执行内部事宜。

（辰）订定学历。

（巳）指导学生自治及课外作业。

（癸）教授会与教员会之职权约举如左：

（子）规定学程学分制度，教学方法，及其他纯属教学范围内之事项。

（丑）决定学生之升级，留级，毕业，及应得学位人员。

（寅）规定成绩考查方法，及关于学业成绩之奖惩方法。

（卯）指导学生课业。

（三）大学组织系统表

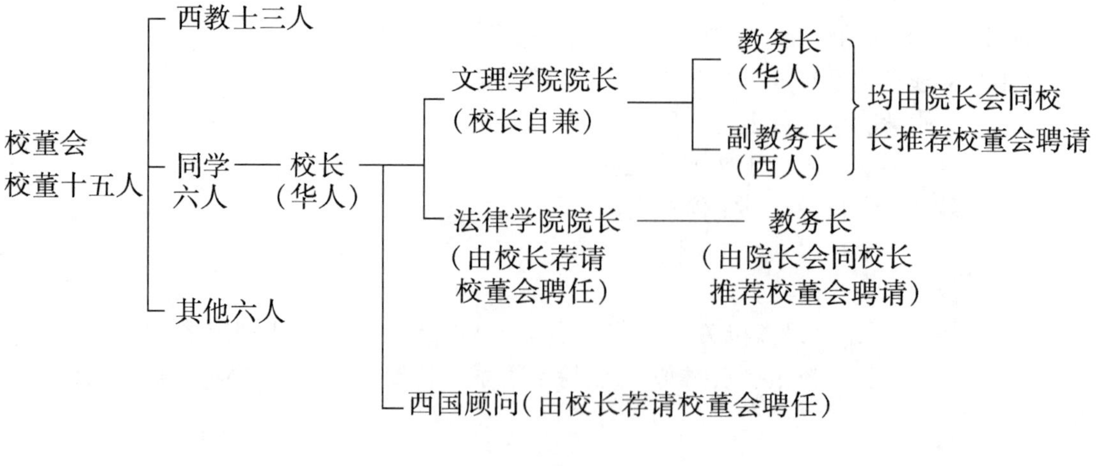

其余重要职员则由校长简派，皆以胜任为标准，不因中西而有所歧视。校内中西教职员均不分畛域，感情非常融洽，深为本校前途贺。由以上观之，东吴之移交华人管理乃渐进的，而非突变的；乃演化之结果，而非革命式的变更。

《中华基督教教育季刊》，第四卷第二期

私立东吴大学校董会章程

第一条　名称

本会定名为私立东吴大学校董会。

第二条　事务所

校董会事务所设中华民国江苏省上海特别市。

第三条　目的

校董会目的：就华东区域内，以基督教精神经营私立东吴大学，实施高等教育，促进社会福利，及公民训练，并依创办人设学本旨造就健全之人格。

校董会会员及东吴大学内部负责人员，均须以品格高尚，学养充富，并具有相同之目的者为合格。

第四条　会员

（一）校董会会员额定十五人，以西教士三人，同学六人，其他六人组织之。

（二）校董会会员，不得以校内教职员或学生充任。

（三）其中须多数为本国人。

（四）会员全体须为基督信徒，其中半数以上须为监理宗信徒。

（五）校董会会员任期三年，得连选连任。

（六）校董会会员每年依次改选三分之一，在校董会年会时选举之。会员中如有缺额，由校董会就原组中临时补选之，任职至原人期满为止。

（七）选举方法：由校董会推派提名委员若干人，提出加倍候选人员，经年会用投票法表决后，咨请中华监理公会中央委员会之认可。

（八）校长、西顾问及创办人来华代表为额外会员，有发言权无表决权。

第五条　职务

校董会依照第三条目的之规定，办理东吴大学，负对内对外完全责任，其例行职务如左：

（一）决定办学方针。

（二）任免校长并审议校长所荐任之校内行政人员、教授与西顾问。（西顾问一项须经创办人之核准）

（三）给予荣誉或毕业生学位。

（四）报告主管教育行政机关。

（五）租购财产并受创办人之委托，保管财产及资金。

（六）筹划及处理一切财产。

（七）规定或修改本会一切附则。

第六条　集会

校董会每年集年会一次，须于会期前一个月通知之。如有特别事故，得由会长于期前通告召集临时会议。各会以正式会员八人出席为法定人数。

第七条　职员

校董会设会长一人，副会长一人，书记二人，会计一人，任期一年。在年会时投票选举之，连选得连任。校董会会长须为本国人。

第八条　委员会

校董会职员合组执行委员会，处理校董会委托事务。

校董会得设各项常务委员会，其职权由校董会临时议决规定之。

第九条　修改

校董会章程得于年会或特别召集之临时会中，由全体会员过半数之表决修改之，惟修改提案须于大会前三个月通告全体会员，修改后再咨请中华监理公会中央委员会之认可。

《东吴年刊》，苏州大学档案　3 永 13

本校华校长就职记

小 青

本校自前校长文乃史辞职后，校董部认为移归华人主办之时机，已臻成熟，遂决意延聘华校长主持校政，以适应时势之要求。旋经推选杨永清硕士为本校第一任华校长，辗转数月，接洽就绪，杨君始于十月二十八日莅苏就职。杨君不第为本校之第一任华校长，且华东五基督教大学之以华人长校者亦以杨君为第一人，是则杨君之长本校，实可为收回教育权之先导。爰将杨君就职时之欢迎盛况略纪如次：

（一）杨校长之略历　杨君字惠卿，为本校一九〇九年第三届之毕业生。毕业后掌教两年，旋考取清华派送游美。入华盛顿大学及密歇根大学，得法学学士及文学硕士学位。曾充驻美华公使秘书，为留学生尽力不少，即复留英，任驻英华公使参赞，寻任伦敦领事，折冲樽俎，于外交界颇著声誉，为祖国增光荣非鲜。返国后除就职外交财政界外，兼任北京各大学讲师，其资望之深，学养之富，殊足为本校前途喜也。

（二）欢迎之盛况　先是由大学部、中学部教职员及学生全体组织欢迎筹备会。经该会推出学生代表，每级二人，教职员则大学部、中学部各二。是日之晨，各代表以汽船赴车站迎迓。至十二时三刻，汽船抵校前之船埠，校中师生全体群出欢迎。一时鞭爆声欢歌声杂然并作，而半空红叶翻飞，随花作舞若天女散花，一似故故点缀此欢迎盛举者。斯时也校长之尊翁杨维翰及太夫人首先登岸，杨君及其夫人继之。且行且频向两旁之欢迎者点首答礼。杨君身材短小，貌丰腴，神采奕奕。其尊翁维翰先生发已灰白，道貌岸然，闻先生初为西医，以信道笃，乃甘自刻苦，弃医而为传道，盖一热诚奉道之基督徒也。

（三）欢迎辞之妙绪环生　众既迎杨君等入校，旋即赴欢迎宴。凡九席，除两席预定座次外，余皆以拈阄法定之。故男女合座。宴时推陈海澄君致词。杨作答语皆纯挚多趣。宴罢，复赴大礼堂之交谊会，会中管弦歌唱秩序甚盛，教职员及学生代表，各致欢迎辞，趣话尤多，欢声雷动。中学学长史襄哉硕士，所言至足解颐，合座为粲然。史君谓幼时与杨君为总角交，颇存竞先之意，顾年龄学程，游戏时之击球弹棋，与夫出洋之先后，及此次学长校长之等差，争之皆勿能胜，惟有一点实足胜之，即体格是，盖史君之体重足在一百五十磅外也。大学代表某君除致其恳挚之欢迎辞外，则以姑奶奶比新校长，盖谓学生毕业离校，不啻处女出阁，嫁与社会，今杨君已自社会中复返母校，实犹姑奶奶归其母家，故于凡百家政皆所谙练，此次整理发展驾轻就熟，必能蒸蒸日上。又有前代理校长潘慎明硕士，措词亦别开生面。潘君谓如此盛会，必先正名，因拟谓“东吴大学欢迎文理学院及第一中学第一任华校长大会”，继复一再增变，末乃定此会之名称，竟达四十八字之多，其语虽趣，含意实至中肯。后复述一谜语，谓今日之会有四人最乐，或猜四人者即杨校长夫妇及其尊翁太夫人也。潘君谓四中其三，惟杨校长则否。盖杨校长肩此重任，将谋所以发展东吴，必先困心衡虑，未必甚乐，故第四之乐者，另有人在。潘君竟至终卖其关子，并不宣布，且谓如猜不中者当以

“老伯”及“博士”之尊号奉敬，惟此“伯”乃笨伯，“博士”则饭桶博士耳。余敢谓此第四人者，潘君必系自指，盖谓此后负责有人，得卸仔肩，乃引以为乐，设不中的，则“老伯”及“博士”之荣称，小子固甘受之也。

（四）感情教育之第一课　杨校长以学者而兼擅外交长才，吐属隽雅，仪态温文，自是意想中事。其答词至谦和诚恳，要旨有二：一主张发展合作精神，二以道德为学问之基础。此二点诚为今日切要之图。至其答复诸代表之趣语，亦庄谐并作。以故此仪式崇隆之盛会，绝不蹈虚文浮词之弊，而质朴无华，融融洩洩一以真诚出之，师生及同事之间，感情欢洽，真犹家人昆季然。杨君之意首重合作精神，而合作要以感情交孚为第一义，则此欢迎盛会，实不啻实施感情教育之第一课也。

《东吴年刊》，苏州大学档案　3 永 13

私立东吴大学准予立案由

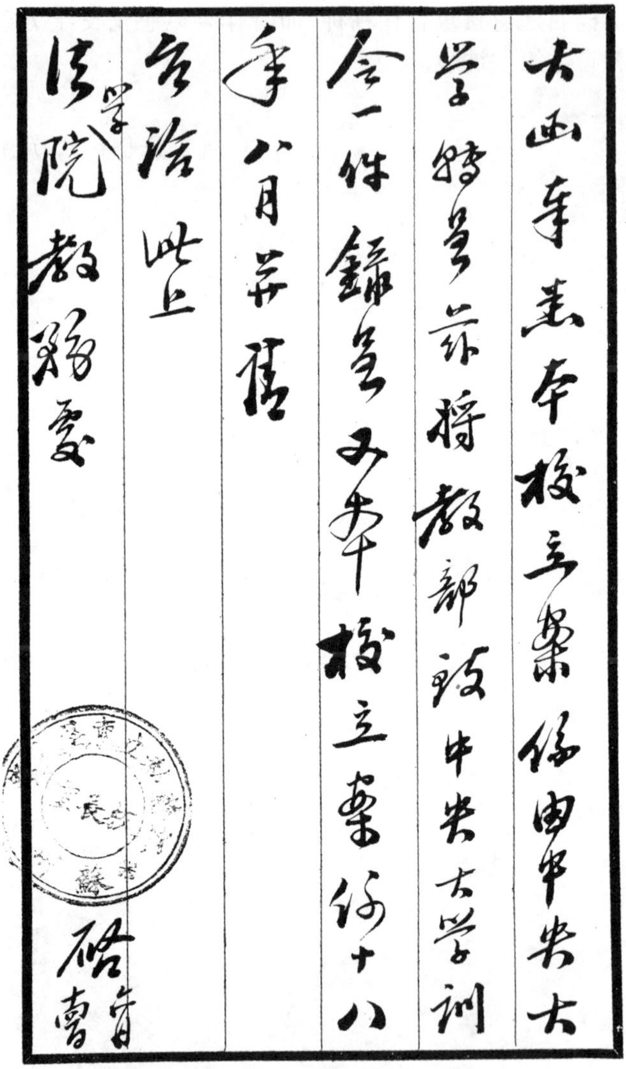

大函奉悉本校立案係由中央大學轉呈茲將教部致中央大學訓令一件錄呈又本校立案係十八年八月並請台洽此上法學院教務處

啓
曹

東吳大學校長室用牋

大函奉悉，本校立案系由中央大学转呈，兹将教部致中央大学训令一件录呈。又本校立案系十八年八月。并请台洽。此上法学院教务处。

校长室启

6 月 14 日

国民政府教育部第 980 号，上海档案馆，245 – 1 – 29

私立东吴大学呈请立案之批令

南洋医科华东法政不准
南通东吴二校查覆核办

教育部近日先后接到：上海南洋医科大学、华东法政大学、南通大学、苏州东吴大学，呈请立案。该部已分别批令，详情录后：一、“南洋医科大学”，该校校董会前由教育部批准立案之后，照章造具学校立案表册，呈由上海特别市教育局转呈教育部，给予立案。该部以现用校舍，系属租用，自置校舍，尚在计划建筑之中，殊与条列不符，且以该校专办医科、基舍亦欠充足，现在学生，均系旧制中学毕业，尤与教育部法令不符，业经批令，不准立案矣；二、“华东法政大学”，该校校董会立案表册，由上海市教育局转送教育部请准立案。该部以该大学校舍尚未建筑，基金亦未筹定，核与定章不符，所请应从缓议等词，批示知照云；三、“南通大学”该大学及校董会之立案表册，由国立中央大学转送教育部立案。惟该校校董会规程，尚有未当，已由该部批令修改后，再行呈部核办云；四、“东吴大学”，该大学前经呈请立案，经教育部业已派定普通教育司长朱经农、高等教育司科长谢树英前往视察，由前来视察呈覆后，再行核办云。

《申报》1929 年 6 月 8 日

1929 年校董会
Board of Trustees

监理公会西教士　FROM THE SOUTHERN METHODIST MISSION：

安迪生先生　REV. MR. S. R. ANDERSON
葛赉恩博士　REV. DR. JNO. W. CLLNE
霍约翰博士　REV. DR. J. C. HAWK

本校同学　FROM THE ALUMNI：
沈体兰先生　MR. T. L. SHEN
江长川博士　REV. DR. Z. T. KAUNG
胡贻谷先生　MR. Y. K. WOO
周承恩先生　MR. JOSEPH CHOW
尤敦信先生　MR. T. S. YUI
黄仁霖先生　MR. J. L. HUANG

其他　AT LARGE：
李登辉博士　DR. T. H. LEE
鲍乃德先生　MR. E. E. BARNETT
钮永建先生　HON. Y. C. NIU
朱经农先生　HON. KING CHU
贝祖贻先生　MR. PEI SUNG-SUN
殷罗德先生　MISS LOUSIE ROBINSON

《东吴年刊》，苏州大学档案　3 永 13

东吴法学院内部改革

昆山路东吴法律学院,自经吴经熊、盛振为两博士长校后,为适合因人研究法学起见,对于中国法律,特行增加,对于内部更多所改革。兹闻该校本年秋季第一次招考新生,已于九月二日在该校举行,新生中除苏州东吴法预科及本科转学生外,总计以国内各著名大学毕业生占多数,留学归国者亦有数人。惟近来各外埠学生尚有因时间不及赶到请求再与以机会者,该校为顾念若辈志切求学起见,已定于九月二十日再行招考一次。教授方面,如董康、萨赉德、郑天锡、刘世芳、诸志让诸教授多仍蝉联,并加聘墨西哥领事阿乐满等数人。该校院长吴经熊回国后,亦仍担任教课。

《申报》1930 年 9 月 4 日

校史概略

本校系前清光绪廿七年创办,迄今已有二十九载。考其渊源甚为久远,兹略述之。溯道光二十八年美国基督教监理公会派遣来华最先之教士戴勒·查利(Charles Taylor),设小学二所于上海,此为监理公会创办学校于中国之嚆矢。厥后教会常以兴学为要图。今日之东吴大学即将畴昔所办教育之成绩统一而改弦更张之也。其间消长情形足资记述者,大抵视左列三校之兴替以为断。

一、博习书院　同治九年监理公会华人中之前辈曹公子实创小学一所于苏州十全街。光绪二年潘公慎文方自美国抵华,襄理学务。是年,始纳寄宿生。五年,又迁于天赐庄定校名为存养书院。十年,规模扩充,更名博习(Buffington Institute),盖所以纪念捐资最巨之第一人也。潘公竭二十年惨淡经营之力,在风气未开之内地,以中国语文教授算学及自然科学于有志向学之子弟,兼以基督教精神培养切实有用之人材,毕业后服务各界多能有所建树焉。

二、上海中西书院　光绪八年,林公乐知创设中西书院于上海,其本旨为介绍西方高等学术于中国,时我国对于西学之研求尚未启其端倪,故开办十余年,仅为一般谋职业上准备之青年,聊尽供献耳,其课程只能随来学者之志愿,注意英文。

三、宫巷中西书院　中国自经甲午之役以后,朝野竞求振刷,知非采取西士学术无以图治。孙公乐文亦以吴中子弟崇尚新学,遂于光绪二十二年设校于苏州之宫巷,来学者众,且皆思想程度已臻上乘之士。曩昔林公所怀之硕划,至是始流露其试行之可能性,按各地教会筹设大学之举,即于是时发起。

光绪二十五年为扩充教会在苏州所办事业计,乃迁博习于上海与中西合并。潘公已于三年前调驻上海。翌年,教会决议改宫巷中西书院为大学,就天赐庄博习旧址开办。是年阳历五月,美国监理公会之国外宣教部正式核准为立案于美国第纳西州之州政府,并议设东吴大学校董会。

是年冬季,校董会组织就绪推孙公乐文为大学校长。二十七年三月开学,更得地方官厅赞许。就校后添购基地,其费大都由校董柏公乐文向苏州、常熟、南浔、上海、无锡各地士绅募集。十二月,今文理学院第一座学舍开始建筑,落成后,颜曰:林堂。

孙公乐文经营缔造,乃于宣统三年三月十六日积劳逝世。其时第二座学舍正值建筑中,其费为美国佛吉尼亚州林企堡城之Court Street教堂同人所乐助,并以志孙公之勋绩,颜曰:孙堂。公任职十年之内,学生宿舍、膳厅、自流井、蓄水台以及教员住宅九所,次第兴建。基金项下之上海地产开始经营,藉固基础。学生毕业计有五届大学与附属中学(后称第一中学)之范围厘定清楚。提倡自然科学为文理科之特点,有教授祁天锡先生主其事。

潘公掌上海中西书院至光绪三十年退职,葛赉恩博士继任,力谋改善,迎合时代精神,多所发展。

惟是苏沪两地二校并设，为免除人才经济不敷支配起见，早有并合之议，适孙公作古，校董会推葛博士就大学校长职。于是移教职员、学生至苏州，实行归并。是以博习之与中西，中西之与东吴皆同源合流，一气贯注。凡肄业于二校者，均为我东吴同门之先后校友，饮水思源，实为东吴同学会会员之老前辈也。

葛博士在职十一年，励精图治，举凡学校基址、设备、课程、学生及教职员靡不大有增进。基金方面，生息渐裕。民国四年设法科于上海。监理公会各教区之小学隶属于分设苏州、上海、湖州之三中学，而三中学更衔接于大学，连成一系。此外，设圣经学校于松江，与金陵神学合办神学科。

中华民国十一年，葛赉恩博士坚辞校长职，校董会推文乃史博士为校长，旋复推选杨永清为副校长，以服务外交界辞职未准不果来校，赵紫宸先生同时被选为教务长。是年校董会改组，大学与附属第一中学行政上重加革新，设实业中学于无锡。十二年为法科别设校舍，扩充本校发电所。十一年至十四年图书馆逐渐扩充，组织亦见进步。十一年至十三年建筑第三座学舍，专为研究科学并实验之用，内部布置力谋完备，颜曰：葛堂，盖以纪念葛校长之尊人也。十三年至十四年设生物学材料供应所，此外扩充体育系，与中华基督教青年会全国协会合办体育专修科。

去年春间，法科更名法律学院。四月，校董会议决延聘吴经熊博士为院长，盛振为博士为教务长，文理科改称文理学院。夏间，无锡实业中学因欲谋经费、人才之集中，宣布停办，其学生并入附属第一中学，同时松江圣经学校亦另行改组焉。

先是三月初，文博士鉴于时局趋势，力促校董会速即进行选举本国人为校长，同时先行辞职。三月三十日，西国教职员因南京事件之影响全体离校赴沪，由华教职员合力维持校务，继由校董会推潘教授慎明为代理校长后，校董会几经讨论，乃于夏间延聘一九零九年毕业生杨君永清（惠庆）为正式第一任华校长。

杨校长于十月二十八日到校，是日全体师生开热烈之欢迎会，表吾校前途之庆得人焉。旋于中华建国十六年十二月三日，举行校长受职典礼，实开全国基督教教会学校之新纪元。至于国民政府注册立案业已批准。校内自行政方面改组以来正在规划物质上之扩张及精神上之充实，务期能达到本校校训所标示“为社会造就完人”之目的，邦人君子尚祈教之。

苏州大学档案　3 永 140

东吴大学年度报告（1931—1932 学年）

校　长　杨永清

1. 文理学院和附属第一中学

刚刚过去的一年，是我们所经历的最反常、最棘手的年份之一。一九三一年日本开始侵略东北三省，这立即引起了全国的抗日激情。学生——社会中最活跃、最容易作出反应的分子，自然成了最易受影响的人群。因此，学生界成了抗日风暴的中心。学校的管理工作成了最不受欢迎、最费劲的事情。国内政治的复杂化，加上有些人企图把学生作为政治工具来利用，使得情势不断恶化。任何抵制他们霸权的人就成为不可宽恕的反动分子。

这形成了我们去年所有动乱的背景。我们为此而战的三个原则，即(1) 如果学生运动以爱国运动的名义进行，我们是否应该无条件的允许学生的一切活动？(2) 我们是否应该坚持我们大家公认的观点——学校决定性的权威是教师和管理部门而不是学生领袖、学生团体或学生会？(3) 我们是否应该抵制所有企图干扰学校管理的的外部因素，排斥渗透到教育机构的政治影响？我们已经度过了许多个极其焦虑的日子，我们没有生气，我们能站稳我们的立场。这是一次痛苦的经历。然而没有经历过我们这样经历的其他学校是不会对我们的成果有如此强烈的兴趣的。

除了理事会以外，管理部门也希望表达他们对校友会的全力支持的感激之情，感谢主教大人的担保，他的明智的忠告和富有同情心的合作。他那鼓励的话和他的担保，在那些充满了无常和焦虑的日子里，使我们受益匪浅。

但是，我们的学校工作不仅受到了学生动乱的干扰，而且受到了发生在上海周围的战争的干扰。我们直到四月下旬才开学，即使是那时我们还是的确壮了胆才开学的，因为害怕不采取行动是不对的。我们的指导思想是完成半学期的工作任务，还有半学期的工作，将在特殊的夏季学期完成。

由于这个学期不正常，所以没有举行正式的毕业典礼。完成学业并拿到毕业文凭的学生数如下：

文学院	文学学士 23 人
理学院	理学学士 16 人
法学院	法学学士 70 人
	法学硕士 1 人
附属第一中学	
高中部	30 人
初中部	25 人
附属第三中学	
高中部	23 人

初中部　　　　　　　　　　21 人

附属第二中学春季没有开学,所以没有发任何毕业证书。

2. 学生注册情况

就今年的学生注册情况而言,大学注册了 295 名学生,中学注册了 265 名学生,共计注册学生为 560 人。与去年秋季注册学生数相比,减少了 270 名。

需要说明的是,影响今年注册的因素可能有三个:一是,去年春天学生动乱以后,有 60 名学生被告知,他们是不能再回到我们学校上课了。二是,今年我们的入学考试比往年更加严格。三是,闸北地区遭到日本人的破坏,经济大萧条影响了许多家庭的经济状况,他们已不能再把孩子送到我们这类学校了。

更加直接的原因可以从法学院的重组看出来。这种变化的影响可以从这个事实中看到:1930 ~ 1931 年度在苏州,我们有法律预科班学生 123 名,而现在只有 34 名。除了对学校的财政有影响外,学生人数减少不会使我们担忧。学生人数减少可以通过提高学生的质量得到弥补。

3. 财政状况

东吴大学,当然不是中国唯一的有财政困难的大学,但我们的财政困境的确是真的而且很严重。去年我们的工作延期了三四个月,这使得我们已经困难的财政进一步恶化。我们 1931 ~ 1932 学年的预算总支出达到 173 000.00 元, 其中 117 000.00 元是靠收取学生的学费。事实上,我们只收到学费 78 734.00 元,比预期的少了 38 000.00 元。通过紧缩开支项目,支出总额达到 137 000.00 元,其中有中国员工放弃领取的 20 000.00 元工资。去年的总收入大约是 125 000.00 元,其中有学校外国教师捐赠的 3 000.00 元,洛克斐勒基金会捐赠的 6 000.00 元和别的特殊收入 2 000.00 元。这样我们的财政赤字是 12 000.00 元,其中 10 000.00 元通过从香港—上海银行公司贷款来弥补,但这笔贷款必须从今年的捐款中归还。

今年的预算包含了下面支出的基本数据:

总的情况

1. 支出(元)

1. 常规项目	1931—1932	1932—1933
a. 教师工资	99 084.00	94 198.00
b. 员工工资	8 500.00	7 500.00
c. 部门费用	23 000.00	20 000.00
d. 行政费用	8 000.00	8 000.00
e. 校友会和奖励支出	2 000.00	2 000.00
f. 奖学金和免去的学费	3 000.00	2 000.00
g. 苏州医院医疗服务费	1 000.00	1 000.00
h. 电费、水费和燃料费	10 000.00	10 000.00
i. 维护和修理费	6 000.00	6 000.00
j. 其他杂费和应急费用	4 000.00	2 000.00
总计	164 584.00	152 698.00

2. 特殊项目		
a. 香港—上海银行的贷款	11 000.00	10 000.00
b. 李堂(Lee Hall)建设最终支付费用	7 500.00	
总支出	175 584.00	170 198.00

2. 收入(元)

1. 学生上缴费用	1931—1932	1932—1933
a. 学费	63 000.00	51 600.00
b. 房间、场所使用费和杂费	31 500.00	26 400.00
c. 图书馆、实验室使用费,运动和医疗费	17 100.00	15 160.00
d. 房租、水费等	2 500.00	1 700.00
e. 其他费用和附加费	3 100.00	3 200.00
f. 暑假补习班收入	—	15 000.00
总计	117 200.00	113 060.00
2. 捐款收入	25 000.00	25 000.00
教会董事会现金捐赠	10 000.00	10 000.00
可能增加的注册学生收入	3 000.00	—
总收入	155 200.00	148 060.00
总赤字	20 384.00	22 138.00

这个表显示了我们的财政赤字是 22 138 元。也许,由于经济减退,支出的费用还可能要增加 5 000 元。但这笔费用可以从低估的大约 40 名注册学生的收入得到弥补。总的来说,要不是今年有两项特别的开支,今年的预算不会显示我们财政有多困难。

预算的最大一项,当然就是教师的工资,这一项就达到了 94 000 元。比去年减少了 5 000 元。这种减少与学生的注册人数的减少是不成正比的。进一步裁员是不太可能的。下面的表格可以具体说明这一情况:

年份	课程数	课时数
1931 年	95	118
1932 年	90	105

从理论上和数量上来讲,减少了五门课程或减少了 13 个课时数,应该可以减少 2 名教师,但是,理论在实际应用中是行不通的。关键是学生注册人数的突然减少是不可能同时就减少财政预算的。

教会董事会现在支援了我们 8 位教师(其中有一名由妇女学部支援)和 2 600 元的资金。教师分布如下:2 名英语教师,2 名社会学与宗教教师,1 名哲学教师,1 名历史教师,1 名植物学教师和 1 名中学英语教师。

我们急需传教士和财政支持来开展我们的正常的工作,尽管教会董事会的财政也较困难,但我们感谢教会董事会给我们所做的一切。

我们这里还应该感谢的是与我们生物系有关系的生物供应服务处,它多年来一直为我们的大学和中学制作生物标本。最近我们也在制造实验室工具如剪刀、钳子等,这不仅是对科学工作的促进,而且是中外文化的一种连接。

学校的宗教生活和宗教活动，一直是我们认真关注的事情。在苏州，我们正在试验一种最好的方法来改进我们的宗教生活，提高学生对宗教的真正的兴趣。我们现在遵循两条原则。第一条原则是鼓励学生主动积极、自愿加入到宗教的领导和组织活动。目的就是让学生感觉到宗教生活是他们自己生活中的一部分，而不是学校强加给他们的。第二条原则是激发学生的兴趣来讨论宗教问题，而不是仅仅给他们灌输宗教信息和知识。一方面，我们尽力使每一位教师都加入到我们学校的宗教工作，另一方面，在威廉先生领导下的宗教生活和活动委员会正在积极行动。他们邀请到了我们的理事会主席，圣约翰教堂的牧师，江长川博士(Dr. Z. T. Kaung)担任我们宗教委员会的名誉顾问。

在理事会年会上，在理事会的授权之下，我已经再次发行了一系列的、价值5 000元的住房建设债券，为了利用老宿舍楼西边一排的材料来建设新的宿舍楼。这些债券是得到保障的，将用新宿舍楼的房租归还。

有两幢楼正在建设中，每幢楼可以住三户人家，其中包括仆人住的地方。总造价将略超过8 000元。估计这些债券，年息10%，将在七年中全部还清。现在还剩下一些材料，这些材料可以再造两幢住宅楼。

一年前，我们用同样的计划建造了两幢可以住四户人家的二层楼。建筑总价是6 000元。今年年底，债券的一部分将得到偿还。造价16 000元的十户住房现在可以提供给我们大学的教师住了。

在建造这些新的住宅楼之前，我们只能提供给教师12户住房。其中5户，结构牢固，可以永久居住，3户为一般性住房，4户是临时性的或破的住房。这12户住房都是利用从拆除的五幢旧楼房上得到的旧材料来建造的，造价是18 000元。这些楼房的房租每月租金是282元，每年将收到3 384元的房租。

我们已发行了两批债券，价值11 000元。全部被教师认购。为了完成这个项目，我们有必要再发行5 000元的债券。教师是大学的核心和灵魂。建设一支高质量、具有基督教特征的教师队伍一直是我努力的目标。

当我1927年接任东吴大学校长的时候，只有一名签约三年的美国教师拥有博士学位。现在，我们教师中有四名老师有博士头衔。还有两名将在今年冬季拿到他们的博士学位。六位博士生中，四位是我们的男毕业生，五位是我们的基督教教徒。

明年，我们的教师队伍中将有一名女博士。她是我校的学生，已经被送到阿拉巴马州女子学院去学习了。她的专业是工艺美术和音乐。她将能给我们大学开设一些这方面的课程。由于阿拉巴马州女子学院校长，Agnew博士好意，才使这件事成为可能。

现在，我们的一位老师正在密西根大学学习。我们相信他回来时会取得博士学位。上面提到的两人都是我们的校友，也是我们的基督教教徒。

确保基督教教师受到好的培训是我们最关心的事，也是教会大学的问题所在。这不是在短时间内就可以一蹴而就。但在这方面我们已取得了实质性的、显而易见的进展。未来的前途是光明的。

到目前为止，报告主要谈的是有关我们苏州的学校的情况。下面我要特别谈谈附属第二中学、第三中学和法学院的一些情况。

上海的附属第二中学和湖州的附属第三中学正在合并。这次合并有三方面的考虑：(1) 危险重重，在目前这种情势下，不打算在被日本居民包围的地方继续开办学校。(2) 附属第二中学迟早要搬迁到一个新的大一点的地方。(3) 集中力量在有限的范围内把工作干好。

这次合并是我们增加东吴大学捐赠计划的一部分,也使附属第一中学搬迁到双塔成为可能。以目前的形式把财产出租出去,不管得到多少租金,从未来的发展计划来看,我们应该留出地方和资金为东吴大学专用。

法学院

今年的 1 ~3 月份的上海周围的战斗中,法学院遭到了日本水兵的光顾和洗劫。它不可能再在原来的地方开办了,结果被迫搬迁到租用的西摩路(Seymour Road)103 号。法学院在二月底开始了春季学期,学生人数稍有减少,七月下旬结束春季学期,这期间工作正常,未受到任何干扰。可是,在租来的地方进行我们的工作就意味着一年要多花费 3 000 元。为此,法学院正在向理事会申请额外的补贴。

今年注册的学生数与去年同时相比有所减少。去年秋季开学时的学生是 360 名,而今年到校学生只有 325 名。

上学期,法学院表示了它的合作精神,每个月送给我 200 元的支票,一共送了五个月。这笔钱被我交到文理学院的会计那里,直接用来发放我上学期的薪水。这样文理学院就不需要负担我六个月的工资了。

有关法学院学生的学习课程,我们进行了重要的重新安排。原来,学生在东吴大学文学院读两年预科班,然后到上海读三年专业课程。从今年开始,法律课程延长至五年。第一年在苏州上,其余四年在上海上。由于时间的原因,我们也为那些想留在苏州读第二年的学生开课。

自从去年春天以来,教会董事会一直致力于为法学院筹集大笔款项。尽管时世艰难,它还是兴致勃勃来做这件事。纽约来的传教士 Lundy 和 Marts 已经在从事这方面的工作,并且明年的预算中已经有了一笔拨款的立项。我们希望这事将会成功,因为这种投资将在中国民族生存和发展的重要阶段中大大增强对基督教前景的影响。

Minutes of the China Mission Annual Conference of the Methodist Episcopal Church, South, 1932.

东吴法科报告(1932年)

杨永清

今年1月至3月间上海周边爆发战争,由于校园已遭日军破坏,因此法科无法在原校区开展工作。为此,法科不得不在西摩路103号处租借一处以作临时校舍。尽管如此,本年度春季学期于2月底开学,学生人数未见大幅减少。至7月下旬,春季学期结束,期间学校再未受到其他干扰。租借他处办学就意味着额外开销,费用为每年3 000元,为此学校不得不向差董会申请补助。

今年学校注册在校人数不及去年同期。目前,学校共有学生325人,而去年秋季学期初,学校共有学生360人。

上学期,法科寄给我一张200元的支票,这也显示其合作精神,我将这笔钱转交给文理学院的司库。这笔钱实际上也间接成了我上学期的工资,这样一来,文理学院就无需再付给我此前六个月的工资了。

此前实施的课程重组已初见成效。以往的法科课程建立在两年预科基础之上,前两年的预科学习是在位于苏州的文学院进行,后三年的专业法学教育则在上海校区进行。今年预科教育继续展开,但法学教育时间则延长为五年,第一年在苏州,后四年在上海。而对于那些希望留在苏州继续第二年法学专业学习的学生而言,他们同样需要遵循这项规定。

自去年春季起,差会就打算增加法科的办学资金。尽管时局困难,但差会并未因此而放弃努力。纽约的朗蒂先生(Mr Lundy)和玛茨先生(Mr Marts)为此奔波忙碌,并筹集到一笔资金用于增加来年的预算。我们希望此事能得到圆满解决,因为目前中国民众生活以及国家发展正处在一个关键期,而该项投资对扩大基督教在中国的影响必将产生积极的推动作用。

大约两年前,上海市政厅为拓宽街道收回了位于昆山查普路处的一块土地。当相关事宜办妥之后,该土地转让所得收入将会转交给东吴大学。

Minutes of the China Mission Conference of the Methodist Episcopal Church, South, 1932.

苏州校本部抄送教育部指示改组法学院的训令及复文稿

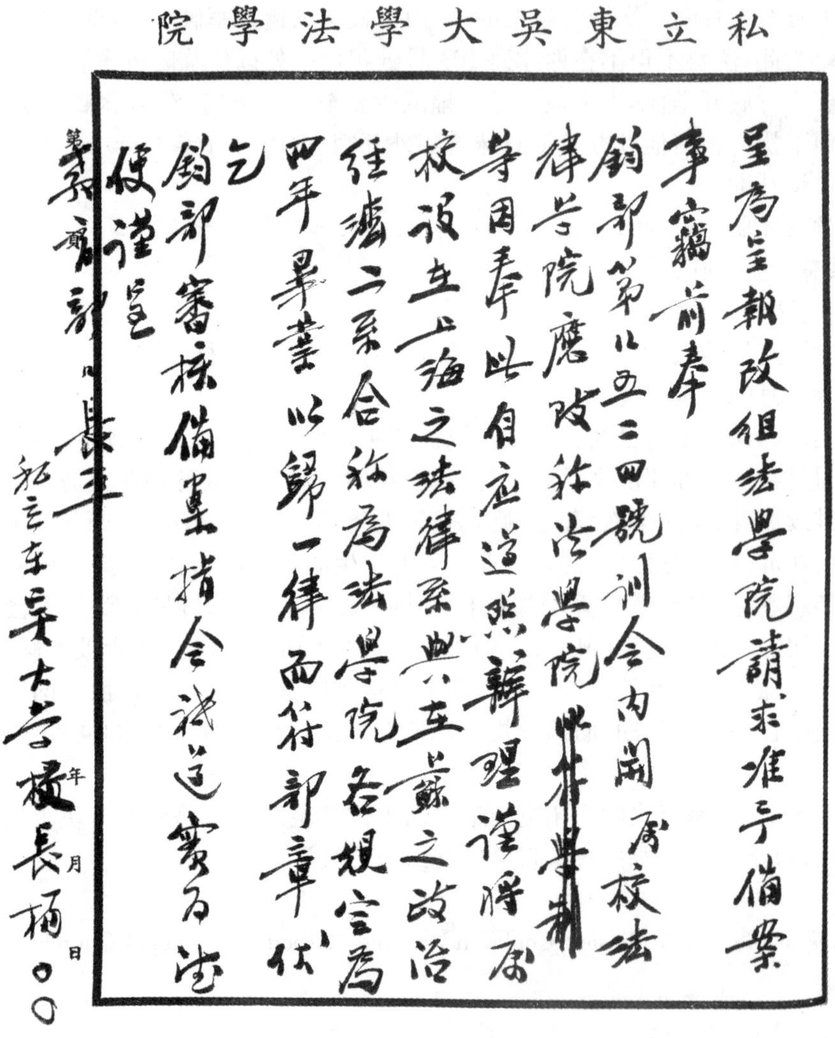
私立東吳大學法學院

呈為呈報改組法學院請求准予備案事竊前奉鈞部第八五二四號訓令內開屬校法律學院應改稱法學院等因奉此自應遵照辦理謹將屬校設在上海之法律系與在蘇之政治經濟二系合稱為法學院各規定為四年畢業以歸一律而符部章伏乞鈞部審核備案指令祇遵實為德便謹呈教育部部長王

私立東吳大學校長楊〇〇

呈为呈报改组法学院请求准予备案事，窃前奉钧部第八五二四号训令，内开属校法律学院应改称法学院，等因奉此，自应遵照办理，谨将属校设在上海之法律系与在苏之政治、经济二系合称为法学院，各规定为四年毕业，以归一律而符部章，伏乞钧部审核备案，指令祇遵，实为德便。谨呈教育部部长王。

私立东吴大学校长杨

上海档案馆 245－1－1

本校四大典礼志盛

科学展览会——参观者万五千人

新体育馆落成——周新德堂主人启门

新女生宿舍落成——江贵云女士剪彩

淡水生物研究所成立——全国唯一研究机关

本校为普及科学知识，唤起民众对于科学之兴趣及促进社会对科学公开研究起见，于四月二十二日至二十四日，每日上午九时至下午五时举行第三次之伟大科学展览会，同时举行新体育馆及新女生宿舍大楼落成典礼，而全国唯一之淡水生物研究所亦于斯时开成立大会。四大典礼同时举行，天赐庄畔，车水马龙，猗欤盛哉。三日间热闹情形，均已详载各报。而理学院复假各日报出刊东吴大学科学展览会特刊，说明本校生物化学物理等系之历史沿革及展览概况，以作参观者之向导。此次

科学展览会 确较前二个尤为伟大精彩。除布置方法经济精致井井有条煞费苦心外，而各部成绩，均能各显其特色。如科学馆之一层楼为

物理部 其最引人入胜。感觉兴趣者为最新防盗器，该器利用光电作用装置保险箱上，遇盗启箱时，即铃声大作。又如电学部有心电试验，因犯罪者之心理必起变化，故可资侦探及法律方面之应用。二楼为

生物部 有美国巨蛙与泥龙、水龙等生物陈列展览。而尤以寄生虫病之生活史与其防止法之灯塔一座及脊椎动物室内各种病人肢体之病理标本为最特色。三楼为

化学部 有本校自制之信号焰火及各色烟幕。而尤以化学工业之机械及毒气制造法、毒气防护法、新辅币之分析、血手印显露法等等当场实验，最为动人。又本校化学系因受县府委托分析自来水水源，特将所应用之各项装置及仪器陈列一室，并列有各项图表及分析报告。参观者均感无限兴趣。四楼为

生物材料处 陈列本校自制各种标本颇为参观者所赞美。

淡水生物展览 则陈列在林堂一楼。其中最特色者有中国渔民所习用之各种渔网，约六十余种之多，并详述其用法及一切。更有本邑所产之活鱼四十余种及河豚等，其他

螺蚌贝壳,有害之水生昆虫及有益之水生小虫,均置之水族箱中,活泼生趣。以上各种重要展览部分,均已一一摄成电影以备日后开映。此次除科展外尚有科学电影科学演讲及科学播音。虽天不作美,而三日内冒雨参观者仍接踵而来,拥挤不堪,因而向隅者甚众。本校以各界请求展期甚殷,遂又

延长半天 而来宾仍不绝而来,途为之塞,总计参观者达万五千人之多。除本埠各公私立中小学各机关及驻军等团体外,如南京中央大学、上海大夏、暨南、中西女学等校均专车前来。至于

特别来宾 则有中央国术馆馆长张之江将军、全国体育协进会总干事沈嗣良先生。西南夷族代表高玉柱女士及周新德堂主人邓县长等。而教育部部长王世杰氏本拟参与盛典。嗣以京中要务,不克抽身,特电本校致贺,并有题字寄来。本校为永留纪念起见,将辑一

科展特刊 冀于最近期内出版,现已开始征稿云。此次与科学展览会同时举行之

淡水生物研究所 于四月二十三日下午二时在葛堂科学馆开成立大会,并举行名人演讲。该所为全国首创之唯一淡水生物研究机关,对于改良江南淡水生物所负之使命甚大。而

新体育馆及新女生宿舍落成典礼 则于四月二十四日下午三时在大礼堂举行。首由杨校长

致开会词 感谢各位募捐出力人员,确能人人尽力个个有分。以致两所大建筑,先后得睹厥成。并为新体育馆撰

体育十诫 以发扬本校体育之真精神。次由张之江将军及沈嗣良先生、邓县长等相继演说。对于体育之重要及其真精神,多所发挥。开会时并有本校音乐系教授盛建颐女士之钢琴独奏,及本校歌咏团之歌唱。会毕,由杨校长陪同来宾参观新女生宿舍。并由景海女子师范学校校长江贵云女士

行剪彩礼 继参观新体育馆。由周新德堂主人于军乐声中

行启门礼 随即开始篮球比赛。为苏州联合队对本大学篮球队。本校大胜。更有本校健身队

体育表演　由本校体育主任王守方先生率领。分单杠、双杠、木马、垫上运动等节目。极为精彩，掌声雷动。晚间八时为答谢来宾起见。举行

游艺大会　节目以程金冠同学之独脚戏、朱梦兰女士之独唱及戏剧肖子贤孙为最精彩云。

杨校长撰体育十诫
一、练习有恒诫作辍无常
二、忠实求进诫嬉戏敷衍
三、严守纪律诫取巧作弊
四、尊重品谊诫非礼加入
五、临场精细诫疏漏玩忽
六、遇敌慎重诫过分自信
七、获胜益励诫矜夸自满
八、遇败愈振诫轻暴颓唐
九、团结合作诫散漫推诿
十、敦崇友谊诫徒较胜负

《老少年》1937 年，苏州大学档案　3 长 25

内迁(1942–1945)

三十一年一月八日校董会第十八次会议之议决案

一件停办本校案

议决(一)因鉴于下学期继续办学所必然遭遇之严重经济困难,本校应于本学期结束时(即一月十五日)起即行停办。

(二)授权本会执行委员会全权执行前项决议案并处理一切有关事件。

三十一年一月十二日校董会执行委员会会议之议决案

一件大学各学院及附中学生借读他处案

议决大学各学院及附中学生欲借读他处者,只限于三十年度应届毕业级方得由本校斟酌情形加以认可,惟借读成绩或他种补习所得成绩之审核及毕业证明书之颁发,均须俟本校他日复校时汇案妥慎办理。

一件答覆附中一部分教职员未函案

议决本会对附中一部分教职员热心办学甚为钦佩,但本校既经结束对外即不能发生任何组织上之关系。关于学生借读一节,前经通过大学各学院及附中学生借读案可以适用。至于借用校具设备一节,应即授权本校当局酌拨其中最为适用而且可以移动之一部分交由该负责人等代为保管、使用,但本校仍保留于必要时随时收回之权。

一件保管附中文件档案案

议决责成附中校长保管附中校钤图章一切重要文件及档案连学生成绩册籍在内。

一件清理教职员消费合作社案

议决本校既已决定停办教职员消费合作社,自应同时结束清理所有本校前拨借该社之款项,应由会计处收回之。

一件拨发员工遣散费案

议决本校员工遣散费应依下列标准拨发之:

(一)解除本年度聘约关系时,教职员服务一年以上者一律发给薪金及普通津贴三个月;

(二)教职员服务未满一年者一律发给薪金及普通津贴两个月;

(三)校工一律发给工资及伙食三个月另加回乡旅费,每人以国币五十元为限。

三十一年一月十五日校董会执行委员会会议之议决案

一件核定发给大学部应届毕业级学生证件方式案

议决发给大学部应届毕业级学生证件原则通过,其详细方式应由本校当局与其他基督教各大学洽商规定之。

一件改组与停办附设机关案

议决本校附设之生物材料处应准交由徐荫祺君负责，改组为祁氏生物材料处继续办理。其员工薪给以自给为原则。又本校附设之物理仪器工场应即停办，所有一切设备应由李庆贤君与本校当局妥筹保管方法。

一件保管校具设备案

议决本校校具设备应由本会负责保管，其重要图书仪器部分应由潘慎明君会同各系主任妥筹保管办法。

一件保管本校钤记、文件档案与账款案

议决本校钤记、文件档案与账款应请李中道先生代表校董会执行委员会负责保管。

一件解散本校互助储金会案

议决本校附设之同人互助储金会所有储金应即发还各该会员。

苏州大学档案　3 永 36

本校两度内迁记

潘慎明

本校自二十六年夏抗战军与苏垣受敌威胁后，校本部及文理两院职教员在杨校长领导之下转辗浙皖等省，先就吴兴附中开学两月，继留屯溪与之江文理学院筹议办理联大，终以军事倥偬未克实现，其时原拟再度西迁湘省，讵得上海传讯公共租界中区秩序尚称安定，学校纷纷复课。本校法学院亦赁屋西区照常办理。杨校长乃决定返沪，先就卫理公会慕尔堂设校本部，并于廿七年春将文理两院复课后，以之江亦已迁沪，而沪江、圣约翰两大学亦由上海四郊迁入，中区四校遂议定设立联合会，共赁南京路慈淑大楼房舍百余开设公共图书馆及实验室并推行其他教学上之合作。先后四载成绩卓著。本校学额最后扩充至一千三百人，尤以每年暑假四校举行联合毕业典礼，鬲皇盛大得未会有。先是本校生物学系教授刘承剑先生于三十年冬西行至成都与华西大学协商暂将该系寄设华大，后以本校校本部及各院系均已集中上海故，前项办法即行停止。三十年夏，法学院虽有在渝设立分院之议，亦以同样困难未遽实行，惟本校首次内迁之经过也。三十年春，杨校长奉校董会命赴美作短期之进修与休养，校务由文乃史先生代理。当时以沪地环境特殊肆应尚有余裕，不意同年十二月初太平洋战争爆发，四校屡经协商未获一致，重以圣约翰趋向留沪继办。沪江同学会又有改组学院之议。本校与之江校董会遂分别议决暂行停课，再图他计。至三十一年二月中，本校先后接重庆电讯，一则教育部任命杨校长为东南联大筹备委员；二则中华基督教教育协会特请毕范宇先生代表由渝赶至金华，希与本校及之江当局洽商就福建邵武筹设基督教联大之计划。其时本校校董会以杨校长尚留国外，又以文代校长籍隶美国不能自由离沪，乃议决选任校董沈体兰先生为副校长代理校务，而原校长所兼代之法学院院长一缺改由该院教务主任盛振为君遽补，并经校董会特派本人以校务长兼理学院院长会同沈、盛两君共组内迁委员会，以沈君主席负责进行。同时由文代校长将前项行政改组情形分别通知东南联大筹委会及之江文理学院，一面并由内迁委员与之江当局初步交换筹议邵武联大之意见。四月初，盛、沈两君先行离沪抵达金华，本人则于四月下旬偕沈青来教授及陈侠泉先生等后至。其时，沈君等已在金组设本校内迁办事处，而东南联大方面则暂由盛君参加筹委会。惜当时沪上国立各校院只有暨大何校长一人贤劳奔走，终以人手缺少该校未能成立。其后果间接对私立大学不无相当之影响也。本校内迁委员即已全部取齐。四月底即由本校办事处以杨校长名义电教部补行呈报本人请假留美由副校长代理及遵令内迁各节，嗣后得教部电令，谓沈君准代理已备案，但无庸称副校长。沈君奉令后当即分函各校董并由校董会议决追认云。东吴、之江两校代表卒于五月初联袂赴邵武与福建的协和大学代表举行会商，对联大轮廓拟有方案，大致仅分两部，第一部为协和之文理农三学院共十学系，第二部为东吴与之江所共同组成之法商及理工三学院共九学系，且已拟定组设联校行政委员会，正待呈报。教部添建校舍，招考新生步骤粗定，适浙赣战事突起，之江李院长遄返金华将两校联合办事处仓猝撤销，并挈养属沿途避难，颠沛流离备尝辛苦，月余始克重返邵武，而其时敌军已侵入赣闽边境，邵武颇受威胁。两校同人又仓皇赴南平暂避。七月中再约协和及会南女子学院代表从长商讨各校去留大计，但以各方对地方环境观感互异无法强同，结果认为各校应自由取决不必为原定联大计划所拘束。其时之江方面已决定仍回邵武，而本校则以迭接桂省府及岭南大学函电欢迎且法学院又以师资设备关系，势须远迁重庆，故最后决定离闽西迁不再留恋。盛院长于八月初先行赴渝。沈代校长则于八月底赴曲江，与岭大李校长洽商迁校问题，备蒙彼方之欢迎与鼓励。时岭大已在曲江县属仙人庙得棚舍十余座，正积极筹备开学。本校全体内迁员生暨眷属约三十人于九月初抵达亦即决定留此复课。所有学生即寄宿于岭大东首之棚舍，而教职员则暂时赁屋曲江市郊。十月初文学院先行招生开学，学生四十人，全部寄读于岭大。教员二人则分担两校若干课程。年底本校勘定仙人庙站东旁山地为临时校址。本年一月初鸠工开筑，第一批新校舍计十二座，二月底大部竣工，员工全体迁入。同时并只筹第二批校舍，计五座，但全部工程计经延搁，至暑假中，始告完成。先是寒假开学，本校已有自建新屋且内迁及新聘教职员约多十人，故又恢复理学院添招新生，计两院学生共七十人，其时法学院在渝经过半载之筹备亦已开学与沪江商学院合并夜校，共有学生二百余人，至是本校文理法三学院十一学系大体恢复。内迁使命并已告一段落。沈代校长及本人为发展校务计，乃商定由沈君于今夏赴渝蓉出席全国基督教大学校长会议之便，向与校董会提出电催杨校长早日返国，重主校政，俾沈君得以原任校董资格，继续其过去辅导母校之工作，而本人亦得摆脱行政专心教学。各初服幸得校董会与同学会之同情，交相慰勉。沈君于暑假回校后即开始添建女生宿舍，增聘新教员推进校务 ，除旧布新。本学期开学员生人数骤然加倍，校中一切皆呈生动活动之气象，尤其在宗教生活方面恰符我国古训有志者事竟成及耶稣遗教信仰者得生命之宏旨、国家教育命脉之延续，东吴办学使命之发扬海内外，兴我有旧者，可以闻风兴起矣。

《东吴校闻》曲江版创刊号，1943 年，苏州大学档案　3 长 43

校舍素描

沈体兰

本校去岁春夏由沪内迁,校本部及文理两院初设曲江仙人庙岭南大学内,法学院初设重庆保安路社交会堂局内处数室。无校舍之可占经过半载之经营,幸得美国设立人联合会、英国援华总会办理公会及重庆桂林等地同学会之援助,校舍先后落成,除重庆法学院系就原有社交会堂旧址利用一部分材料建造校舍一座,计礼堂课室办公室等十余间外,曲江校本部及文理两院于半年内陆续建筑校舍共十八座,此项校舍位于曲江北约三十公里粤汉铁路之仙人庙站。抵站后向东步行一百步即达校门,西向入门后循甬道东行约一百公尺即有并列之教室三座,颜曰林堂、孙堂、赉恩堂,所以沿苏州校舍之旧,且纪念历任校长林公乐知、孙公乐文及尊重前校长葛赉恩先生也。再东行为办公厅,名乃史堂,则以尊重前校长文乃史先生。位于办公厅北部有实验室为全校最大之建筑物,名抗建堂,足以象征一切努力之中心。稍东为男生第一宿舍,曰:英盟堂,所以志谢英国援华之捐助(按英国援华会捐款占本校建筑费之半),中分五室,以著名学府牛津、剑桥、伦敦、北明、爱丁堡等命名。再东为第二男生宿舍,曰:美丽堂,亦以志谢美国援华总会之捐助(按本校建筑费之小部分及极大部分常年经费均由美国设立人联合会向援华总会募得之),中分六室,复以美国各大学哈佛、耶鲁、芝加哥、哥伦比亚及最大城市纽约、华盛顿命名。再东行为礼堂,同时用作膳厅,名永清堂,则以推重校长杨先生长校十五年之功绩,且视其早日锦旋也。礼堂之北,高踞山顶有最新落成之女生宿舍,名桂友堂,所以志谢桂省同学会之捐助,盖建筑费之半数所自来也。礼堂之南有广场,其间小屋数椽相栉比,西端为合作社,次为厨房,再次为工场,东端为医疗室,附小厨房,再东为李园,桃李盈盈,不仅为疗养平添胜景,抑且为教育象征成功洵佳话也。李园之北礼堂迤东为教职员住宅,分四座,每座四屋,最西座名天赐庄,次螺丝浜,次姑苏坊,最东为西溪坊,皆以苏州地域称使,居此者每逢月明之夜不胜低头思故乡之感,然而努力文化岗位,促成抗战胜利,又莫非还我河山之终南捷径耳。近以教职员人数增多故,校董会、校本部委员会已议决添建教职员宿舍一座,籍养单身无眷者十人,将来落成时或以双塔寺名之,将使苏州旧址不能专美于前。此外,山后尚有男女厕所及浴室共四座。全校适为环山通路所围抱,而山后通路更多幽胜,课余散步不亚于姑苏城畔葑溪河滨景色,虽非请调差似。又山前山后各有运动场一方,分别名为中西球场及博习球场,则以纪念本校前身两名书院。而校门牌坊不日亦将巍然树立,皇皇校训:养天地正气,法古今完人(Unto a Fulel Grown Man)即将播远近而垂千古矣。谁谓抗战时代之东吴不能与其他抗战大学相媲美耶!

《东吴校闻》曲江版创刊号,1943 年,苏州大学档案　3 长 43

本校经济概况

本校经济向由设立人美国卫理公会拨发,另有国民政府教育部补助金、本校校产收入、本校各种奖学基金收入及特种捐款等藉养浥注。至学生缴费原占小部分,所有经费除供校本部及文理两院之用外,再由校长秉承校董会意旨,酌拨补助于法学院及附属中学。去岁内迁后,上海校产收入及美国奖学基金收入全部停顿,特种捐款亦无着落,各项经费大部分不得不仰给于国内外救济机关之补助。兹将卅一年四月至卅二年八月所有内迁建筑及经常各项补助列表如下:

(甲) 内迁费	
一、教育部补助(校本部及各院)	一〇〇、〇〇〇
二、美国顾问委员会(校本部及各院)	四〇、〇〇〇
(乙) 建筑费	
三、美国设立人联合会(校本部)	一八七、〇〇〇
四、英国援华总会(校本部及文理学院)	二五四、〇〇〇
五、英国援华总会(法学院)	四八、〇〇〇
六、卫理公会(法学院)	一五〇、〇〇〇
七、重庆同学会(法学院)	一〇〇、〇〇〇
八、桂林同学会(文理学院)	三〇、〇〇〇
(丙) 经常费	
九、教育部补助(校本部及文理学院)	七〇、〇〇〇
十、教育部补助(法学院)	三〇、〇〇〇
十一、美国设立人联合会(校本部及文理学院)	一九五、〇〇〇
十二、美国设立人联合会(法学院)	六〇、〇〇〇
十三、卫理公会(校本部及文理学院)	八九、〇〇〇
十四、卫理公会(法学院)	三〇、〇〇〇

以上三项合计为国币一百三十八万三千元,尚有校本部及各院收入、零星捐款、学生缴费及杂项收入不计在内。

《东吴校闻》曲江版创刊号,1943年,苏州大学档案 3长43

东吴大学校董一览表

按本校校董会原设上海,三十年冬太平洋战事突发,校董会除先后议决本校遵令内迁,选任校董沈体兰为代理校长,特派沈体兰、潘慎明、盛振为为内迁筹备委员外,以沪地环境特殊暂行停止行使职权,另由设立人代表中华卫理公会执行部征得设立人同意就现留后方之原任校董四人外,另推十一人组织非常时期校董会,其任期至抗战军事结束时为止。今校董会已于三十一年十月十二日在渝成立,暂以保安路社交会堂为会址,其人员如下:

职别	姓名	别字	籍贯	经历与校关系
董事长	孔祥熙	庸之	山西	行政院副院长　原任校董
中文书记	江一平		浙江	国民参政会参政员　同学
英文书记	锐　璞		美国	卫理公会司库　设立人代表
司库	贝祖贻	淞县	江苏	中国银行总经理　同学及原任校董
	居　正	觉生	湖北	司法院院长
	张　群	岳军	四川	四川省政府主席
	陈文渊		福建	卫理公会华西区会督　设立人代表
	罗运炎		江西	立法院委员
	力宣德		美国	卫理公会华南区会督　设立人代表及原任校董
	高　阳	践四	江苏	国立广西大学校长　同学及原任校董
	陈霆锐		江苏	国民参政会参政员　同学
	董承道		浙江	前财政部与公司总经理　同学
	黄仁霖		江苏	新运总会总干事　同学
	骆爱华		美国	曲江青年会总干事　设立人代表及校本部委员
	伍学宗		广东	曲江循道医院医师　设立人代表及校本部委员

《东吴校闻》曲江版创刊号,1943年,苏州大学档案　3长43

东吴大学同学会一览表

本校同学会总会向设苏州本校，各地分支会并未遍设，抗战以来后方分支会先后成立者有：川、陕、黔、桂、滇、渝等处。三十一年更由渝方同学等议迁总会于重庆，至是同学会体系大致树立，兹将总会及各地分会会址及重要职员列表如下：

总会会址重庆保安路社交会堂

监事长陈其采　常务监事刘鸿生　陈霆锐

理事长贝祖贻　常务理事黄仁霖　董承道　李骏耀　盛振为

重庆分会会址重庆保安路社交会堂

执行委员会主席董承道　黄仁霖　薛光前

委员孙晓楼　章任堪　姚铁心　李骏耀　杨兆龙　章　益　潘履洁　殷新甫　施季言

执行干事毛吟槎　任作君　吴天锡

四川分会会址成都正府卫公立医院

正会长潘铭紫　副会长陈斐然

文书伍正谊　会计陈舜名

干事殷恭毅　殳家豪　吕高辉　郑　云　杨明远

陕西分会会址西安东羊市二十三号

名誉会长王典章　会长毛永俶　副会长刘子谋

总干事江振德　干事杨宗虎　尹政达

贵州分会会址贵阳中华南路三八三号

会长莫季莹　干事吴怀廉　王子刚

云南分会会址昆明金碧路八十号

理事长张信孚　常务理事沙莫　陆近仁

理事王伯琦　殷恭昌　候补理事王振亚　沈福声

监事长徐善昌　监事张国光　金恒洪　候补监事刘志实　徐维铸

广西分会会址桂林桂西路阳家巷一号

会长赵冲　副会长邬梦楼　秘书谢承烈　干事张一敬

广东分会会址曲江仙人庙本校

会长　邓宗培　副会长　夏楚章

秘书　李琮池　干事吴笑生　汪少谦

《东吴校闻》曲江版创刊号，1943 年，苏州大学档案　3 长 43

校本部暨文理两院职教员表

本学期校本部暨文理两院职教员人数添增(自十三人增至二十六人),兹将各人简历列表如下:

职务	姓名	籍贯	年龄	学历	经历	备注
校长	杨永清	江苏无锡	五三	东吴大学文学士,美国华盛顿大学法学硕士,南方大学法学博士	中国驻英大使馆参赞,驻伦敦总领事	(在假)
代理校长兼总务长,文学院长兼英文教授	沈体兰	江苏吴江	四五	东吴大学理学士,英国牛津大学研究员	青年会全国协会干事,群治大学教授,上海麦伦中学校长	
校务长兼代教务长,理学院长兼化学系主任	潘慎明	江苏吴县	五五	东吴大学理学士、文学士,美国芝加哥大学理科硕士	东吴大学校务长,理学院院长	
训导长兼中国文学系主任	谢扶雅	浙江绍兴	五二	日本立教大学毕业,美国芝加哥及哈佛大学研究员	岭南大学训导长,中山大学文学院长,国立师范学院公民训育系主任	(在假)
秘书	魏明新	广东五华	三二	日本中央大学高中商科毕业	复旦中学教员,中苏文化协会昆明分会秘书	
会计主任	刘君朴	广东中山	三六	广州青年会中学毕业	岭南大学会计主任,广州青年会干事兼会计主任	
生物学系主任	李琮池	湖南阳县	三五	东吴大学理科硕士,美国康乃尔大学哲学博士	协和大学讲师,厦门大学教授,生物学系主任	

生活指导主任兼代出版主任代训导长，中国文学系副教授	吴笑生	广东毕定	三三	东吴大学文学士	广东恩平中学校长，岭南大学讲师
庶务主任，中国文学系讲师	萧维元	广东兴宁	三四	沪江大学文学士，中山大学研究员	佛山华英中学校长，培正中学教务主任
代理女生主任，英文系讲师	王蕙蓉	广东台山	二七	加拿大多朗大学文学士	香港协恩中学教员，岭南大学讲师
代理文书主任	陈侠泉	浙江平阳	四九	温州师范学校毕业	青年会全国协会文牍，上海麦伦中学文书员
代理中校军事教官	官昭洒	广东大埔	三〇	中央军校十三期毕业	十九集团军总司令部参谋，中国远征军司令部营长
中国文学系教授	王衍孔	广东南海	三八	国立广东高等师范毕业，法国蒙伯里亚大学博士	国立中山大学教授，私立广东国民大学教授
政治学系教授	吴逸之	广东梅县	三六	北平中国大学毕业，法国巴黎大学学士，英国伦敦大学硕士	国立中山大学教授
经济学系教授	秦元邦	广东梅县	四五	金陵大学毕业，日本早稻田大学学士	国立中山大学教授，中央军校教官
社会学系教授	叶启芳	广东三水	四六	燕京大学研究员，日本早稻田大学研究员	培英中学校长，中山大学教授
中国文学系讲师	赵君直	广东新会	三三	中央大学文学士，柏林大学研究员	中央大学助教
英文系讲师	梁秉宪	广东南海	三八	香港大学文学士	岭南大学讲师

经济学系讲师	虞实尧	广东顺德	二九	岭南大学商学士	岭南大学讲师
物理学系讲师	黄杏文	广东龙川	三十	中山大学理学士	中山大学讲师
化学系助教	张昌佑	广东	三一	中山大学理学士	中山大学助教
注册员,经济学系助教	张朝林	广东潮阳	二四	东吴大学法学士	本校毕业
训导员兼代体育指导	梁嘉骧	广东中山	二七	中央军校十五期炮兵科毕业	中山县政府公安科侦察,广东省保安司令部上尉参谋
会计员	司徒赏	广东开平	二六	复旦大学毕业	开平楼溪小学教员,开平第二区署指导员
庶务员	李　锋	广东中山	二七	香港增新书院毕业	青年会随军服务团团员
护士	俞守闲	浙江杭县	三二	红十字会高级护士学校毕业	湖南邵阳中心卫生院护士主任

《东吴校闻》曲江版创刊号,1943年,苏州大学档案　3长43

法学院近况

本校法学院自三十一年八月盛院长只身赴渝筹备复课后,初以中央规定陪都市区不准设立各学校未克顺利进行,历半载之惨淡经营始获当道谅解准设夜校,既免空袭危险又便公职人士进修。其时适沪江大学亦正筹设商学院,两校乃共设联合法商学院,置联合委员会由东大及沪大校董分推。会陈文渊、葛德基两先生再加东大法学院院长盛振为、沪大商学院长凌宁扬及法商学院教务长卢峻组织之。该院共分法律系、会计银行系及工商管理系,由查良鉴、杨荫溥、翟克恭三先生分任系主任云。

《东吴校闻》曲江版创刊号,1943年,苏州大学档案 3长43

杨校长动向

本校校长杨永清先生，江苏无锡人，现年五十二岁，系本校文学士，美国华盛顿大学文学硕士、法学士，南方大学法学博士，为华盛顿亚开先学会会员、中国斐道荣誉学会会员，曾任中国驻美公使馆参赞、外交部参事及中国驻伦敦总领事等职。民十六年应本校校董会之选为首任国籍校长。接事以来完成立案手续，树立院系制度，添建校舍，扩充学额，创设研究所及化工、会计等系，试办医预、护士及体育各专科，并倡办生物学材料处、物理学工场、乐物化验所及社会调查所等，成绩卓著，蜚声海内。三十年春，奉校董会命赴美作短期休假与进修，不幸同年十二月太平洋战事骤起，杨校长全家滞留国外不克遄返。三十年度在纽约协和神学院研究，著有英文中国宗教道传一书，泛论儒释道各家与基督教之比较，颇得美邦人士之敬佩。三十一年度应梅茵省波多音大学之邀担任中国文化史特约教授，同时并兼中宣部所办中国通讯社演讲组工作。按杨校长虽暂留国外，对本校与设立人之联络仍多奔走，辛劳可见。近闻校董会已屡电催请回国。谅束装就道之期当在不远矣。

《东吴校闻》曲江版创刊号，1943年，苏州大学档案 3长43

同仁消息

本校前任校长文乃史博士自太平洋战事爆发后，以籍隶美国未能自由离沪。三十一年三月，敌将留沪美籍人士全部拘禁集中，文校长虽年迈亦不获免。三十二年三月，屯溪通讯甚至有在集中营逝世之谣说，后得沪上确信知系讹传，方深庆幸迨。十月初，复传文校长暨许安之教授已因美日交换侨民即将离沪，兹悉许教授业已成行，文校长仍留沪，惟身体颇为安健云。

本校留沪重要教职员二十余人原约陆续内迁，后以浙赣战事交通阻隔，自兹旅途益形艰险，费用更趋浩大，除陈晓、张宗炳二先生于三十二年初先后到校外，后继者竟成绝响。留沪同人之在沪生活始终为本校校董会及学校当局所深切顾念。但以自由沦陷两区遥隔且设立人方面款项接济仅以自由区为限，卒有爱莫能助之憾然。同人等大都坚守岗位，耿介自持，良堪佩慰。惟近传沪地忽有某大学某学院之组织具见首当其冲者，处境益难，用心良苦，见仁见智或者未可厚非。但本校奉命内迁于未得校董会同意及教育部准许前，对于此项行动除认为应由离职同仁私人负责外，未便有何正式举措，至青年学生内迁凡与本校有相当关系者，自应遵从政府及设立人意旨，尽量予以便利也。

本校内迁教职员暑假中先后以事离去者有代理教务长沈青来先生，系向校本部请假赴渝调充法学院兼任教授，并就中央造纸厂之职；又生物系代理主任张宗炳先生应其母校燕京大学之聘，改任该校生物系主任；又经济系代理主任陈晓先生则以幼子夭亡离职，返回后复转渝经商；又十月中理会计主任慎斐文先生忽以老同学黄仁霖先生之坚邀离职，去桂改任军委员战地服务团空军招待所要职，慎君为国宣劳，定必为母校争光不少也。

《东吴校闻》曲江版创刊号，1943 年，苏州大学档案　3 长 43

抗战初期损失统计

本校自用校产分苏州天赐庄校本部、上海昆山路法学院及吴兴附中三处,又租借校址有上海南京路校本部及虞洽卿路法学院二处。二十六年抗战后苏州校本部曾一度被敌占领,旋经美国交涉收还,但校舍设备、图书、仪器已有相当损失。三十年冬太平洋战事,各地校产及租借校址先后被占,其损害范围与程度迄未能作详确之调查与统计。至抗战结束前有无更多之损失尤在不可知之数矣。兹将初期损失列表如下:

实验室仪器　美金　五〇、〇〇〇元

图书馆图书(百分之二十)　美金　一〇、〇〇〇元

电机厂　美金　六、五〇〇元

校舍及校场　国币一二〇、〇〇〇元

校具设备　国币二〇〇、〇〇〇元

家私　不计其数

一切档案文件

附注:美金及国币均以三十年十二月币值为准。

《东吴校闻》曲江版创刊号,1943年,苏州大学档案　3长43

东吴大学代理校长报告（译文）

一九四三年三月十日

日本占领了上海的国际租界以后不久，东吴大学根据信托人理事会的建议停办了，在代校长文乃史先生和潘、沈两主任的领导下，所有系科都平静地停止了课程的进行，为了结束四年级的工作及给予暂时不能离开上海的学生以指导，部分教师在上海的三个地区进行讲习。至1942年教育部二月份来信，提到了法兰克先生已被派到金华来计划把教会学校从上海撤到重庆后方去。后来Price博士又来信，建议在福建邵武建立一个基督大学联合会，校务委员会进行了讨论并指定我为副校长，潘、沈两人为董事会成员。

我四月初离开上海，顺利到达金华和之江大学讨论后成立了联合办公室，着手准备联合大学事宜，然后在五月初我们到邵武，和那里的基督大学进行协商，初步同意三所大学分两部分，即福建基督大学开办文、理和农三科；东吴、之江大学开商、法和理工三科。江、浙战争突然爆发以后，金华不久便被日本侵略军占领了，金华联会办公室及家属们只得向邵武方面逃难，一路上遇到千辛万苦，损失惨重，花了两个月才到邵武，到六月中战事发展到福建边界，东吴、之江大学部分逃到南平（福建中部），暂时躲避。

在六月中旬，三大学代表在南平举行了另一次会议，讨论了进一步合作问题。由于对邵武的安全看法不一，决定每一个学校都有自己选择地址和决定怎样同别校合作的自由，为了抢先获得较好的条件和方便，法学院决定先到重庆去，文理学院的师生，将分乘两辆汽车在8月底到曲江（KuKong）去。

在这里，我们受到岭南大学校长的热烈欢迎，他们同意我们的文学院和岭南的合作，另外还得到了一个席棚作为学生宿舍、教室和图书馆与他们一起使用。我们给予他们两位老师，给他们任课，我们有35人的一年级和高年级生，总的说来，教育任务完成，和岭南的关系也搞得很好。

这一个学期职员家属住在离岭南大学20英里的新安庙城里（Shen Yen Miao）。为了给教职员和学生安排住地，动用了基金中的158 000美元买下了九幢楼房，为了理学院的开课，需要三个教室、一个实验室、一个学生宿舍和两座职员房子。幸运得很，我们从英国援华基金中拿出176 000美元买了几座房子，修缮以后拖了很久，大约到本月底才得结束。虽然教育工作是拖迟了，但在同时为理学院重新开学的准备工作还在进行着。由于岭南大学未能把已在香港的科学设备带出，所以必须向广东省立文理学院借用实验室，这只是一个权宜之计，春季又招了35名理学院新生。

在重庆的法学院上学期没有开学，这是由于政府规定在暂时首都不准开新的学校，但和沪江大学商学院合作办一个夜校的要求得到政府的允许。在监理会的财产的基础上，造了几栋建筑物，具有鲜明前途的日常工作已经开始了。

这样经过一年的颠簸流离、动荡不安以后，东吴大学终于又安下了家，并且通过它的两个分部，继续在对中国和她的青年们作出贡献。愿上帝指引它在基督教的高等教育这样一个极重要的事业中取得更大的胜利和勇气。

（沈体兰—编者加）

苏州大学档案　3 永 39

东吴大学管理总局

KuKong(曲江):中国广东
1944.4.22 F.T..Cartwright 博士
监理传教委员会
第五大街 150 号
纽约市
美国
敬爱的先生:

作为东吴大学理事部地方委员会的成员,并能不断地对大学的管理提出我们的意见和看法,我们为此感到极为荣幸。我们相信,东吴大学跟它的文理学院一起,在一个新的地区重新安定和重新建设的短短二年中,取得了巨大的进步。这个新的地区是远离故土,并且只有极少的有用设备(如果说有些设备的话),要是它不是常常处于严重的财政困难情况下的话,它准能取得更大的进步。

主要的财政困难是:从纽约来的经费的汇寄很慢,而从纽约寄来经费是大学支柱的主要来源。当前在这一学年中(1943 年 7 月到 1944 年 6 月),大学的曲江分部把中国币(CN)860 000 元编了预算,当作从联合部和使命部来的经费。但是到现在为止,只收到了中国币(CN)250 000 元,而一年时间已经过去了十个月。在地方委员会的同意下,政府感到:为了满足当前开支紧迫的需要,有必要借款中国币 400 000 元。你明白,这笔借款总数少于正当的经费,我们热切地主张:你们局立刻电汇给将在 6 月 30 日结束的这年的经费的剩余部分,不能耽搁。

我们进一步提议:为了不致于使大学有透支和借款的必要,要求你们局按照修改计划安排好汇来 1944~1945 年的经费。比方说,分季寄款。这就是 1944 年 7 月和 10 月,1945 年 1 月和 4 月,而不是每一学期底付一次款。你将非常清楚地知道寄给我们的钱拖欠六个月,将使钱的价值至少贬低一半,而且,钱从外国寄来以前,即使我们可以压住某些付款,但是很明显,我们不能一连几个月拖延偿付教职员的工资,因为这些人已经生活在一般生活水平之下了。

在作出上面已说明了的请求时,我们是受到了下面之信心驱使的。首先,我们相信,大学领导用维持定性标准坚持执行正常的健康的成长的政策。大学正在把它的工作范围限制在原有的系科,同时降低招生数字,为了维持教育标准。在注册上唯一的增长是由于高年级班级逐渐的、自动的附加。其次,我们相信,大学领导正在尽力节俭。它正在执行一个全面的纲领:人员少和设备简陋。除了节省学院正常工作外,某些项目的开支也能被取消。在人数不能忍受的不平等东西的斗争中,大学领导真正挑起了沉重的担子。创建者和受托人用了他们全力分担这付担子,这是唯一公平的。

我们热烈地希望,我们的要求在你们考虑后,会受到你们的赞同。

你忠实的地方委员会委员
E. H. Locwood. 主席
M. C. Wu
K. M. An
C. Jucobs

苏州大学档案 3永39

代理校长的报告

（东吴大学 1943—1944 年）

沈体兰　重庆 1944 年 10 月 20 日

从重庆旅行一回来，写者忙于下一年 1943～1944 年的准备工作。在大学教职员中有某种不稳定情绪，三个主要人员由于个人的原由，在夏天离开了大学。潘院长正准备退职，写者劝说他，最后把他留了下来，保证不管有多困难，大学要办下去。因此未完工的新大楼都急应赶成，一群新职员被聘加入学院，一个新生班级也招了生，大学进行了一个新的学年。随着三十个女生的入学，相互教育恢复了，化学工程系重开了。

大学教职员体现了一个很强大的阵容。二十个教师在他们的特殊业务方面都是受过良好训练的和有经验的。除了两三个以外，都是全日制工作，在校外没有其他已定了的事情。他们也代表了一种宽阔的世界观和国际背景，例如：六个从英国、四个从美国，一个从法国，一个从德国，一个从日本回来了。N. Z. Zia 先生，原先是 lingnan 的学生长和 Sun Yat-sen 艺术学院的院长，现在参加了大学，担任学生长，最近代理艺术学院院长。H. H. Jing先生，曾经是东吴理学院院长，最近是广西大学教授，正在考虑：回到他原来岗位是他的天职。在四月里的一个星期中，他真的来作了关于分析性化学的一连串事物的演讲。

虽然那年平均招生只有 130 人，但这并不意味大学中只有一二年级的班级，一些高班学生仍在从其他学院借来学科学习。在这年中，大约有 2 400 个要求入学者参加了入学考试，但是大学只招了 100 人，因为大学认为降低学院标准的做法是不明智的做法。然后大学已经失去了它的国际性质，因为学生中的绝大多数是从广东省来的。大学也很难维持好的纪律，因为它位于一些当代的管理方法不同的学院的附近。

在这年中，校园中增添了两座新的大楼，这样总共就有 20 座大楼了。在晚秋完成了女宿舍的建造，能容纳 70～80 名学生，广西校友对它的建成起了很大的作用，因此它被题命为广西校友堂。单为教职员用的新宿舍在此冬建成，只能安置 10 人，它被叫做“双塔庙”，相当于在苏州的它的同名物。找到了新的空间，固定作为在美国联盟堂中的图书馆和实验室。大量的图书和实验室器材也购买好了。

为了纪念大学在自由中国成功的重新定地，为了纪念新住宅的完工和潘院长为大学服务后的三十周年，在圣诞节昨天举行了三种作用的庆祝。这大典本身是一个很大的成功，教育部授与潘先生特别奖励。不幸的是，他感到有必要在寒假中离开大学，为了接受一年前从 Chung Cheng 大学给他的邀请。

大学常有一些国际地位的著名学者的光临。他们是剑桥的 Neadham 教授，Durham 的 Renwick 教授和 Syracuse 的 Cressy 教授。他们都作了演讲并接见了师生团体。尽管大学在战争紧急关头规模狭小和设备缺乏，但它的高昂的精神面貌给他们都留下了深刻的印象。

宗教信仰生活在大学中大有发展。学生基督联合会正式地恢复了。他们每星期做礼拜,开祈祷会和进行宗教学等。他们也积极参加广东基督教学生会。大学教职员中的半数和三分之二的学生都是基督教徒。

在5月31日那天,大学接到省当局通告,在6月30日前执行紧急撤退。附近学院都宣布提早放假,东吴大学只得照样。学生、教职员和他们的家属实际上在三天之内都离开了。写者再停留了十天,料理此事务,最后一个离开校园。他把图书馆藏书和实验室器材移到岭南校园,留下一个助理事务长和四个看门人看管房屋。

在从曲江撤出前夕,大学处在严重的经济困境中。那时,在6月30日结束的那年中,它从纽约只收到三分之一多一点的赐金。在地方委员会的许诺下,大学生向当地借了500 000美元的贷款。但是在撤走时刻,再没有钱存下来偿付教职员和学生,写者一到桂林,他成功地从战区服从协会中弄到一笔250 000美元的贷款,因此能够应付一些紧急的债务。

董事会的电报指示使写者懂得,艺术院和科学院关闭下来,教职员和学生团体将解散。他决定对他来说最好的办法是到重庆去解决很多问题,包括经济的和其他方面的问题。他不仅要急于会见他的委员会而且要跟教育当局会晤一下。

首先,他希望说明他赞同委员会的意见,这就是在当时条件下,艺术学院和科学院的工作得"暂时关闭一下"。但是,要永久关闭,这学院的问题牵涉面很广,所以没有与创建者和教育当局商量,不应当草率作出决定。必须意识到:东吴大学上海地区四个教会学院中唯一的一个,已经在未占领的中国领土上花了两年时间完成了齐备的纲领。圣约翰大学不打算从上海移出,事实上与日本敌人和它的傀儡妥协了。Shanghai Baptist只经营在重庆的商业学院,但是决定在战时不恢复艺术院和科学院工作。杭州在贵阳开设工程院,但是已经关闭了它在邵武的艺术院和商业院。因此,苏州注定在华东基督高级教育的相关纲领中担当领导地位。这早已是计划和行动的时候了。

支持杨校长在大学和整个教会高级教育范围内的领导是写者的特权。他相信杨博士的效力是特别迫切地需要。写者同意短期代替他的地位进行工作。既然他现在已干了两个半年头,他想他自己已经尽了责。因此他怂恿委员会去掉他的代理职务。他保证他将作为一个母校的忠实校友,以非正式的身份来帮助它。

苏州大学档案 3永39

两院在渝联合复校经过

东吴大学法学院与沪江大学商学院原皆设在上海，自太平洋战事发生，上海全入敌人掌握，教学顿失自由，乃即于是冬学期终了时办理结束。既而两校当局暨校董校友等，筹议在渝复校，经多方之努力，精诚合作，卒告成功，而有今日之联合法商学院。

本联校于三十二年之初，借用重庆保安路二一四号卫理公会社交会堂原址修建校舍，既获教部核准，即于三月八日举行入学考试，十五日正式开学，当时先设法学系，会计银行系，工商管理系等三系，共有学生二百三十余名，秋季学期开始，复应时代之需要增设国际贸易一系，而学生人数亦已增至四百七十余名。上述各系中，除法学系属法学院，工商管理系国际贸易系属商学院外，会计银行系则系东吴大学法学院之会计系与沪江大学商学院之会计系银行系合并而成，一任学生于入学时自行认定，将来毕业，分别授予东吴大学法学士，或沪江大学商学士之学位。

法商两院院长系由盛振为、凌宪扬两先生分任。教务长一职，第一学期请卢峻先生继任，第二学期卢先生改任中央大学法学院院长，乃请姚铁心先生担任。训导长一职系请周琎先生担任。总务长一职第一学期亦由周先生暂兼，至第二学期始请陈晓先生担任，自是分工较清，而规模亦稍备矣。

《沪江大学东吴大学联合法商学院校刊》1944 年，苏州大学档案　3 长 51

非常时期之两校校董会

两校校董原皆散在苏沪一带,东南沦陷以后,既未能正常行使职权,亦不克全体转来后方,只得暂告解散,而在陪都另行组织战时校董会,以应需要。兹将两校校董会组织分别叙述,藉明梗概。

甲、东吴大学校董会

东吴大学校董会组织章程规定校董共十五人,互推董事长一人,常务董事二人,中英文书记各一人,司库一人,为执行委员,本届人选如后:

董 事 长　孔祥熙

常务董事　陈文渊　力宣德(Carleton Lacy)

中文书记　江一平

英文书记　锐　璞(C. Bertram Rappe)

司　　库　贝祖贻

校　　董　居　正　张　群　罗运炎

李骏耀　陈霆锐　董承道

骆爱华(E. H. Lockwood)

黄仁霖　伍学宗

乙、沪江大学校董会

沪江大学校董会组织章程亦规定校董共十五人,互推正、副董事长各一人,中英文秘书各一人,会计一人,组织常务董事会,本届人选如后:

董 事 长　梁寒操

副董事长　林天骥

中文秘书　周　琎

英文秘书　葛德基(H. E. Cressy)

会　　计　潘恩霖

董　　事　刘王立明　张马育英　吴贻芳

陆士寅　凌宪扬　殷昌颐

葛来汉(D. C. Graham)

爱　伦(Leooard Allen)

白　克(E. S. Burket)

雷　纳(Charles A. Leonard)

《沪江大学东吴大学联合法商学院校刊》1944,苏州大学档案　3 长 51

联合大学组织系统图

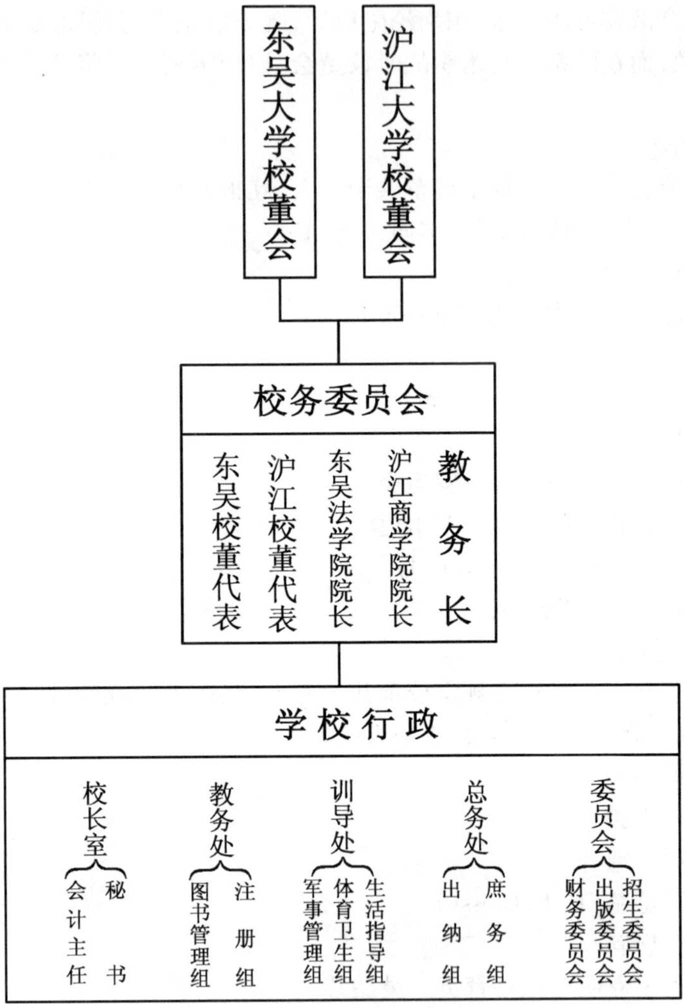

《沪江大学东吴大学联合法商学院校刊》1944，苏州大学档案　3长51

私立东吴沪江大学联合法商学院招生简章(摘要)

(一)学制及学位:大学五年毕业制夜校组,春秋季始业通学生,毕业时授法学士或商学士学位。

(二)分系:(1)法律系,(2)会计系,(3)会计银行系,(4)工商管理系,(5)国际贸易系。

(三)入学资格:(1)凡高中毕业得有证书者,得投考各系一年级上学期,(2)凡高中毕业已在大学肄业二学期得有证书者,得投考各系二年级上学期,(3)凡高中毕业已在大学肄业三学期得有证书者,得投考各系二年级下学期。

(四)报名手续:(1)填写报名单,(2)呈验中学毕业证书或学业成绩单,(3)缴付二寸半身脱帽同样照片四张,(4)报名费及考费(录取与否概不退还)。

(五)考试课目:(1)投考各系一年级者——公民、国文、英文、史地、数学、理化、生物,(2)报考法律系二年级者——加试政法学、民总、刑总,(3)投考商学院各系二年级者——加试经济学、会计学、商业史。

(六)各项日期:(1)报名,(2)开学,(3)考试,(4)揭晓,(5)注册(容后登报公告)。

(七)缴费:(1)学费五百元,(2)新生注册费五十元,(3)图书馆费一百五十元,(4)杂费二百元,(5)保证金二百元,(6)体育费五十元,(7)讲义费及制服费均另定之。

(注)上列各费均系卅三年春季学期缴纳之数。

(附告)两院对于自沦陷区内来之旧生并定有减费免费等优待办法。

(八)上课时间:每日下午五时五十分至九时。

(九)院址:磁器街特十五号。

(十)暑假办公时间:每星期一、三、五下午五时至六时。

《沪江大学东吴大学联合法商学院校刊》1944,苏州大学档案 3长51

复员(1945–1949)

胜利复员后本校校务之进展

三十年冬太平洋战事爆发,上海孤岛沦陷,吾校奉命内迁,故三十一年夏文理学院即在曲江开学,法学院在重庆开学。三十三年冬曲江被敌侵占,文理学院宣告疏散,一部分同学间关入川,依附法学院合并上课,以迄于胜利日止。

四年之中吾校在战时首都弦歌之声不绝,拥护正义,增加抗战力量不少。

川、甘、黔、桂等省学生耳东吴之名,纷纷来归者指不胜计,咸认吾校法学院为国内首屈一指之法律最高学府,此非盛代校长暨各教师数年来苦心孤诣,致力教育,不克臻此。

胜利之前盛代校长本有赴美考察法律之意,行有日矣,乃忽胜利来临,遂捐弃前议,遄返沪滨,与留沪教职员合力恢复吾校旧观,同时设法使重庆学校于寒假结束后即迁返上海,吾东吴立校五十年,虽遭遇此空前之浩劫,而光荣历史始终无一日间断,要非偶然。

一年以来学校虽于艰苦中支撑,但校务蒸蒸日上,行政工作方面可得而述者有三:

(一) 恢复旧观之迅速——九年抗战,苏沪校舍均遭蹂躏,校具百无一存,房屋亦迭经破坏,窗门不全,但一年以来,虽因限于经费人力,无法大兴土木,使苏沪房屋悉复旧观,然因各方努力,课室、宿舍、体育馆、游泳池等均已可用。即已故校长孙乐文先生之纪念华表,亦已于本年校庆日重植,林堂屋顶之四面大钟,亦已由严磬垂先生之捐助,予以修理。现文理学院一二年级及附中学生一千二百五十人在苏州天赐庄校址上课,法学院及文理学院三四年级学生一千人在上海昆山路校址上课。

(二) 行政组织之健全——复校以还校务由盛代校长暂摄,行政事宜由校政部议决后施行。关于教务、总务、训导苏沪两方分工合作,关于其他行政事项如校场、图书、财务、福利、宗教、课程等各有委员会负责办理,故一年以来因行政组织健全,校务进展极速。

(三) 合作程度之加强——本校文理学院原设苏州,法学院原设上海,抗战开始时文理学院即迁沪与法学院在一起上课。此番复员以苏州校场尚未修理完成,故三四年级仍留上海与法学院合并上课,总务由周泽甫先生统辖,训导由黄式金先生统辖,凡关于教职员待遇福利等,及学生学杂费等,均有同一标准,无分轩轾,合作程度因以加强。

《东吴通讯》,1946年12月,苏州大学档案　3长43

杨校长在美近况（译文）

卫理公会驻华东会督黄安素报告

迩来东吴大学杨永清校长，为中国基督教教育事业，在美积极服务，而尤为其所掌理之东吴大学，竭力推进复校事工。杨校长在美国教育界之声誉，在近年中殆无其他中国基督徒教育家能出其右者。渠曾承美国著名各大学延请讲演，并受某大学之聘，担任专门讲座，此外在各处教会大会及各地重要教堂，发表演说，此等义务工作，固未尝受卫理公会差会部或东吴大学之任何津给也。

一九四六年初，杨校长满拟回华复职，于是向教会差会部接洽，筹商复校经费事，惟当局一时无以应其请。厥后春夏之交，杨校长，慕爱德会督，甘保罗会督，差会副总干事卡德雷特博士，黄安素会督，彼此为东吴经济或面磋或函商，爰有募捐运动之组织。在美之发起人中即推举慕会督为主席，主持组织之事。此举固已先获差会之核许，继蒙驻美中国基督教大学协会之赞可，其议决有二：一为筹集美金拾万元以充临时复校之需用，二为根据杨校长以外其他同人之提议，另为校长募集的款为其公费之用。及至秋初大约五万元以上，已有把握，其余亦甚具希望，同时并陆续收到特别捐助，就余个人所知，杨校长在美国为东吴奔走各地，戮力宣扬，确已获得经济上切实之援助。

回溯一九三八年间，杨校长、江长川会督暨慕会督会同主持为中华卫理公会华东年议会，向美国前南方监理公会部分募集美金二十五万元一事，而知渠在美国南方一带，对于各数会实为中华教育最著名之代表，当然现在其他各处声誉日隆，然而仍以南部最为著称，盖此次募捐运动之发起人，大都自南部领袖中推定。

九月五日，卡德雷特博士、慕会督、杨校长及余本人会商杨校长回华与在美筹募经费二项，众谋佥同，以为一方面东吴既需其亟返，料理复校事务，而一方面目下在美机遇又极有望，则渠即设法立趁航机回国，勾留数月之后，再行返美，从事于募金运动之工作，正如曩昔燕大校长司徒雷登，尝为校务往还于中美两地之间。

会记杨校长其先宣劳于国联中国代表团秘书处，后又在旧金山会议联合国组织之际，充任中国重要外交人员，目下联合国大会又在开会，千载一时，其对于中国之重要性，决不后于他国，此为吾人所共谅。据最近接得杨校长来电云，华盛顿中国大使敦促其将回华之举，暂行延期，俾于外交方面，藉资倚重，电文继称来华之期，须俟大会闭会以后，大约须至明年上半年之早期。余个人自为失望，但为中国国家福利与夫东吴前途着想，大致皆有甚大之贡献，故余已立即按照斯旨，答复杨校长，并致余个人亟盼早日归来之热忱云。

《东吴通讯》，1946 年 12 月，苏州大学档案　3 长 43

文理学院近况

三十五年度第一学期文理学院承教部意旨,除少数学生因苏校校舍尚未全部修竣暂留上海外,大部分学生迁回苏州天赐庄上课。当于九月七日开始注册,计到文学院学生二百八十六人,内女生一百十三人,理学院学生二百七十三人,内女生七十八人,住校者约三百余人,分居于维格堂及女生第一宿舍。校舍修理,校具添置,已用款一万七千余万元,其大部分系由同学会方面募得之基金内暂借。九月十日开始上课,计有专任教员二十六人(内十二人兼附中教课),兼任教员十五人,共开课程五十八种。教务方面由教务长徐景韩氏在苏主持,总务长周泽甫氏、训导长黄式金氏在沪未返,苏校训导由女生部主任钱长本氏兼摄,总务则由附中主任孙蕴璞氏兼摄,理学院院长潘慎明氏已返校。科学馆内仪器药品,以战事损失奇重,正在逐渐购置中。一二年级实验教程如普通物理,电磁学,普通化学,无机化学,有机化学,定性分析,普通生物,无脊椎动物,植物形态等各课,已全部恢复。男生体育由王守方氏指导,女生体育由吴慧仙女士指导,奔跑跳跃及一切球类运动,在逐渐恢复中。

十月十九日举行新生入学典礼,由代校长盛振为氏亲自来苏主持,国立教育学院院长陈礼江氏演讲,本校理学院院长潘慎明氏授钥,沪校重要教授十余人咸来参加。是晚教职员全体聚餐于交谊室,翌日东吴同学会苏州支会在母校礼堂开会,盛极一时。

十月二十五日举行复校后第一次师生同乐会,欢迎戴荪教授夫妇返校。翌日江苏省教育厅厅长陈石珍氏来校视察,对于本校复员之迅速深加赞许。宗教事工在文乃史、许安之、陈海澄三氏指导下亦甚活跃。一年级学生选修宗教课者有百余人,加入主日学青年团契者亦有数十人。十月一日清晨举行日出礼拜,参加者数百人,由潘慎明氏主讲。

唱诗班自戴荪教授返国后已重行组织,至于其他各系学会如经济学会、生物学会、政治学会、物理学会等亦已先后成立,社会学系且以惠寒小学为对象,举办义务教育,成绩甚佳。

十二月中旬举行宗教周,特请中华基督教协进会干事吴高梓先生到苏演讲三日,此外并购备宗教图书以便参考。十二月二十四日举行圣诞庆祝会,情况热烈。

图书馆方面除向美国接洽专家来华主持外,由前图书馆员蒋西林君,及新聘得之文华大学图书馆专科毕业之尹华中君开始整理,现在报章杂志阅览室及参考书藉部分已经开放,书架书桌正在添置,假以时日不难复战前之旧观。

文理学院三四年级以苏州校舍尚未全部修理竣事,暂留上海与法学院同在昆山路本校上课,由代理校长盛振为氏、总务长周泽甫氏、训导长黄式金氏、副教务长沈青来氏主理一切。计有文学院学生一六八人(内包括教育系一年级学生四十七人),理学院学生八十三人,专任教职员十人,兼任教员三十九人,共开课程六十一种。理学院各系实验课程则仍在慈淑大楼往年联合大学之地址开设,一切设备,尚称完善。教育系则于九月底奉部令准予恢复,当即于十月初招收一年级一班,由黄式金先生亲自主持,该班学生自开课以来,课外活动与课内教学,同时并重,教育学会已迅速成立,同学精神颇见活跃。

又上海基督徒学生,共有一百三十余人。学生团契已成立者有三。基督徒学生本学期已举行联谊会三次,或互相证道,或请人演讲,或参加各大学基督徒团契及青年会所主办之各种宗教活动。最近组织歌咏团,预备游戏,编演圣剧,与法学院学生会联合于二十四日下午在新修之大礼堂举行圣诞庆祝大会。

《东吴通讯》,1946 年 12 月,苏州大学档案　3 长 43

法学院近讯

吾校法学院自民国二十六年因敌日寇沪，不得已迁入南阳路治中女子中学上课，旋再徙西藏路慕尔堂，暂假租界资为屏障。此际大部分校具悉沦敌手，但学校行政尚维原状。迨三十年十二月八日敌寇复侵入租界，入据慕尔堂本校临时校址，以为海军队部，致吾校所有图书、校具、册籍、文卷皆未遑携走，竟大多散佚，而东南一带寇氛遍地，遂无复安席设教之地矣。

法学院院长盛振为博士鉴于局势之颠危，遂南下闽粤，间关入川，此际同学之能裹粮景从者亦属不少。至民三十二年春，我校法学院于盛氏督导下，与沪江大学商学院联合在渝成立"东吴沪江联合法商学院"，校址设重庆磁器街特十五号，从此流离客地之学生遂又获修学机会。当时由卢峻、姚铁心先生等先后主持教务，陈晓博士主持总务，教授有陈霆锐、江一平、查良鉴、俞叔平、杨兆龙、倪征燠、范扬、利荣根、王化成、陈丕士、张企泰、吴祥麟、张庆桢、徐中齐、黄应荣、沈青来诸先生。是时本院学生约有二百余人于巴渝从事法学教育，独标一帜，予西南一带人士以深切之认识。

当日寇入侵租界之初，其无顾虑牵累者，固皆追随盛院长辗转入渝，但大多数师生迫于患起仓猝，交通水陆之多阻，眷属衣食之为累，不得不忍痛留沪。初由本院同学集体敦请本校旧教授，暂假华龙路中华职业教育社教室数楹，自三十二年春至是年夏间，由本校留沪教授暂维课务，为避免敌伪注意计，临时改用名称曰"董法记"，盖迹近商号名称，免受暴敌之注意也。旋于三十一年秋，改借重庆路新寰中学校址授课，一学期后再度迁址，另借南阳路爱国女子中学校舍上课。斯时由本院校友费青、鄂森、姚启型、艾国藩、李文杰、吴芷芳、张中楹诸教授起而支持母校，继续授课。当时师生仅知埋首力学，对外界情形不加闻问，并定敌伪倘来干涉，当立即停办。斯际学校名称即基本院原有英文名称"The Comparative Law School of China"改称"中国比较法学院，"以掩敌伪耳目。如是者自民国三十一年至三十四夏维持课务达四年之久。

至抗战胜利举国同庆，吾校亦于是时东下复员，于是羁居重庆之"法商联院"，及蛰处陷区之"比较学院"，遂得故剑重盟，光复旧观。但残破之余，旧有昆山路校舍，屋宇颓壤，且遭敌日军侨与印俄各种人拦入居住，将教室宿舍分辟为无数小室配由敌侨妇孺各占一隅，垢秽山积，户牖破除，疮痍满目，几尽失旧年黉舍气象矣。

不得已遂一面仍暂假慕尔堂为临时托足授课之所，故民三十四年秋及三十五年春虽旧雨尽集，而以校舍尚被鸠占，且葺修屋宇，复校经济，暂无所出，于是由本院院长盛振为博士兼代大学校长，由鄂森博士及陈晓博士任本院正副教务长，由周泽甫先生主办总务兼长秘书。

此时学校行政尽复常轨，更由校董会同学会克尽努力，并向外界呼吁，募集经费，筹修校舍。至三十五年夏末，迭经交涉，牒诉频仍，于是占住昆山路之日、韩、印、苏各种外侨陆续撤出本校，前进办公室教室房屋，系于三十四年十二月初撤清，后进之教职员宿舍则于三十五年一月初起至四月上旬间，经周总务长严厉责令迁让，始行全部迁离。然后纠工兴葺，于破残灭裂之余，光复旧物，计前后所耗修复校舍经费，达国币一亿五千万元之巨，迨三十五年秋初始迁回昆山路旧校舍。是年由司法行政部提请教育部核准增设"司法组"以专事训练司法人才，适应目前国家亟切需要，本院学生人数，于是秋初遂激增至七百余人，并自三十五年春季学期起恢复战前原有之"法科研究所"，前后敦聘刘世芳、姚启型教授为研究所主任。至大学部则由姚启型教授兼任法律系主任，由曹士彬教授任司法组主任，由陈来文教授任会计系主任，教授阵容，于焉焕然一新，教学精神，因以蒸蒸日上，盖所谓继往开来，推陈出新，处此承先启后之关键，殊有其不易举措者在也。

至法学院设备方面则"法学图书馆"旧有庋藏原逾万册，惨经秦火，散佚者亦不在少数，其箧笥捆载托存各处者，咸于光复以后逐一从事搜检，整理半载以还，已有一部分书籍可以开放借阅，刻正计划扩充，增蒐善本，以辅成推宏法学教育之宗旨。大礼堂经大事修葺后，并添置全部钢椅，本校型式法庭亦即假礼堂以实习诉讼，推勘平反，俨然法曹也。

他如学生课余活动，或集组研讨学术，或结伴出游郊野，于焉"东吴年刊"Woolsark 及"东吴法声"亦于是复刊。设备方面并增辟球场，俾有课余运动之机会，复于本年秋季学期在校舍后进增辟女生宿舍，增办校医室，请杨玉阶医师为本校校医，以维师生健康。现法学院教职员共七十三人，各系学生共达七百二十一名，至提高学生程度，增办各项设备，则犹积极从事努力云。

《东吴通讯》，1946 年 12 月，苏州大学档案　3 长 43

苏州附中近讯

复校经过概略——三十四年十一月底,孙蕴璞、钱长本、许安之三先生奉复校委员会命返苏主持接收校舍及筹备复校工作,时校内尚留敌病卒千余人,一时无法将校舍全部收回,因先将林堂全幢接收,开始办公,着手招收大学部一年级新生。当时亦拟即招收中学部新生,惟因鉴于三十四年度第一学期即将终了,为谋划一年度及学期起见,决定附中部分暂缓开学,一面积极添置校具,修理教室,及至本年一月底,始正式招收高初中一二年级第二学期插班生计四级六组。二月十二日正式开课,其后将中学教室孙堂及中学宿舍子实堂等陆续收回,从事修葺,以便秋季学期扩充之用。六月底春季学期顺利结束,为提高学生程度起见,曾举办暑期学校六星期,且曾招考新生两次,投考者总计一千余人,共录取二百八十人,而上海附中部分奉校政部令归并来苏之学生约二百余人,于九月初开学时专车来苏,故附中本学期实到学生共为六百七十九人,分为六级十六组。教职员方面本学期共有四十二位,内战前之旧教职员,如陈宝珊、缪廷辅、程小青、范烟桥、庞龙、张旭民、王守方、戎更生、金立藩、顾瑞伯诸先生均已复员。

设备之修复与添置——附中于本学期开始时即全部迁返孙堂,所有课室内之课桌椅及一切设备十之八九均系新置。高中男生宿舍仍在子实堂,初中男生宿舍设于前中学女生学舍,中学女生宿舍则暂与大学女生合并,综计男女寄宿生共有四百五十五人。各宿舍之门窗玻璃电灯卫生设备及铁床桌椅等一切设备损失均极度惨重,子实堂各室之隔墙且全部被拆毁,均成为统房间。现各项设备虽草率修复,然所费已不赀矣。原有膳堂被敌寇改为厨房,现亦已修复,仍作饭厅,饭桌凳子及一切厨房设备,亦全部重置。学生膳食由学生组织膳食委员会,自行监督管理,注重清洁营养,用膳时秩序井然。科学实验室仍设于葛堂科学馆,仪器药品标本半自沪上携回,半系添置,经整理以后,勉强敷用。体育活动则集中于体育馆,仍注重各个人体格之锻练,所苦者运动机械器具等设备荡然无存。现正择要置备中。

课外活动——附中本学期之宗教活动,在许安之先生之辅导下颇形热烈,经常举办者有每星期五之基督教徒团契祈祷会,及礼拜日之主日学及大礼拜。十二月中曾举行宗教周,敦请老同学周郁晞教师讲道,又特辟宗教书籍陈列室,以供学生浏览研究。此外尚在举办全校国语演说竞赛,以提倡学生对演说之兴趣。在运动方面,本校大中学女生混合篮球队,于十一月中旬,曾荣获吴县全县篮球比赛冠军锦标。

教师近著——附中英文教师缪廷辅先生,教授中学英文将近二十年,经验极富,今夏以其心得著成高级语法英文法 A Seniorn English Grammar and Idiom(上海艺文书局出版)、现代中学英文法 A Modern English Grammar for middle Schools(上海广协书局出版)二书,均已于假学期中出版,闻各地中学校竞相采用,作为高中及初中之英文文法教本。缪先生现尚主编艺文书局之英文名著选译月刊。又附中教员程育真女士,为新文学作家,近著《天籁》散文集,不久即将出版。

《东吴通讯》,1946 年 12 月,苏州大学档案　3 长 43

吴兴附中近况

本大学吴兴附属中学,在抗战时间,因受敌伪摧残,损失惨重,全部校舍,均遭毁坏,只剩颓垣破壁,房屋躯壳而已,所有图书仪器,亦皆荡然无存,追忆战前设备,对于荒凉景象,确有不堪回首之感矣。

本年五月间,大学校政部决议复校,原任校长陆季清先生即于七月初旬莅湖筹备一切,积极整理,雇工修葺,聘请教职员,并与当地各机关,数度接洽,幸赖多方之协助,乃于九月六日开学注册,十日上课,转瞬间已逾三阅月矣。兹将该校情形概述如下:

(一)教务方面:

该校现有教职员二十一人,除原有教职员四人复员外,其余均系新聘者,然皆具有教学经验者。该校现设初中秋始一年级三班,二年级一班,及高中秋始一二年级各一班,计六教室,全校共计学生二百四十七人,寄宿生七十九人,免费生约占十分之一。

该校为重视教学效能计,组织各种委员会,以求集思广益,如各科教学研究会,图书委员会,体育委员会,训导委员会等,对于校务之进行,教育设施,均有相当辅助力量。

(二)训导方面:

该校训导事宜,除经常由训导组负责外,高中学生实施军训管理,初中学生实施童军管理,团体生活有条不紊,平时各种活动及规定之仪式,全体学生均须参加,颇有整齐划一之效。

(三)事务方面:

该校本学期之事务工作,最重要者即为修缮及添购设备,校舍中现经修理者,计有令原堂厨房门房等处,布置装修,在外表上已复旧观,近则修建校门,装置电灯,亦颇费心计,该校教室,均在令原堂二楼,学生寝室,因原有宿舍,尚未修葺,暂设令原堂三楼,而办公室、图书室、应接室、科学实验室、大礼堂则均在令原堂楼下,本学期学级较少,尚敷应用。

该校设备,在战时损失殆尽,校具仪器自上海运来一部分外,另制双人课桌椅一百五十副及方凳桌等,至于礼堂内坐凳,因此无的款应用,无力购备,而科学仪器及图书,为数寥寥,尤感缺乏,须俟美金复兴款拨到后,方可着手添购。

(四)学生活动:

该校各级学生,均有级会之组织,实行学生自治,由导师负责辅助之。迩来对于校外活动,则参加吴兴全县童子军大会,颇多好评,对内则劳动服务清洁运动,协助学校整理环境,亦有相当成绩。即膳食事宜,亦由学生自理,组织膳食委员会管理之,按日由学生轮值监厨采办等工作。

(五)宗教活动:

该校日课中,每星期有宗教修养一课,藉以陶冶学生之品性,每星期四举行晨会,敦请当地各牧师及宗教领袖讲述圣道,且教职员学生中信道及慕道者组织基督教青年修养团,互相切磋，颇多获益。

该校恢复伊始，物质方面，颇感贫乏，而师生感情，学校情形，则甚良好。近闻该校在沪地及各地校友会，鉴于母校之艰困，发起募捐运动，已缴纳者计三百五十万元，今尚积极劝募，聊尽报答母校之心，该校恢复情形，须俟相当时期后，当更有新表现云。

《东吴通讯》，1946 年 12 月，苏州大学档案　3 长 43

东吴同学会动态

我东吴自合中西、博习两书院改称大学以来,已有四十六年,历届毕业同学服务全国各地党,政,军,警,法,商,工,学各界者,为数至多,而同学间联络素称密切。抗战以前同学组织满遍全国,战事爆发以后同学会重心乃移至重庆,胜利以还,沪、津、穗、京、苏、杭各地同学会组织均已先后恢复,兹分叙于后:

(一)上海方面——大规模之同学会曾先后举行四次,至于各院系各级同学会则不胜枚举。

1. 第一次成立大会于本年一月初假国际饭店十四楼举行,出席者五百余人,情况空前热烈。当即推选陈霆锐君为会长,李骏耀君为副会长,董承道君为书记,伍克家君为司库,顾翼东、殷新甫、鄂森三君为干事,并发起复校募捐运动。

2. 第二次园游大会欢迎前校长文乃史先生返华,于五月中假中央银行俱乐部举行,由央行总裁贝淞荪老同学招待茶点,出席者四百余人,均以能重聆文博士教诲为幸事。

3. 第三次茶会欢迎前校长葛赉恩先生返华,于八月初假国际饭店举行,到二百余人。

4. 第四次迎来送往聚餐大会,于十月初假座中国银行大厦举行,欢迎第一届毕业同学杨豹灵君由津莅沪,戴荪教授返华服务,谈家桢,陆祺臣二君由美回国。同时欢送吴经熊君出使教廷,李骏耀君出国考察金融,沈济川君出国考察工业,王季铨君出国宣扬艺术,参加者二百余人,情况热烈。

(二)天津方面——于春间三月成立分会,出席者四十余人,选出杨豹灵君为会长,林凤钧君为副会长,朱继珊君为秘书,同时推举黄仁霖君为名誉会长,并决定每月举行常会一次。

(三)广州方面——会员百人,由何秉伦、夏楚章、陈恩成、黄喜亭诸君担任执行委员,不时举行会议。

(四)南京方面——于九月底举行成立大会,出席约百人,母校盛代校长及同学会干事张梦白君亦前往参加。当即推选陈其采君为会长,姚克方君为副会长,厉志山君为秘书,沈祖懋君为司库,杨兆龙,黄廷英,黄观效三君为干事,并议决响应沪地同学发起之复校募捐运动。

(五)苏州方面——于九月中旬在母校交谊室举行成立大会,同时欢迎文乃史,许安之,戴荪,潘慎明诸先生返校服务,出席者百人,母校苏沪两地教授出席参加者凡三十余人。结果推选严庆祺君为会长,张寿鹏君为副会长,尤敦信君为书记,孔叔慎君为司库,成颂文、陈森如、史襄哉、俞起亚、孔容照、朱文明、秦鉴源、贝祖武诸君为干事。

(六)杭州方面——于十一月初举行成立大会,出席三十余人,母校总务长周泽甫君及同学会干事张梦白君亦前往参加。选举结果互推孙晓楼君为会长,李培恩君为副会长,吴清葵君为书记,赵昌铭君为司库,祝修爵、李浩培、冯泽昌三君为干事,后茶点摄影而散。

上述各次同学会,每次出席者均极踊跃,有父子父女同来者,有彼此数十年未曾相见者,有久闻其名而从未相识者,欢聚一堂共话沧桑,其情绪之热烈与空气之融洽,实非笔墨所能形容。

又本年三月十六日,母校校节纪念日除沪校现业生二百余人专程赴苏参加外,并由同学会办事处于十七日向路局接洽定备车辆,招待旧同学赴苏省校。是日虽春雨连绵,天不作美,而参加者亦达一百余人。诸同学见母校被破坏情形,一方固倍增今昔之感,另一方却更坚定复校之念。闻同学会办事处准备于明春气候转暖后发起集团旅行杭州及溪口之举,现已分向行总浙江分署署长孙晓楼老同学,及溪口武岭学校校务长施季言老同学作初步之接洽云。

补充消息:

台湾分会成立——我东吴旧同学旅台任职者不下四十余人,最近由伍守恭、任显群等同学发起同学会分会组织,于十一月十七日在台北举行成立大会,出席者十七人,结果互推伍守恭君为会长,任显群、林泽沧、朱仲玉、林我锋、潘可群五君为干事,暂假台北文化街二十二号伍先生事务所为会址,设立问讯处,俾为初底台湾同学之指导与服务云。

母校添设同学室——母校在苏沪两地原址分别开课以来,旧同学之回校省视者颇不乏人,惟有时住宿一节或感困难,母校为此特在两地校内各设同学室,由同学会方面购赠设备,故最近旧同学因事到苏沪两地住宿问题得以解决,莫不称便云。

《东吴通讯》,1946 年 12 月,苏州大学档案　3 长 43

同学会复校募捐运动成绩美满

上海母校同学会发起之募捐运动开始以来进行颇为顺利，当募捐委员会与同学会职员举行第一次联席会议时，除互推盛振为、李骏耀为正副主席，伍克家为会计，张梦白为秘书兼干事外，当即承李骏耀君慨允印赠捐册一千本，继由各同学分组小队进行劝募，后京苏等地同学会又纷起响应。原定目标二万万元，今截至十一月三十日止，实收款项已逾二万六千万元，其中以李骏耀君经募四千余万元为最巨，蒋纬国君近三千万元为其次，此外一千万元以上者有伍守恭、林风苞二君；五百万元以上者有董承道、陈霆锐、伍克家、潘仁希、梁冠榴数君；三百万元以上者有颜文硕、盛振华、王紫霜三君，二百万元以上者有严庆祺、严道、姚书绅、王锡藩、贝淞荪、李潮年、任显群数君，此外李骏保、王疆松、姚福园、会计第一届，程泽恒、宋筱曼、戴龙翔、宋启文、沈琪、顾翼东、曾景臣、李中道、许之森、刘亶霖、董承康、刘剑刚、奚玉书、沈安石、鄂森、陆时万、程修龄、李宝森、马君硕、徐之英诸君暨其他旧同学二百余位，无不本爱护母校之热忱奔走劝募，现每日尚陆续有捐款缴入，将来总结束时，数额定有可观。

按母校苏，沪，湖三地校舍，被敌人强占期中损毁过巨，虽教部及教会均有复员费用拨来，殊不敷修理之用。今夏八月，校方为积极准备秋季开学起见，乃向同学会捐款中暂移一万万元以应急需。最近募捐委员会已推出陈霆锐、董承道、梁冠榴、伍克家、蒋纬国五君组织保管委员会，并议决将捐款之一部作为基金，分别举办同学会讲座，并补助教授生活，足见诸同学爱护母校之热忱，是则母校将来之发展，尚有赖同学会方面之多方赞助也。

《东吴通讯》，1946 年 12 月，苏州大学档案　3 长 43

东吴法学院院史

本院肇立于民国四年九月，为美籍教士兰金先生（Charles W Rankin）手创，初名东吴法科（The Comparative Law School of China），后始改称东吴大学法学院。民国十三年，经前北京教育部批准试办，十四年正式授准。十六年春，校董会议决学校行政改由华人主持，遂聘吴经熊博士为院长，盛振为博士为教务长，办理立案。

民二十六年，敌日寇沪，不得已迁入租界。三十年十二月八日，寇入租界，盛振为院长鉴于局势之危急，乃重率母校出租界南下闽粤辗转至渝，于民国三十二年春联沪江大学商学院而为“东吴沪江法商学院”。

当日寇入租界之初，多数师生迫于患起仓猝，眷属牵累不得不忍痛留沪。斯时由校友鄂森博士诸教授起而支持母校，借南阳路爱国女中内为校址，译本院原名“中国比较法学院”为校名，用掩敌伪耳。如是者维持课务达四年之久。

至抗战胜利，举国同庆，吾校亦于是时东下复员，“法商联院”、“比较学院”遂得政剑重盟，暂址慕尔堂，由盛振为院长兼代大学校长，鄂森博士、陈晓博士任正副教务长，周泽甫先生办总务兼长秘书。三十五年秋，昆山路旧校舍整修竣事，遂迁回原址。是年并蒙教育部校准增设“司法组”，校务与员生于焉，焕然一新，继往开来，推陈出新，殊有其不易举指者也。

编者志

1947 年东吴日记，上海档案馆全宗号 245，卷号 256

校　　歌(法学院)

茫茫禹域,整顿匡扶,责任在吾徒!
法治兴邦,培材沪上,几辈已前驱!

(副歌)

经论政法,理国嘉谟,群治最相须!
古今完人,天地正气,更勉以同符!

College Song

On the city's eastern border,
Proudly stands our Alma Mater,
Forword ever be our watchword,
Hail to thee Alma Mater,
Reared against the sky;
As the years go by;
Conques and Prevail;
Hail! Soochow! All Hail!

编者志

1947 年东吴日记,上海档案馆全宗号 245,卷号 256

1947 年东吴大学校董会

董 事 长　江长川
中文书记　陆干臣
英文书记　安迪生
司　　库　董承道
校　　董　孔祥熙　江一平　李中道　李骏耀　居　正　贝祖贻
　　　　　陈霆锐　黄仁霖　胡贻谷　罗运炎　项　烈

编者志

1947 年东吴日记，上海档案馆全宗号 245，卷号 256

1947 年东吴大学法学院职员表

法学院院长　盛振为
教务长　鄂　森
副教务长　陈　晓
总务长　周承恩
法律系主任　姚启胤
司法组主任　曹　杰
会计系主任　陈来文
秘书　朱耐齐
图书馆主任　喻友信
注册主任　傅季金
会计主任　计庚达
中文书记　莫如德
图书馆助理　徐家康
缮写员　张邦治

编者志

1947 年东吴日记，上海档案馆全宗号 245，卷号 256

筹备期中之华东联合大学

华东三大学——东吴、圣约翰、之江——为谋增进高等教育效力起见，正在筹设一更完善之最高学府，将命名为华东联合大学；内设文、理、法、商、医、工六学院；东吴负责理、法二学院，之江负责工、商二学院，圣约翰负责文、医二学院；一俟校址确定，经费有着，此华东联合大学，即可成立。

本年度在筹备期中，先有分工合作两项办法：关于分工者即本届招收新生，东吴仅招理、法二院一年级生，之江仅招工、商二院一年级生，约翰仅招文、医二院一年级生。关于合作者，即三校四年级学生联合于梵王渡圣约翰大学及昆山路东吴法学院二处上课；计在圣约翰校址上课者，为文、理、医、工四年级生，约近六百人；在东吴法学院校址上课者，为法、商二院四年级生，约近一百人。

东吴方面，在约翰校址主持我校四年级行政者，为理学院院长沈青来先生，文理学院副教务长陆鸿钰先生，训导长黄式金先生；教授中兼苏沪二地教课者，有顾翼东、凌敬言、陈子英、徐荫祺、汪葆濬、严志弦、刘荔生诸先生；吾校学生在梵王渡圣约翰大学联合上课者，共计约一百余人。

《老少年》复刊号 1947 年 12 月苏州大学档案　3 长 26

文理学院近况

(一) 教务

三十六年春季学期,文理两学院一二年级在苏州天赐庄上课,由徐教务长景韩主持,共到学生五四四人;内男生三四七,女生一九七;住宿者三六七,走读者一七七人。教职员共七十人;内美籍四人,华籍六十六人;专任者五十六人,兼任者十四人。课程方面,计开五十五种,内文学院三十五,理学院二十。三四年级在上海昆山路上课,由沈青来、黄式金两教授主持,共有教职员三十一人,学生二三四人,内男生一三二人,女生一零二人。学期终了时,毕业学生,计文学院三十九,理学院二十八。

三十六年秋季学期,文理两院教务由吴院长芷芳,沈院长青来,徐教务长景韩,陆副教务长鸿钰及各系主任通力主持。苏州部分计到一、二、三年级学生七六三人,内男生五零三,女生二六零;住宿者五二五;走读者二三八。教职员共计八十六人,内美籍五人,华籍八十一人,专任者七十二,兼任者十四人。课程方面,计开九十六种,内文学院五十七,理学院三十九。四年级生因筹备联合大学关系,本学期在上海梵王渡与圣约翰大学及之江文理学院之四年级学生合并上课,本校方面,有教职员二十五人,学生一百零六人,共开课程二十五种。

本学期每周自沪来苏教课者,有吴芷芳(政治)、陈晓(政治)、黄式金(社会)、沈青来(统计)、张梦白(西洋史)、顾翼东(化学)、严志弦(化学)诸教授。此间专任教授每星期往沪校授课者,有凌敬言(国文)、陈子英(生物)、陆鸿钰(物理)诸教授。

在年来国内经济政治状况之下,教学不无影响;教师任课钟点较多,待遇微薄,生活不能安定,同学方面亦多经济困难,半工半读。然多数教师均能为教育牺牲,勤苦不懈,同学亦以学业为重,不受学潮波及,堪称幸运。

(二) 训导

复校以来,于训导方面,尤极重视,本学期开学之初,即由训导委员会确定训导目标,以家庭化、学术化、纪律化为要则,并修正训导细则,经校务会议通过,印发各同学,俾能随时注意。

黄训导长式金每周往返苏沪,指导一切。复聘请慎焕琳先生为训导主任,负责男生训育。至女生主任一职,仍由社会学系主任钱长本教授兼任。师生之间,颇为融洽。

原有导师制,依旧实行,以全校学生分配于三十九导师组,每组学生约二十人左右。并将生活调整表,详细增订,分请各导师,指导填写;该表内容分:家庭状况、个人信仰、生活回忆、检讨动向等;目的希望同学彻底认清学校宗旨,免除隔阂;学校方面,亦藉此明了各同学之个性、思想、志愿及其学业;学生如遇困难问题,即可请求本组导师代为解决;指导辅助,期能“养天地正气,法古今完人”,亦即本校英文校训所谓 Unto a Fullgrown Man。

(三)宗教

宗教事工,如每星期三之晨会及教职员晚祷会,星期四之学生团契晚祷会,照常进行。星期日学生参加圣约翰堂主日学之人数,较上学期为多。战前之校工夜校,及校工主日学,亦于本学期恢复。宗教周于十一月十八、十九、二十三天举行,由上海慕尔堂孙彦理牧师讲演“胜利的人生”、“大时代中青年应有之信仰”二题。大学部有学生十七人即将受洗。

(四)各项委员会

本校校务进行,素极民主,本分工合作原则,收迅速确实之宏大效果。复校后,千头万绪,于是各项委员会,应运而生。每一委员会,设主席一人,委员若干人,视事工繁简,酌订委员名额,悉由校务会议就全体教职员中推选之。各项事工,先由委员会设计,拟定方案,提请校务会议通过,即付实施,遇有重大事项,则请示校长决定之。统计本年秋季学期,苏州大学部,共设有十六委员会,名称如下:

校务、教务、训导、事务、财务、宗教、图书、校场、校舍、修理、水电、典礼、交际、招生、福利、免费奖学。

(五)学会

本学期各学系极力提倡学会组织,注重学术研讨,举行讲演,采集标本,制造仪器材料,编印刊物壁报等,不一而足。兹将各会名称、负责人及顾问或导师姓名,分列于后:

学会名称	负责人	导师或顾问
物理学会	洪幼豪	李庆贤博士　陆鸿钰博士
化工化学学会	徐懋义	潘慎明先生
生物学会	金泰运	徐荫祺博士
文学研究会	季左英	慎焕琳先生　凌敬言先生
政治学会	吴保生	吴芷芳先生
经济科学研究会	胡维谷	张祖尧博士
学生自治会	路尔铭	慎斐文　慎焕琳　钱长本三先生
新闻社	顾　戢	慎焕琳先生
暴风体育会	俞贤达	王守方先生
友社团契	林少伟等	钱长本先生
S. B. Club	沈维友	戴　荪先生

(六)物理学会

物理系在理学院中,人数总是最少,但同学们在李庆贤博士、陆鸿钰博士等领导之下,除了功课外,对校中一切活动,都是踊跃的参加,每次均有优异特出的成绩。这学期来了三十位新同学,所以更见活跃,由洪幼豪、黄诒焯任正副会长,程蕴玉书记,刘永润会计,汪庆永、孙铁勇、倪定一、徐葆仁、戴平华为干事,积极展开工作,每星期举行学术演讲一次,由教授和同学轮流主讲,对物理学上问题,加以讨论。举办算尺研究班,使新同学便利不少,十一月二十四日,全体师生到无锡旅行一次,无不兴高采烈。为了侯希临行将赴美,同学们在圣诞节举行了一次惜别欢送会。物理学会中还有一特点,他们多了一个徽章,是由陆鸿钰博士按照原子模型式样设计,非常精致。物理系新开的同学阅览室,由本系同学轮流负责值日,精雅的布置,和最新的杂志,确有很好的吸引力,就是别系的同学,亦常光临,在那里温书,确是一个好地方。最近自美国来了仪器六十余种,该系同学尤为兴奋云。

(七)图书馆

本院图书馆,本学期仍由国学系主任凌敬言教授兼代馆长,并聘国立社会教育学院图书博物系黄元福教授为顾问,指导一切。内部组织,分总务、采编、阅览三组。图书分类,中文采用刘国钧氏分类法,西文采用杜威氏分类法。编目,中文采用裘开明氏编目法,西文采用腓罗斯氏编目法。图书册数,中西合计近五万册。

美国 Swarthmore College 图书馆主任沙本仁博士(Dr. C. B. Shaw)十一月四日来苏,留校数日,参观图书馆等处,由戴苏、凌敬言两教授招待。闻沙氏来华,专为研究我国各图书馆,并代表中国基督教大学联合托事部,有所接洽。

美国新闻处图书馆主任 Miss Margaret Thompson 十月底莅苏参观,携来书籍百余册及图画等。陈列本校图书馆,并开映新闻电影。

(八)科学馆

在日军占据本校时,科学馆之葛堂屋面,曾被炸毁一部分,水电设备,均有损坏,阶级大讲堂,改为扶梯。本年内经陆鸿钰博士苦心设计,尽量利用废料,加以修葺,全部电线及自来水管,均已重行装置或加修整,现已完全恢复旧观,师生称便。

《老少年》复刊号,1947 年 12 月,苏州大学档案 3 长 26

法学院近况

（一）教务

自杨校长盛院长先后出国后，法学院教务由教务长鄂森、副教务长陈晓二位博士共同主持。法律研究所及法律组由姚启型博士负责，司法组由曹杰先生负责，行政法组由文学院院长吴芷芳先生兼管，国际法组暂由教务处直接管理。会计系现由李文杰先生负责。教授方面，虽多兼任，但均为当代学者及著名权威，胜利后，在渝及留沪诸老教授集中授课，另又增加新聘，教授阵容，为之大振，较诸抗战前有过之无不及也。

本学期教职员共七十五人，内西籍五人，基督徒二十四人。女教授中西籍共七人。学生人数，研究所二十三人，法律各组系六二三人，会计系一二三人，合共七六九人，内基督徒一五八人，女生二零四人。共开课程七十二种，班次如下：

法律研究所一二年级二班。

一年级：法律组，司法组，国际法组，行政法组，合为二班。

二年级：法律组，司法组二班。

三年级：法律系，甲乙组二班。

四年级：法律系，甲乙组二班。

五年级：法律系，乙组一班。

会计系二三四级三班。

（二）刊物

《法学杂志》与 *China Law Review* 为本校两大刊物，执笔者皆为名教授与当代名法学家。夙以宣扬法治、灌输比较法律知识为目的，立论准确，极负盛誉。嗣因抗战停刊，深可惋惜。今者宪政伊始、国土重光，学校当局乃决定复刊，以继续发扬东吴精神，而创学术风气，闻下学期即可出版云。

《东吴法声》，为在校师生联合刊物之一，业已按期出版。最近来稿，有陈晓教授之西洋法制史论，章庆澜教授之民诉，沙曾炤教授之土地法论。又出于同学作品者、有李志钟之英美法上关于危殆责任之规定等文。

（三）课外活动

东吴法学会，为本院在读同学一部分校友所组织，正式成立于本年五月二十五日，截至目前止，已拥有会员一百五十余人。法学会之宗旨。在提倡法律学术之研究，成立以来，曾举办法学座谈会、辩论会、演讲会多次。东吴法声，亦将由该会负责继续编印。学生自治会，于本学期开始时，即依法选定新职员，由校方指导，分组活动，并参加各项救济劝募工作，而于奖学金助学金二项，尤为努力。

基督团契，为在校基督徒同学所组织，共有六个团契，命名为：晨光、圣光、新生、求真、三一、复兴等。各团契在华克孟先生领导下，于学术、康乐、联络、灵修方面，竭力进行，不遗余力。时常举行座谈会、交谊会，并参加青年会主办之春令会、仲夏集及远足队等。对于防痨、助学、征募、义卖各项运动，均以全副精力，热烈参加，于清寒同学，加惠实多。

篮球队于双十二日举行成立周年纪念。该队队长吴效堤特召集全体队员茶会庆祝，并招待全院师长及同学团体代表，情况至为热烈。沪市大专篮球联赛，该队亦已参加。又本院女子篮球队，亦于最近成立，颇为活跃。

《老少年》复刊号，1947 年 12 月，苏州大学档案　3 长 26

苏州附中近况

本校自返苏复课，迄今荏苒两载，残破之余，恢复匪易，幸师生通力合作，精神方面，已臻战前融洩精勤之况，惟设备方面，则仍有因陋就简之感，爰将年来推进情形，略志如后：

（一）恢复健身房设备，组织各种体育队，聘请女生体育指导　本校对于学生体育，素主平均发展，学生毕业，务求符合所订标准，故平时锻炼，殊为重要，而健身房设备，不得不力谋恢复，现除垫上运动设备未能恢复外，余已逐渐完全。自三十五年秋季学期起，每一学生，务须参加田径运动，各种球类、器械健身队等，此外自由组成若干小队，互相比赛，进境颇速；女生则另聘女体育教员指导课外各种组织，一如男生。

（二）添置化学仪器药品　本校理科课程注重学生个别实验，惟近以人数激增，上年度所置备之化学仪器药品，殊不敷学生实验之用，故本学期又添购一部分仪器及药品，现有高二学生一百二十人实验时，尚能免强敷用。

（三）辟建劳作教室　本校原有劳作工场，破坏殆尽。本学期恢复劳作科，因将机器间后面之平房三间，略事修葺，购置锯凿斧钻等若干工具，使竹工木工暂可勉强使用。下学期如经费有着，当再充实机械，并拟筹添金工设备，以符教部定章。

（四）增设女子家政学科　女子治内，古有明训，国家之富强，端赖家庭之有贤母良妻，而贤母良妻之养成，非熟谙家政不可，故本校特聘大学部社会系主任兼女生主任钱长本教授担任女生家政科，钱教授先从烹饪制点等着手，学生甚感兴趣。

（五）新聘教职员　复校后新聘教职员有范建中（数理）、黄文望（国文，历史）、刘恩同（公民，史，地）、郭宛琴（女生舍监，国文）、潘承娴（注册员）、汪锡麟（书记员）、曹爱芳（英语）、吴慧仙（体育）、胡钟达（历史）、李澄钰（护士）、徐家枢（数学）、张训炜（军事教官）、王桢（劳作）、谢怀瑾（音乐）诸先生。（以到校先后为序）

（六）复校后各期学生人数比较　三十五年春季学期为二八八人，秋季学期为六七九人，三十六年春季学期为六六六人，秋季学期为七二三人，故目前学生人数为复校时之二倍半。

《老少年》复刊号，1947 年 12 月，苏州大学档案　3 长 26

吴兴附中近况

本校自去年秋季复校后，惨淡经营，各部工作，渐见进展，近况如下：

（一）校务方面　本学期学生人数激增，竟达四百二十人以上，超过战前学生人数，现设高中秋始一二年级各一班，初中秋始三年级一班，初中秋始二年级二班，初中春始一年级一班，初中秋始一年级三班，共计设九教室，本学期教职员专任兼任共二十五人。

本校为重视教育效能计，仍组织各种委员会，以求集思广益，如各科教学研究会、图书、体育、训导等委员会；本学期积极充实内容，添购理化仪器、图书、钢琴等，其他教具亦逐渐添购不少。

本校校舍，已逐步修葺。本学期因寄宿生增多，将原有膳厅、盥洗室暂改为学生寝室，破坏过甚之房屋内暂作膳食、盥洗之处，所有设施，无不殚尽心力，以求适合。最近得悉向美国购来洋松木料，约于下月中抵华。可以逐步修理，惟工价日涨，如无的款，尚难措置。

（二）学生方面　学生生活，概由训导处严密处理，高中实施军事管理，初中实施童军管理，课外活动由学生分组参加足球、篮球、田径赛等，平时各级有级会之组织，每星期三六上午十时举行晨会及朝会，聘请当地人士或宗教人员莅校演讲，俾使学生获得课外知识及认识基督教之意义。

本学期举行秋季远足一次，全体学生均须参加，并曾与湖星足球队作友谊练习。上学期曾对外参加吴兴全县运动大会，获得一百余分，颇予社会以良好印象。

（三）宗教方面　每星期每级有宗教课一节，由学校聘请当地宗教领袖担任教员，每周内晨会，聘请外界基督教同工及本校基督徒教职员担任演讲，学生有基督教青年修养团之组织，每星期四下午集合读经祈祷一次，寄宿生每日晚饭后，有二十分钟之晚祷会。最近并与湖郡女中联合敦请该校前任理化教员桑世杰牧师来湖在海岛堂讲道，每日上午八时三十分至九时二十分作有系统之讲述，因而签名慕道者有八十三人之多。

复校虽逾一载，物质方面，缺乏尚多，尤以理化仪器、药品、图书等设备，寥寥无几，常感困难，而因学生人数激增，一切校具，甚为不敷，惟学校情形，颇称良好。因战后学生数额之增加，该校对于吴兴地区教育关系甚大，故该校前途颇有希望，惟物质缺乏，一时限于经济，未能尽量应用人力物力，修复校舍，充实内容，深望热心教育人士，及教会校董会同学会各方面，多予协助，则将来定能发展也。

《老少年》复刊号，1947 年 12 月，苏州大学档案　3 长 26

生物材料处供应标本

本校生物材料处，创设于民国十三年秋，为国内生物学及医用标本之唯一供应所，早已蜚声中外。本学期已自沪埠全部迁苏，并聘到专门技师及技术员多人，在本院生物学系诸教授之策划下，正协力整顿，充实内容，恢复生产。并悉各处学校（如香港、上海以及他省）来函采购者，已有多起，出品精良，博得各校赞许不少。兹将一般内容，刊列如下：

出品种类　计分植物、细菌、普通动物、比较解剖胚胎、遗传、体系、昆虫、寄来动物及应用仪器等组，标本方面又分压制、浸制、干制、指示（如骨骼、解部标本）、玻片、标本等一千余种，全部由专门技术员制备，并由本校生物学权威教授逐一设计与检验，始得供给各校。

地址　位于苏州东吴大学科学馆四楼，计有办事室、制作室、蓄养室、贮藏室、包装室等。该处设于学校机关，且位于京沪区山水众多、生物繁富之姑苏，堪称适得其地。

职员　该处职员由本校生物学系教授及材料处专任职员合组而成，各具专长，实为难能，本年度名单如下：

徐荫祺　主任兼动物技师（昆虫及寄生物学）
戴　荪　植物技师（菌类植物学）
陈子英　动物技师（胚胎及脊椎动物学）
张和岑　植物技师（苔藓及蕨类植物学）
李惠林　植物技师（种子植物学）（在假）
沈毓凤　植物技师（藻类植物学）
徐祥生　动物技师（骨骼及注射学）
杨祺祚　动物技师（无脊椎动物学）
黄佩英　动物技师（制片学）
许如骏　动物　施佐宸　植物　周克仪　采集

刊物　计有六种，全部分赠参阅：

大学用生物标本仪器价目表
中学用生物标本仪器价目表
中学生物学新标准实验材料表
中国生物学家汇录（徐荫祺先生编）
大学 B. S. S. Bulletin（专载有关生物科学文字，筹备复刊中）
中学生物学刊（筹备复刊中）

成绩　国内著名大中学及医学院所用生物标本，大部均由该处供给，全国博览会及芝加哥博览会中均获有荣誉奖状，是以国外各校以及生物标本供给所多有向该处采购或批购经销，其在生物科学界地位之重要，可见一斑。

《老少年》复刊号，1947 年 12 月，苏州大学档案　3 长 26

华东大学办毕业证书

敬启者抗战时期在上海设立之私立华东大学，系敝校及之江文理学院留沪教职员所设，立旨在救济敝校及之江留沪学生之以故不能往内地者，化整为零，力谋避免敌伪干涉。先后三年滋未与敌伪方面有所往来，所授课程与敝校所授者完全一致。三十四年九月，敝校在上海复校时即将该校文理两学院接收。在三十二年一月迄三十四年六月，在该校文理两学院修毕学程之学生均由敝校教务委员会及校董会先后通过承认其为敝校毕业生，并已于三十五年六月呈报教育部，且补发毕业证明书在案，相应函达，敬希鉴察为荷。华东大学并未办过毕业的发过毕业证书并以奉闻。此致

上海市未立案专科以上学校毕业生甄审委员会

私立东吴大学校长杨永清谨启

三十六年十二月九日

苏州大学档案　3 长 63

文理学院近况

学生共六百三十二名。

教授阵容坚强。

本学期文学院各系，苏州部分注册学生，计本国文学系九名，英文学系三十九名，经济系一百四十四名，政治系三十六名，社会系三十九名，计共二百六十七名。理学院各系，苏州部分，计物理系四十七名，化学系六十六名，化工系一百十一名，生物系一百四十一名（内医预九十一名，护预九名），计共三百六十五名。文理两院苏州部分，合共六百三十二名。

文学院：中国文学系共开课程八种，计三十三学分，由凌景埏、蒋吟秋、范烟桥、金立初、曹之竞诸先生任教。英文学系共开课程十种，计五十学分，由陈海澄、戴荪、秦希廉、缪廷辅、张云谷、文乃史、云焕天诸先生任教。经济系共开课程十四种，计四十五学分，由张祖尧、沈青来、徐震洲、张迦陵、杨寿标、钱慕云、王芝九、缪廷辅、朱兆泰诸先生任教。政治系共开课程八种，计二十九学分，由胡岛崴、张梦白、朱文明、刘先周、程小青诸先生任教。社会系共开课程十种，计二十六学分，由钱长本、黄式金、张迦陵、刘先周诸先生任教。

理学院：物理系（包括算学）共开课程十九种，计六十七学分，由李庆贤、陆鸿鉦、徐景韩、陆钦轼、徐家枢、陆增礽、施亚钧、丁厚昌、范建中、陈秀文诸先生任教。化学化工系共开课程十五种，计五十六学分，由顾翼东、潘慎明、汪葆濬、严志弦、许嘉祥、张承宏、施亚钧、沈韵玉、浦家诚、周朝槐诸先生任教。生物学系共开课程八种，计三十九学分，由徐荫祺、陈子英、戴荪、杨祺祚、黄佩英、吴志英、许秀珍诸先生任教。

其他，尚有宗教、哲学、体育、音乐等项课程，未经列入。

《老少年》复刊号第二期，1948 年 4 月，苏州大学档案　3 长 26

法学院近讯

盛院长赴欧美考察公毕回国。

鄂教务长膺任行政院参事。

会计系三十六级出版年鉴。

李文杰教授就任会计系主任。

盛院长于去年春杪，奉立法院委派，与立院吴秘书长尚鹰、外交委员会张委员长肇元（吴张二氏，均系本校教授。）偕行出国，考察欧美各国立法、司法及法学教育事宜，遍历南北美诸州，至加拿大及欧洲，获与各国立法、司法当局暨法学教育方面著名人士相接触，参观各邦各州立法、司法机关暨各著名大学，本年二月十六日始乘美琪将军号返国。此行计留国外十月有余，经历十余国，除已达成立法院使命外，并蒐集法学图书甚多，刻正陆续运寄回国，以供法学院师生参考之需。

鄂教务长森，执教本校多年，顷膺任行政院参事，日内即将晋京视事，所任本校职务及讲授各课，由盛院长暂为兼代。闻近日法学院师生正拟叙宴欢送云。

本校自民国二十六年设立会计系以来，历届人才辈出，民三十六级毕业同学特辑东吴会计年鉴，由汪贤牧、胡承森、史济莲等主持编辑，滕家娟、黄裳吉等负责广告，并得该系各教授及昔年毕业校友之助，该书已于去年年底出版，印刷精美，内容丰富，惜所印册数不多，早已定购一空矣。

再李文杰教授，顷膺本校之聘，就任会计系主任。李氏系我校前辈同学，就职后尽力为母校延聘会计名学者任教，故该系教授阵容，益见坚强云。

《老少年》复刊号第二期，1948 年 4 月，苏州大学档案　3 长 26

苏州附中近讯

新聘张朝林、金式如二先生任教。

学生共七百另四名。

苏州附中本学期新聘张朝林、金式如二先生任教。张先生为本大学法学士，历任四川省自贡市旭川中学、重庆辅仁中学及汕头聿怀中学史地公民教员，现任教史地。金先生历任昆山县中教务主任、省立松江高中总务主任、大同附中国文教员，现任教国文。

苏州附中高初中计有六班，分十六组：初一三组，计一百六十二名；初二两组，计一百另二名；初三两组，计八十三名；高一三组，计一百四十三名；高二三组，计一百一十一名；高三三组，计一百另三名。以上各级，男生计五百七十六名，女生计一百二十八名，共有男女生七百另四名。

《老少年》复刊号第二期，1948年4月，苏州大学档案 3长26

吴兴附中近况

本期教职员稍有更动。

宿舍修建完竣，图书室已开放。

杨校长莅校视察，欢宴各界首长。

本校吴兴附中，复校已有三学期，本期于二月十六日开学，二十一日正式上课，各级学生较上期略少，约计三百七十余人。新聘黄灿阳先生担任训育主任，王一之先生任教生物，张学源先生任教初中数理化，沈远基先生任教高中数理。

湖校修建工作，复校后即积极进行。为应需要计，前将全部学生宿舍修建完竣，业已应用。尚有一部分校舍，刻正筹款修建，惟内部设备，缺乏甚多，一时无款添置，诚美中不足；惟图书室已开放，实验室亦渐扩充矣。

杨校长于三月五日莅湖，主任陆季清先生及教职员代表章思杰、戴岐二先生，率领学生代表十余人，赴汽车站欢迎。杨校长于三月九日亲临该校视察，并于十日上午十时晨会时间，对该校全体学生训话，以青年当努力求学，将来为社会国家服务相勖勉。

三月十四日下午五时，杨校长与陆主任联名欢宴吴兴各界首长士绅及本公会同人，到有于专员、袁县长、凌议长、顾省参议员、陈勤老、教部方督学及地方士绅、教会领袖，暨全校教职员七十余人，宾主尽欢而散。

《老少年》复刊号第二期，1948年4月，苏州大学档案　3长26

文理学院图书馆近讯

新聘副主任暨编目主任。

各方损赠图书及捐款。

文理学院图书馆,本期仍由国文学系主任凌景埏先生兼代主任,积极扩展。新聘国立社教学院图书馆学教授黄元福先生任副主任,又聘韩静华女士任编目主任,韩女士前任职于上海市立图书馆,经验极为丰富。

本学期馆中收到罗汉槎同学捐赠大英百科全书一部,罗君现服务于江海关,其妹韵贞现肄业于本校文学院。又荷教育部配给最新大英百科全书一部。此外又承老同学严欣祺、黄廷英诸先生及上海美国新闻处捐赠图书多种。

最近余经藩同学捐赠国币二百万元,作为购卖杂志之用。

《老少年》复刊号第二期,1948年4月,苏州大学档案 3长26

一年来的惠寒小学

（1948.9—1949.8）

引　言

惠寒小学复校以还，瞬已三载，（同人等）自三十七年九月受事以来，亦将届一年，平时致力职守不敢稍有殒越，惟以才菲识浅，实寡建树，抚躬反省，惭怍良深。幸赖诸热心人士匡助赐教，使校务得以蒸蒸日上。学生人数，亦倍蓰于昔。兹当任期届满，同人等用敢将一年来惠寒概况奉告于诸校董之前，聊申刍议。惟付稿匆匆，挂一漏万，鲁亥之误，容或难免，倘蒙指正，则同人等不胜企祷之至。

一年来之校务行政

一、行政机构

惠寒小学校政执行机构为校务委员会，由校长、教务、辅导、总务、文书、会计、福利及各级级任组成之，以校长为主席，定期举行会议，以处理校务行政上之各种问题，其职权如下：

1. 决议全校设施方针。
2. 审订各项规程。
3. 审核预算决算。
4. 审议学科及班级之增减。
5. 规划全校建设校舍及扩充设备。
6. 审订学校行政历。
7. 讨论有关教务、辅导、总务、经济、福利之一切提案。
8. 处理学校及学生重大偶发事项。

校务委员会人选，由学校就东吴大学各系同学之热心服务或有特殊技能者聘请之，任期自一学期至一年。

二、组织系统：

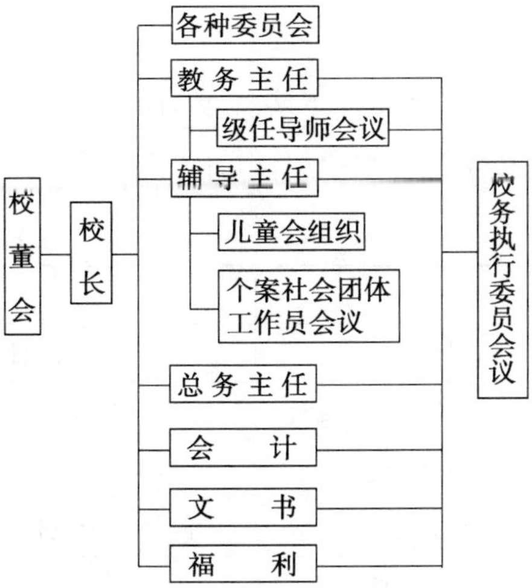

三、人事概况：

职别	三十七年秋季	三十八年春季	三十八年夏季
校长	王维章	王维章	王维章
教务主任	吴瑞华	吴瑞华	吴瑞华
辅导主任	竺全恩	金珍元	金珍元
总务主任	徐文涛	徐文涛	徐文涛
文书	汤佩霞	汤佩霞	汤佩霞
会计	周锡龙	顾家钧	顾家钧
福利	龚振钰	张崇静	陈锦华
预备班级任	叶雪琴	龚振钰	李志佩
一年级级任	吴瑞华(兼)	吴瑞华(兼)	周鸿祯
二年级级任	汤佩霞(兼)	汤佩霞(兼)	陈念荪
三甲级任	吴国沛	金珍元(兼)	金珍元
三乙级任	徐文涛(兼)	张崇高	金珍元
四年级级任	竺全恩	吴国沛	吴国沛

一年来惠寒教务概况

一、学生人数及班次

三十七年秋季学期计有学生247人，设五级六班，自预备班至四年级，其中三年级为双轨，预备班亦以程度之高下分为大小两组同时施教。

三十八年春季学期全校学生270人，设五级七班，预备班及三年级皆为双轨，预备班为半日两部制。

三十八年暑期补习班全部学生共204人，仍为五级，将三年级甲、乙两组合并，拟于暑期后将成绩低劣者淘汰之。

二、教学时间

除三十七年秋季、三十八年春季两正式学期外，于三十七年寒假、三十八年春假及三十八年暑期各举行补习班。全校学生皆须参加，以补平时课业之不足。

兹将各教学阶段列表于后：

阶段名称	开课日期	终止日期	备　注
三十七年秋季学期	九月二十七日	十一月二十四日	计十六周
三十七年寒假补习	三十八年一月二日	一月二十三日	计三周
三十八年春季学期前期	一月十七日	四月三日	共七周
三十八年春假补习	四月十一日	四月二十三日	计二周
三十八年春季学期后期	四月二十八日	六月十六日	共八周
三十八年暑假补习	七月四日	八月十日	计六周

三、课程之设置

1. 为适应本校学生特殊之需要，四年级除普通小学之课程外，更添设文牍、英文两课，并将体育与劳作以性别之差异分别教授。男生授以体育，女生则为劳作。

2. 自解放以还，将各级原有之公民课改为级会。由各级级任导师负指导之责，使学生能充分发挥自治之精神。

3. 三年级程度较低，课外另设自修课，俾督促学生在校温课。

4. 为发展生产教育，由乐群社配给小型镰刀、锄头等工具，于劳作课使学生养成劳动习惯。

5. 课外作业大小字由各级级任导师批订之。

四、教材之选择

三十七年秋季学期，采用国定教本。其中国语常识是合并编置，故常识另采用副课本代替之。算术以各级程度普遍提高，国定本不能适用，遂改请各级算术教师参酌学生程度自行编制教材。

解放后，以新编之教本尚未问世，故国语常识各科皆自行编制。选择标准是参照以前之课本，择其能适应当前实际需要者，并设法自报章读物中摘录合宜者为之。

本校图书部今共有图书770册，均是一年来陆续添置所得。并订阅儿童知识等杂志，以供小朋友作课外读物之用。三四年之阅读课，即多根据此种图书使学生养成阅读之能力，俾望能藉以代替街头不良之连环图画。

五、教授方法之改良

本校教员因系研究不同之学科，教授儿童之方式，亦不一致。课室讲解有未能适合小学教育者，遂力求改善。除依照课本讲解外，更在经济能力范围内设法添置教具。尤以三十八年春季学期后期以来，由景海女师本届毕业同学来校实习，彼等专长教育，教学方法之较优处即为吾人所采用，以期以事半功倍之效，使学生获益至多。

六、教务工作推行方针及瞻望

教务工作之方针即在力求适合于儿童之实际需要并使儿童有充分发展之机会，但成绩过分低劣而不肯上进之儿童，则实行淘汰，俾使优秀而贫穷之儿童能有机会来此就学。此外更于各级说话课力求训练儿童讲解国语之能力，并于三十八年春季学期举行国语演说竞赛以补课室教育之不足。

三十八年暑期后，最高级为五年级。进入高小阶段所有课程更须添设教具及教材，如自然挂图及小型实验之属。

七、成绩之测定

每星期原举行小考一次，大考一次，平时测验则请各科教师自行订定。后鉴于考试制度之不合理，尤以低级学生对考试并未能十分明了，遂取消考试制度而代之以测验。原则上规定每两周至少举行一次，由各教师参酌实际进度而定。每期总成绩即以此种测验之平均成绩为准，似较仅凭一次考试之订定为合理。

一年来之儿童辅导工作

（甲）学生自治

一、儿童会发起及组织

三十七年秋季，校方为发扬儿童自治精神，养成儿童健全人格，加强辅导管理之收效，特于第四次校务会议提出组织儿童会。其组织以三、四年级为主，各推出代表五人，共十五人。并请教师六位负责筹备，于十月十六日正式成立。选定本届儿童会全体职员及制订组织系统（见附表一）。

三十八年春季将儿童会重行改组工作中心。二年级亦有代表参加（见附表二），并请导师六位指导各股工作。

二、儿童会之工作

A. 会议：

1. 全体大会　每学期召开二次，即开学时及放学时各举行一次，如有特别事故由会长召集举行临时会议。

2. 常务会议　每二星期举行一次，由会长主持并请指导老师列席检讨工作成绩，决议进行各项工作。

B. 各级工作概况：

（一）三十七年秋季：

本届儿童会为首次创办组织，较为简单，工作成绩亦不如理想，兹略述于左：

1. 清洁部——其工作范围为保持校场、教室之清洁及督促各同学注意个人书籍、服装、身体之整洁。曾主办发起全校大扫除比赛。

2. 图书馆——每日散学后开放，以无固定馆址暂借预备班教室应用及级轮流阅览，四年级同学以能保持书籍之完整，故得借至家中阅读。惟阅览人数并不踊跃，因尚未养成阅读之习惯也。

3. 纠察团——纠察团团员之责任为维持下课后操场走廊间之秩序。全校共分十岗，由三四年级同学中选派值日人员轮值。

4. 军乐队——军乐队以训练未曾纯熟，故未展开工作旋即停顿。

（二）三十八年春各股工作概况：

1. 学术股——指导教师吴瑞华先生。

a. 出版儿童壁报一份，征集各同学优秀之作文并诗歌谜语等共出版三期。

b. 另出版惠寒新闻一份，报道各级之动态各项活动情形等共出三期。

c. 主持有关学术方面之活动，如国语演讲比赛、速算比赛、大楷比赛等。

2. 福利股——指导教师龚振钰先生。

a. 失物登记和拾遗招领。

b. 饮乳服务——每星期二、五各一次分配牛乳与各位同学。

c. 筹组合作社——当时额定资本人民币一千五百元（折合白米五斗），完全由同学投资，专供给文具用品。后因认股者不足二分之一且适遇物价上涨致未能成立。

3. 康乐股——指导教师吴国沛先生。

a. 玩具管理——有服务员轮值管理出借校方所有各项玩具。

b. 运动——(1)主持全校乒乓比赛及全校小橡皮球比赛；(2)规定各项运动练习时间。

c. 歌咏——主持全校音乐表演及全校歌唱比赛。

4. 总务股——指导教师徐文涛先生。

a. 会计——保管儿童会会费收入及校方拨予之辅助费，登记儿童会支付各项账目。

b. 庶务——各股需要应用物品由各股股长向本股登记领取。

5. 纠察队——指导教师张贤庆先生。

纠察队为儿童会中组织最大之附属机构，队员有三十人，按日轮值站立岗位，负责各岗间之秩序安全，促使同学遵守纪律，工作最为辛苦。与儿童法庭并联系共同订定儿童公约十二条。

6. 儿童法庭——指导教师汤佩霞先生。

儿童法庭为本校儿童会所特有之机构，是实验性质。其作用教育大于处分，以儿童本身之立场处理同学间一切之纠纷，以儿童公约十二条作为审判根据。每日下午一时至一时半为公审时间，审判结果按日公布，使同学服从法则，遵守纪律，且可减轻老师们一部分之辅导工作。

三、课外活动

儿童辅导之目的，不单在于促使儿童守法，而在于使儿童有正当之课外活动，使其在日常生活中培养其完整之人格。故本校辅导之重心，亦偏重于此，摒弃呆板之规律条文，鼓励儿童参加校方指定之课外活动，特订定学生参加课外活动奖励办法，凡在儿童会各部门服务而学业成绩优良者，依其服务成绩之高下，予以相当之奖励，至于各项比赛活动、运物均鼓励儿童踊跃参加。

综计一年来举办之各项活动如左：

1. 远足——三十七年秋季一、二年级远足狮子林，三、四年级远足虎丘，向东吴大学及博习医院借得卡车二辆代步。

2. 全校运动会——三十七年秋季假东吴大学操场举行，参加学生四十余人。

3. 全校写字比赛——三十七年秋季及三十八年春季各举行一次。

4. 访问景海附小——儿童会代表访问景海附小演出歌唱表演。

5. 全校国语演讲比赛——三十八年春季分中级初级两组。

6. 全校音乐表演——三十七年秋季。
7. 全校教室布置竞赛——三十七年秋季。
8. 大扫除——三十七年秋季及三十八年春季各举行一次。
9. 全校小橡皮球比赛——三十八年春季。
10. 全校乒乓球比赛——三十八年春季。

四、个案工作及团体工作

本校辅导处与东吴大学社会系同学取得连系办理个案工作及团体工作事宜,进行家庭访问,研究问题儿童,实使本校辅导工作得益匪浅。

A. 个案工作:

本校注册处特制造学生通讯小卡一种,分发与各个案工作员,依据学生住址远近分配,进行家庭访问,使学校与家长方面有所联系。如有特殊问题儿童,则举行特别访问,并与其个别谈话研究其症结所在,通知辅导处,然后再定处理办法。

B. 团体工作:

各级设置团体工作员一人或二人,经常在课余时与儿童接触,观察儿童之行动、语言。逐渐诱导儿童作正当之娱乐及活动,并协助级任导师处理同学间之各项问题。

五、中心训练及荣誉儿童制

A. 中心训练:

中心训练为配合每周活动而订,而非完全是呆板之条文,因辅导方面,范围极广势非一日所能完成,故每周定一中心项目,举行某项活动,再于周会上申述本周中心,训练之目的及方法,使儿童之印象特深。如某周为防疫周,除演讲防疫之方法外,并请博习医院公共卫生部来校注射防疫针。又如某周为劳动周,则举行劳动服务如拔草、拾砖、大扫除等。总之,以实际之行动配合空洞之条文乃为本校中心训练之特色。

B. 荣誉儿童制:

荣誉儿童制亦为本校辅导之特色,自三十八年三月试行以来,颇见成效,盖积极之奖励有时确能胜过消极之惩处。荣誉儿童制之办法即为奖励各级品性优良之学生,荣誉儿童在各级级会中产生,用不记名票选或举手选举法推选一周中品行最优之同学作为荣誉儿童,每星期改选一次,在周会上颁发红色荣誉儿童奖章佩带,以资激励,并另选品行恶劣者为坏孩子,在周会上公布其姓名,两相比较一下,儿童皆循规蹈距欲夺得荣誉儿童之名号。

以上所述是一年来惠寒小学辅导工作概要。本校辅导目标有二:(一)生活即教育,故特别注意儿童之日常生活及其课外活动。(二)社会即学校,在学校生活中培养儿童健全完整之人格、民主、平等、服务、忠诚观念之养成。一年来辅导之重心,即循此目标而行,幸无殒越,用敢告慰于诸校董之前。

〔附表一〕 惠寒小学儿童会第一届组织系统及职员名单

三十七年秋季

惠寒小学儿童会

- 全体大会
  - 执行委员会
    - 正副会长
      - 正胡启昌(四)
      - 副卞仁元(三)
      - 文书兼会计 史毓芬(四)
      - 清洁部 刘根福(三)——干事：李志勇(四) 王明
      - 图书部 钱荣珍(四)——干事：周金生(三) 曹义
      - 娱乐部 李巽如(三)——干事：何玲玲(三) 严雪(三)
      - 纠察团 正 张崇安(四) 副 陶兴祥(三)
      - 军乐队 (缺)

〔附表二〕 惠寒小学儿童会第二届组织系统及职员名单

三十八年春季

惠寒小学儿童会

- 全体大会
  - 正副会长
    - 正方连仁(四)
    - 副卞仁元(甲三)
    - 常务会议
      - 总务股 陈佩瑜(三甲)—干事：范琴英(四)
      - 学术股 卞菊珍(四)——干事：李玉贞(二) 宋福寿(三甲)
      - 康乐股 李永守(四)——干事：严雪林(三乙)
      - 福利股 薛佩菁(三乙)—干事：徐东生(三甲) 范茉英(二)
      - 纠察队 李志勇(四)——副队长：李巽如(三甲)
      - 儿童法庭——
        - 审判员：朱雪元(三甲) 陈素珍(二)
        - 书记：陶兴祥(三乙) 刁冶廉(二)

一年来之事务概况

一、一年来校舍修建情形

1. 内部粉刷

惠寒各教室,因年久失修类皆黝黑,不独有碍观瞻,且对于教室之光线不克充足,本年度初始时,即予以全部刷新,阵容为之一振。此外各教室之标语,亦予更换,每学期中途,更有布置竞赛,各教室均焕然一新。

2. 新建屋之内部整理

由吴国沛同学负责建造之新屋一幢,因限于该时经济能力,不克完工。本年因学生人数激增,旧有屋舍更觉不敷容纳。故由钱董事长商得东吴杨校长之同意,捐增水泥若干,使房屋内部全部敷设水泥,门窗方面亦配全玻璃及门锁,至此新屋已全部落成。

新屋落成后鉴于旧预备班教室屋小人多,拥挤不堪,故再将新屋隔为二半,以一充预备班新教室,另一半供学生课余作乒乓游戏之用。

3. 音乐台之建筑

本校因屋舍之缺乏,凡有盛大之集会,常在操场行之。但如遇周会及音乐表演,每不能居高临下,对秩序之管理,及儿童之欣赏注意力,两不能顾,故有音乐台建筑之动机。现台已筑成,处广场之东,高可四尺,宽度达一丈,其上可容学生二十人,以之作早操训话及表演之用,诚一举而三得焉。

4. 其他方面

建筑方面,余如厕所之修理,道路之敷设等,均已按预定计划,一一完成。

惠寒小学目前设备概况一览表

校舍及场地	教室	6间	校具	桌类	98双	乐器设备	军笛	35支
	宿舍	1间		椅类	149双		喇叭	6双
	传达室	1间		橱类	2双		小鼓	6双
	运动场	1处		黑板	7块		小锣	2面
	乒乓室	1间		风琴	2双		小钹	1面
	音乐室	1间		挂钟	1双			
	办公室	2间						

惠寒小学三十七年度秋季经济收支报告

收支项:(单位金圆券)

学生书籍费	130.40
利息收入	14.11
捐款	2 282.37
学生报名费	4.43
	2 431.31

支出项：

文具印刷	257.99
图书费	112.52
用　具	909.94
什　费	105.21
修理费	473.01
车马费	119.06
应酬费	10.12
医药费	5.00
教职员薪金	247.00
特别津贴	370.00
暑期亏欠	0.67
	2 610.52
本届亏欠	179.21

三十八年春季惠寒小学收支报告表

三十八年二月十七日至五月三十一日（单位：人民币）

收入项：（折合人民币 1 = 1.350）

学生书籍费	12.54
捐　　款（大中学教职员及学生）	436.99
音乐会义演	22 805.00
特别收入（包括银元，白米，溢价）	19 953.77
社会系捐（白米、三石折价）	9 000.00
	52 208.30

支出项

杂　费	8 614.00
文具印刷	1 967.80
图书费	20.18
用具	6 050.60
教职员薪金	14 216.52
特别津贴	1 658.44
修理费	36.52
应酬费	4.86
医药费	1.85
	38 571.37
收支相抵余额（转入暑期学校账）	13 636.93

一年来之儿童福利工作

1. 儿童饮乳

儿童饮乳定每星期二次，日期为三、六，时间上午九时四十分至十时二十分。

最初由学校供饮牛乳，故学生甚表欢迎，后改豆乳，其饮量即行减少，故饮乳时，同时并开罐头淡乳混合供给预备班儿童，并由学校义务供给饼干，以增营养。

2. 医药治疗

医药治疗委托博习医院义务施行，凡经本校证明者，赴医院即可免费治疗。如药费过昂时，由学校负担之。

3. 健康检查

由博习医院马毓英小姐率领公共卫生护士，来校作健康检查，每星期五下午行之，如发现疾病即令其矫治，学生疾病中，以沙眼及皮肤病为最多。

4. 发放旧衣

本年乐群社方面，景海女师、景海小学等处均捐赠本校大批旧衣，福利处即根据学生之家庭情况及在学品性分别予以发放，以资救济。

苏州大学档案　3 长 68

庆祝文葛二公华诞兴建仁寿亭 定期举行落成典礼邀请校友欢聚 老同学发起征集八秩纪念金

前任校长文乃史博士、葛赉恩博士服务本校，各有近五十年之悠久历史，贡献之多，众所共仰。本年为文葛二公八秩华诞，自应共申欢庆，以示尊敬师道；校方为纪念二公，特于校场东北部兴建纪念亭一座，名曰“仁寿亭”，以垂永久。现已全部完工，甚为壮丽美观。兹定于十一月十二日举行落成典礼，邀请各地老同学返校参加盛典，并共庆华诞。届时群贤毕至，举校欢腾，定有一番盛况也。

又悉老同学多人发起为文葛二公征集八秩纪念金，正在商讨进行。兹将征集纪念金缘起附录于后：

为文葛二公征集八秩纪念金缘起：征东吴大学为吴中最高学府，历史悠久，成绩夙著。历届主校政者，咸经营辛苦；而前校长文乃史、葛赉恩二博士与学校关系尤为密切，贡献之多，人所共仰。文公于纪元一八九六年自美来华传道，迄今凡五十余年。当一九〇一年吾校开创之初，即已任职，时首任校长孙公乐文外，西教师仅文公一人。四十八年来，或执教，或长校，从未间断，求之中西教职员中，亦惟文公一人而已。抗战期间，在美华侨奉命撤退。公独毅然曰：“此中国需吾之时也，吾乌能退。”卒不避危难，仍留华服务。珍珠港战事爆发，太平洋大战猝起，日美宣战，公被俘，幽禁上海集中营达二年有余，其间备受苦楚。迨民国三十三年日美交换俘虏，始得遣归美国。抗战胜利，重返吾校，继续工作。葛公于文公来华之翌年，亦来吾邦，先长中西书院，继长吾校，凡二十余年，先后任校董垂四十年。抗战期间，其被俘情形与文公同，其爱华爱校之热忱亦与文公媲美。二公宣道施教，造士育才之伟大精神，殊足令人矜式。今岁欣值二公八秩华诞，自应共申欢庆，以示尊敬师道，敦睦友邦之诚意。爰有纪念金之募集，以作建筑纪念物，设置奖学金之所需。凡在校师生，毕业校友，以及关怀东吴，崇仰二公之社会贤达，教育名流，尚祈慨予赞助，以襄盛举，而光耆德，此启。

《老少年》，复刊第四期，1948 年，苏州大学档案　3 长 26

一九二八级级友捐款重建校门

本校校门,战前是坐南朝北。抗战期间,日军驻扎校内,竟将校门移置天赐庄道上,改为坐东朝西,且将校门两侧原有房屋拆毁,殊损观瞻。一九二八(民十七)级级友有鉴于此,乃捐集巨款,为母校重建校门。现已由工务处督工兴建,不日即可落成。该级级友五月间返校欢聚时,曾议决赠献礼物。今重建校门,较之普通礼物,宝贵多多,盖不仅壮观瞻,且可垂之永久也。

《老少年》,复刊第四期,1948年,苏州大学档案 3长26

校　　史

一、八年离乱

廿六年八月，卢沟桥的烽火烧到了京沪一带。东吴为了避免战火的威胁，更为了不顾靦颜在敌人的控制下讨生活，十六日那天，在杨校长、徐景韩、慎斐文、沈祖懋、冯家声诸教授率领之下，毅然地离开了有数十年历史渊源的苏州，向湖州迁徙，设法在第三附属中学复校。

可是不久，日寇又在金山卫登陆，湖州也受到严重的威胁，不得已，在十一月中旬大中学同学再由湖州分道向杭州，泗安两地撤退。后来，泗安一部又分成两小部，一部向长沙进发，一部回到上海，而杭州的一部（大部为中学）再转向安徽的黟县开学。这时，杨校长已回到了上海，借慕尔堂筹备开课，往长沙的一部分教授如徐景韩、冯家声、慎斐文诸先生也相继返沪执教，这是二十七年的事体。七月的时候，黟县部分在孙蕴璞、陈海澄、程小青诸先生率领之下也陆续回到了上海。这样就在上海招生复课，第一次在流浪生活总算结束了，分散了的家人也总算团聚了。无奈好景不常，到了三十年冬天，太平洋战事发生，日寇进入租界，学校又被迫停办。

是年冬天，许多热心教育的教授，举办分科补习班，暗底里，却在作内迁的计划。三十一年四月，一切准备就绪，立即开始行动，但为逃避日寇的注意力起见，决定分批内撤，第一次走的有潘慎明、沈青来、慎斐文等教授，拟先到福建的邵武，联合协和、之江两校复校，路过金华，在成美中学设立了联络站。这时，日寇凶焰万丈，疯狂进攻，不到一月，金华也陷于魔手。联络站给切断了，困居上海准备内迁的教授们只好困居下去了。

到了邵武，日寇遂由江西迫近福建，邵武似乎也非久居之地了。另一方面，与协和合作在人事上也有困难，因此又离开邵武，向广东进发，到了曲江，才驻了足。在仙女庙弄到一片地面，造了几幢最简朴的房子，作为校舍，据说房子的命名也是林堂、葛堂等等，表面上当然表示“君子不忘其旧”之心，骨子里却给师生们一个“打回老家去”的启示，用心真够苦的。在这儿还应该一提的，一幢女生宿舍是桂林校友建赠，另外一位与东吴素无关系的粤人魏明新先生曾帮了极大的忙，才能把房子弄好，奠下了学校的基础。在这种颠沛流离的情景下，旧雨新知们温暖的援手，该是多么宝贵呀！

三十二年春天，在岭南大学协助之下，在曲江第一次正式招生，当时约有学生百余人。教授除了原来首批内撤的人员外，后来，陈晓、张忠炳两先生也到了曲江。学校就在风雨飘摇中支持了七年半左右，到三十三年初夏，日寇又迫近曲江，学校忍痛解散，一部分教授、同学则走向重庆，入法学院借读。至于法学院的变迁情形，该院一九四六年年刊里，有详细记载，这里不再烦絮。

现在，再回过头来谈谈一部分困居在上海的教授们，他们为了维护祖国的文化，为了沦陷区失学的苦闷，同时也为了一些本身的生活问题，因此，与之江留沪的一部分教授联合起来，办了一所华东大学，内包括文、理、工、商、教育五学院。文、理、教育三学院借爱文义路育英中学与西摩路崇德女中上课，工、商两院则借福煦路民立中学上课。黄式金先生任常务委员会主席兼文学院院长，徐景韩先生任教务长，周泽甫先生任总务长，理学院院长为王须稼先生，工学院院长为徐鑅先生，商学院院长为陆高谊先生，教育学院院长为林汉达先生，阵容是够坚强的。

处在敌伪淫威的统治下，为了教育，为了避免日寇的注意力，更为了避免"文化汉奸"的臭名，在这暗无天日的孤岛——上海，立住脚，不向敌人屈服，只有咬紧牙关，受尽磨折，宁愿慢慢儿暗暗地推行教育，却决不肯向敌伪教育机关登记，得一些所谓"保障"。就举招生的例来说吧，当时没有登过报，也没有贴过广告，只凭着人与人之间互相传达出去，而报考的青年却非常踊跃，一方面固然透示出沦陷区青年求知欲的高涨，一方面也表示了教育家坚贞不拔的气节，所以抗战胜利以后，凡华东毕业的同学，根本没有经过什么"甄审"，这就可见华东的"出污泥而不染"了。

三十四年八月，胜利贸然地光临了。这年秋季学期开始的时候，华东大学也恢复了东吴、之江的名称，学生除了工、商两学院的走向之江外，其余大部分都踏进东吴，在慕尔堂与重庆来的法学院师生全部胜利会师了。

二、归去来兮

三十四年十一月的中旬，校务委员会派钱长本、许安之、孙蕴璞诸先生来苏视察校舍的情况，并准备设法接收。当时校内驻有敌军千余人，因为无地可搬，不肯离校。后来，经本地军政机关同社会人士多次的接洽，才能于十二月一日先行接收林堂全部同校门两旁教职员住宅四幢。立即开始办公，并且在六号那天，举行了新生入学考试，计录取正式生一百二十六人，选读生四十人。十二月十二日正式开始上课。职员方面则有钱长本先生代教务长，许安之先生代西籍顾问，孙蕴璞先生代总务长兼会计，教授则有陈海澄、蒋吟秋、金东雷、徐景韩（每礼拜从上海赶来兼课）、张承宏、钱慕云、沈毓凤、刘恩同、许安之等十余人分任各课，校务的进行非常顺利。虽然当时学生程度比较低落，却很自知奋发，这正是"难能可贵"的。三十五年三月底，第一学期结束，四月八日到七月底，又完毕了第二学期，每学期的日数虽然比较短，但是因为每星期增加授课的钟点，截长补短，至少在质的方面是没有减削的。

三十五年一月，留在校里的敌军，除了卫生队三十多人外，其余已经全部撤退，孙堂、葛堂、子实堂、女生宿舍，教职员住宅等总算相继接收回来了，但是只剩空房几幢别无长物，不要说仪器设备同教室里的桌椅荡然无存，就是连门窗、墙壁、地板也残毁不堪，旧健身房及螺丝浜住宅一所除了一堆瓦砾，几株枯草以外，根本没有什么建筑的痕迹了。依照当时物价的估计，修理费要"法币"六万万元，合美金三十万元之多。维格堂、老宿舍、体育馆还驻有敌人同贮藏的物资，所以无法进去调查，损毁的程度，不得而知，当然也无法估计修理的费用了。

这年的春天，附中也开始复校了。旧日的教授、教员、职员如石平道、何汝鑫、庞龙、程小青、凌景埏、王守方、许嘉祥、顾瑞伯、戎更生、曹之竞、陆钦轼、陆增礽、潘承�、邓援、陈子康等先生也相继返校。阵容愈加整齐了，一切的进行也愈加顺利了。

三月十六日为胜利后第一次校节，上海部分的师生和许多毕业校友都冒着不算太小的雨赶到苏州来参加典礼。这种情况是够热烈的，当时并且举行了孙乐文先生纪念碑的修复典礼，由陈海澄先生讲述校史，指指说说，旧日的情况像在目前，面对着这疮痍未复的学校，真正“别有一番滋味在心头”。

三月底秋季班第一学期顺利结束，第二学期接着开学，因为加添了春季班，学生人数比较增加了一些。这时上海华东基督教联合大学的措施，已经有相当进展。本校亦为联大的一份子，所以决定在三十五年度第一学期开始的时候，文理学院三四年级的学生并入联大机构，在圣约翰大学就读，但是在行政方面，东吴却仍旧是独立的，一二年级全部迁往苏州，同时上海的附中，为了行政上的一致起见，也并回苏州，一道办理。旧日的教职员除了极少数的他就外，已全部返苏。未收回的房子如维格堂、体育馆等在这时经了许多次的交涉，也终于全部接收了。一切都走上了轨道，向光明的远景迈进。

三、经之营之

三十五年的九月十日，“正牌”的东吴兄弟姊妹们在老家——天赐庄——团圆了。所谓“正牌”乃指胜利以后用“东吴”的校名招收进来的学生，而与由“华东”转过来的同学分别而言。在用这两字的出发点上，决没有“自为嫡派，人皆庶子”一类狂妄自大和瞧人不起的含义在内，这是应该郑重申明一下的。因当时的三四年级已并入圣约翰大学借读，没回到苏州来，所以我这样说的。

当年锦绣天堂似的东吴，现在除了几幢大房子的外表还依旧保存着当年一些的气象外，其余呢？校门毁了，足球场、篮球场、网球场都荒草一丘；从前无数健儿显身手、出风头的地方，现在都做了蚊子的渊薮。体育馆的看台毁了，宿舍里的卫生设备毁了，连墙壁都毁了，从前二人、四人同宿的小房间，现在变成了“统舱”。因为处在“统舱”里，同学间接触的机会多，讨论的空气浓，团结得更紧，学习得更勤。这种良好的结果应该感谢“矮子”们的“成全”。

初冬的时候，戴荪先生自美返校。校里开了一个欢迎大会，出席的师生把体育馆挤得满坑满谷，根本无法统计人数；梵哑铃、钢琴、二胡、三弦、高音、平剧、昆曲全部搬上了表演台，“中外百万里，上下五千年”的乐器，应有尽有。猗兮盛况，这恐怕是流浪回家后的第一次最大欢聚吧！戴先生是研究植物学的，或许对植物形态太了解了，所以他又成了校园花草的“理发师”。你没看到吗？他从大清早起来同花匠们东跳西跑，指指说说，在苦心的经营下，把校园恢复了旧日的大观。这应该特别感激他的，这也或许是当时热烈欢迎他的理由之一吧！

这样，在师生的团结下，学校逐渐的走上了兴盛之途。到了三十六年的三四月里，国民党政府滥发钞票，弄到米珠薪桂，民不聊生。同学们也受了严重的生活威胁。因此寄宿同学组织的膳食委员会向县政府要求配米，校方同时也为教职员请求，费了九牛二虎之力，总算弄到了一百石米。同时“县长”告诉校方说，这是配给教职员的，没学生的份。消息传到了同学的耳朵里，立刻派代表向“县长”诘问。滑头的政客，又怕得罪了同学，却立刻说，这次米是给同学的，没教职员的份。因此把师生之间制造了一次不算太小的矛盾。同学们在热烈的情绪下，开会、罢课、贴标语、提条件、组织学生自治会，一连串火热的运动展开后，幸亏在校方的紧急开明措施之下，不久即告平息了。可是同学们自己的团体却坚强地组织了起来。

三十六年的夏天，华东联大的结合更有了一些进展，所以首次联合招生，文学院因归圣约翰办理，所以本校只招理、法两院。虽然后来联大宣告流产，东吴的文学院却断了一代，到三十七年夏才重新招生，这是预先一提的。

这年的第二学期，由年轻热情的一部分同学组织的文学研究会主办的东吴新闻出版了。为了不满当时的现实，在字里间时常流露出年轻人的正义感，这时蒋统的军队，到处在吃败仗，为了苟延残喘他们的统治，所以不惜种种非人的卑鄙手段胁迫学生。所以在三十七年的暑期，"城防指挥部"的"命令"来了，对学校作退学若干主办东吴新闻和另一批热心为大众服务的同学们的"提议"。学校处在这种恐怖血腥的统治下，自然只好照办。虽然经过遭受这种厄运的同学们的呼吁，可是其余同学都敢怒而不敢言。后来，校方曾经放"宽"了尺度，减轻了他们的"处罚"。可是一部分同学却轻轻的被牺牲了。

三十七年度第二学期开始，校方为了"金圆券"的贬值，规定以米为缴学杂宿费的单位；以我知道，这在东吴恐怕史无前例吧。同时为了时局的关系，学费分两期缴纳，功课也分两期来读。在这学期的三月里英文系同学曾到附近去参观由开封迁来的临中，他们都是一批十来岁天真无邪的孩子们，在开封解放的时候，被国民党胁迫搬到苏州，离开温暖的家，到这举目无亲的苏州，家汇断了，"政府"的配米时有时无，他们生活在饥饿线上，时刻和死神在斗争。这时，天气比较热了，他们卖了被头当了衣服，维持着这弱小的生命，睡在潮湿的地板上，大部分的人染上了疥疮。枯瘦，萎靡，童年的幸福是他们梦境里的想象。当时英文系的同学们感动极了，回到校里，立刻发动救济临中同学的委员会；募捐、献赠、尽了极大的努力，把这群孤苦的羔羊拯救出了死亡线。是的，这一次又恐怕东吴同学第一次对外伸出最热情的援手罢。

离下半学期开学最后的三天，人民解放军渡过了"天堑"的长江，苏州正处在阳光将要照到而还未照到的黑暗角落里。留校的大中学师生们，为了渡过这方生未死之间的意外恐怖，组织了一个应变委员会，外面边联络本城的各大中学，校内组织了许多巡逻小组，不分日夜，时刻在警惕着。生活除了"极度紧张"四字以外恐怕没有别的字可以形容的了。到了四月二十七日那天，苏州完全解放了，学校也在同一天内开始继续上半学期的功课。在人民自己的政府里，东吴也开始正式的新生而走向坦平的大道。

后记

这里所谓"校史"，却是一篇"断代史"。肇自七七抗战，到三十八年初夏为止，因为二十六年暑期以前，学校平风静浪的处在苏州，很少变迁，同时也有许多固定的书籍、刊物记载学校里的情形，为了怕重复起见，所以抗战以前的"校史"，我毅然的割爱了。

我的取材，大多是属于偶发，或者在我个人认为有记载价值的材料；一般招生，开学，注册上课，有规律性的东西，尽可能的省略了。因为记这些东西，和在日记里记起床、洗脸、吃饭、睡觉，没有什么两样，所以许多别人认为值得大书特书的事情，也常常被我"割爱"了。

这次的材料，很多是慎斐文、沈青来、李庆贤三先生口述而由我笔录杂凑而成的。当然难免语无伦次。又因为时间的局促，写好以后，没有经过他们的过目，可能是有些错误在内。至于三位先生费了许多宝贵工夫讲述给我听，那是应该感谢的。

最后，我特别要谢谢孙蕴璞先生，他能在百忙中抽出辰光写一篇复校简史（归去来兮）给我，当时他写的是浅近的文言，为了上下三篇文字的统一性起见，给我译成了语体，这应该声明一下，并向孙先生致十二万分的歉意的。

［课］

1949 级毕业纪念刊，苏州大学档案　3 永 63

再造(1949–1952)

华东区高等学校院系调整设置方案（草案）

……

七、苏南区共设四院校：

苏南师范学院：由苏南文化教育学院及东吴大学文理学院合组而成。

（1）调整后设置系科：

（一）教育系：由原苏南文化教育学院工农教育系及教育专修科改设。兼办教育专修科。

（二）中国语文系：原东吴大学中国语文系及苏南文化教育学院语文教育系与语文专修科合组而成，兼办中国语文专修科。

（三）数学系：由江南大学数理系数学组及苏南文化教育学院数理化专修科数学部分合而组成，兼办数学专修科。

（四）物理系：由东吴大学物理系及江南大学数理系物理部分合组而成。

（五）化学系：即原东吴大学化学系。

（六）生物系：即原东吴大学生物系，兼办生物专修科。

（七）艺术系：由原苏南文化教育学院艺术教育系及苏州美术专科学校绘画科部分合组改设。分设音乐、美术二组，兼办音乐、美术二专修科。

（八）俄文专修科：即原苏南文化教育学院俄文专修科。

（九）历史专修科：即原苏南文化教育学院历史专修科。

（十）地理专修科：新设。

（十一）理化专修科：由原苏南文化教育学院数理化专修科理化部分改设。

附：各系科并根据中等学校师资的需要情况兼办半年至一年师资短训班。

（2）调整系科：

（一）原苏南文化教育学院农业教育系调整至苏北农学院。

（二）原苏南文化教育学院电化教育专修科调整至中央戏剧学院华东分院。

（三）原东吴大学化学工程系调整至华东化工学院（新设暂名）。

（四）原东吴大学经济系调整至上海财政经济学院。

（五）原东吴大学药学专修科调整至华东药学院（新设暂名）。

（3）附设工农速成中学。

……

苏南区三校：

江南大学院系调整情况：

1. 工业管理系调整至上海财经学院。

2. 化工系调整至华东化工学院（新设暂名）。

3. 数理系调整至苏南师范学院。

4. 农艺系调整至苏北农学院。

5. 机械、电机、食品工业三系及面粉专修科调整至南京工学院。

东吴大学院系调整情况：

1. 中文、物理、化学、生物四系调整至苏南师范学院。

2. 化工系调整至华东化工学院。

3. 经济系调整至上海财经学院。

4. 药学专修科调整至华东药学院（新设暂名）。

苏州美术专科学校绘画科一部分留苏南师范学院，另一部分及动画科调整至上海艺术专科学校（新设暂名）。

上海市档案馆　JSSY-1-9

工会成立

敬启者我委员会业于一月三十日在本校大礼堂举行成立大会，并于三十一日召开第一次委员会会议，当经选完我委员会各部门负责人员如后：

主席董庆藩

副主席王涵清　周兰芃

秘书处主任秘书黄元福　副主任章涛

文教部主任王涵清兼　副主任浦荣兴

组织部主任韩叶龙　副主任施明初

业务科主任凌敬言　副主任周孝谦

劳动部主任王培元　副主任汤海林

青工部主任浦家诚　副主任王石奄

财务科主任顾朝文　副主任钱鸿章

纠察处主任邵万邦　副主任叶星宝

经费审查委员会主任何汝鑫

委员许嘉祥　朱冠若

候补审委姚铁心

以上人员业已宣誓就职，即日开始工作，相应抵达，即希察照为荷

此致

校务委员会

中国教育工会苏州市东吴大学委员会

一九五一年二月三日

苏州大学档案　3长118

华东军政委员会教育部（通知）

事由：为通知你校社会系三、四年级学生及有关教师并入复旦大学事。

受文者：东吴大学。

日期　一九五一年九月十二日

字号：教高行

地址：上海

我部决定：你校社会系三、四年级学生及有关教师并入复旦大学社会系，该系必要的图书设备亦随之转移，除已通知复旦大学外，希即前往洽谈为要！

部长吴有训

抄致

苏南人民行政公署文教处：

根据华东区高等学校院系调整方案的规定，东吴大学经济系调整至复旦大学。即希你会与复旦大学学委会取得直接联系，确定搬迁计划，以争取准期开学为要！

华东区高等学校院系调整委员会

苏州市档案馆藏档

苏南人民行政公署通知

一九五二年八月十三日

事由：为通知成立苏南师范学院筹建委员会由。

为了贯彻中央政务院与华东军政委员会关于改革和调整高等教育的指示精神，兹根据华东高等学校院系调整委员会规定，以苏南文化教育学院、私立东吴大学文理系科及私立江南大学数理系合并组成苏南师范学院。为有计划地实现建院工作，特成立苏南师范学院筹建工作委员会，以吴天石为主任委员，潘慎明、童润之为副主任委员，徐行、秦和鸣、沈青来、徐荫祺、李庆贤、汪葆璿、周孝谦、黄元福、何福源、朱正元、张震旦、张焕庭、刘雪庵、蒋仁、陶次如、汝龙、吴奔星、朱彤、刘百川、徐嗣山、孙纯一、沈叔良、陈陵等二十三人为委员。并将于最近期间召开第一次会议。开会时间地点，另行通知。

苏州市档案馆藏档

东吴小学移交文件

×××

敬启者:

(一) 兹奉上苏州市文教局一九五二年八月二十五日秘字第四七四号批复同意将私立东吴小学接归市办,改名为"苏州市钟楼小学校",请派员协同我会向文教局代表东区人民政府办理移交。

(二) 东吴小学产系大学所有,土地所有权状现由大学会计处保管,应如何转移请迅予决定。(房屋系抗战前惠寒小学募捐建造)

(三) 又附上东吴小学校产清册乙份,校董会资财清单乙纸。

(四) 我会对于积欠大学会计处款项,实在无法偿付,仍请免予归还。

(五) 请早日批复以便完成移交手续。

东吴小学黄式金
校董会张梦白
一九五二年八月廿八日

苏州大学档案 3永118

华东区高等学校院系调委会苏南分会

一九五二年九月八日

顷接

你会九月六日教调字第七号通知,嘱咐我校派员去南京华东药学院接洽经过报会,兹将我校药学专修科曹杭同志赴华东药学院洽谈会商结果报告一份附属,即希查照为荷!

此致

华东区高等学校院系调整委员会苏南分会

计划我校药专派员赴华东药学院接洽及报告一份

东吴大学院系调整委员会启

苏州市档案馆藏档

私立东吴大学文理学院报告

主送机关　华东教育部
事　　由　报送我校调整之两系一科搬运费预算及说明各二份，敬请鉴核迅予拨发由
签　　发　慎明九月十二，永清九月十三
核　　签　何汝鑫九月十一
交　　办　九月十日二时
拟　　稿　九月十日三时
签　　发　九月十一日十一时
缮　　校　九月十一日二时
发　　文　东总(52)字〇八二七号
一九五二年九月十一日发出

一、前奉

你部八月十六日教办财字第二〇三四八九号通知，嘱各高等学校将调整院系：搬运费预算，编入适当科目，请求补助。

二、我校经济、化工两系及药学专修科，已奉令分别并入上海财政经济学院、华东化工学院及华东药学院。兹按照我校实际情况，编造此项预算，计需人民币一六，三二一．三四元。

三、为特检同预算及说明各二份，备文报送，敬请鉴核迅予拨发。谨呈

华东军政委员会教育部

计附我校调整之两系一科搬运费预算及说明各二份

私立东吴大学校长杨
副校长钟

苏州市档案馆藏档

筹字第○二一号

前因筹建工作需人办理，已调你校徐钟吾、马仁昌、何福源、蒋吟秋、宋文棠、刘滌民诸同志；又附中汪为郁、盛佩芸两同志来会工作。相应函达，即希查照为荷！

此致

东吴大学调整委员会

苏南师范学院筹建委员会

一九五二年九月十八日

苏州市档案馆藏档

筹字第〇一六号

为了需要,陈宝珊、王应鼎两同志来苏南师范学院筹建委员会工作。特具函商请,务希鉴准为荷!

此致

东吴大学调整委员会

苏南师范学院筹建委员会

一九五二年九月十八日

苏州市档案馆藏档

华东区高等学校院系调整委员会苏南分会通知

教调字第十七号

事由:为通知迁运物资注意事项及补报清册校董会物资由

主送机关　东吴大学院系调整委员会

抄呈机关　华东区高等学校院系调整委员会

抄送机关　华东化工学院筹建委员会、华东药学院筹建委员会、上海财经学院院系调整委员会、苏南师范学院筹建委员会

你校调委会关于校舍校产(包括存款、土地、房屋、股票等)、家具图书、仪器等各项物资所提初步意见收悉。兹根据华东区高等学校院系调整委员会关于调整工作若干规定审查结果,本分会原则上同意,除报备外,希即按照本分会所规定之调整日程切实办理交接手续具报。兹将有关问题及在物资迁运期间应行注意准备事项通知如下:

(一)你校化工系之蒸汽机一部暂缓拆卸,俟报请华东调委会批准后执行。

(二)听候处理器材图书等,你校应划定房舍(二~三间)指定专人负责保管。

(三)在器材迁运过程中应特别注意精简节约,爱护公物。

(四)以上各项,分别造具清册。调整至苏南师范学院各系须一式三份;调整至苏南区外之系科须一项四份,你校已送两份,尚缺份数希即补送。

(五)你校校董会所有校舍校产(包括苏州外区)等应即造报清册准备办理移交。

会戳　一九五二年九月二十二日

上海档案馆　245-1-112

私立东吴大学文理学院报告

主送机关　华东区高校院系调整委员会苏南分会
事　　由　报送我校调整委员会调整经费预算请准予核拨由
签　　发　伟、慎明、永清九月二十四日
核　　签　何汝鑫
拟　　稿　式
交　办　九月廿四日八时
拟　稿　九月廿四日九时
缮　校　九月廿四日
发　文　东总(52)字〇八三九号一九五二年九月廿四日发出

接奉

你会九月二十二日教调字第十八号通知，嘱编造我校调整委员会调整经费预算。按我校前曾根据华东教育部教办财字第二〇三四八九号通知，已于九月十一日编造上项预算，送部审核；惟因当时估计未周，仅将调出系科经费编列在内，且有疏漏之处，其他校内各部分，因调整工作，亦有种种需要，特将此次预算根据你会通知，重行编造，计全部经费预算数共需人民币二八，五二〇，七四〇元，兹备文送上预算表一式三份，敬请核转，并企迅予拨款以利进行！

谨呈

华东区高校调整委员会苏南分会

计附我校调整委员会调整经费预算一式三份

东吴大学调整委员会

苏州市档案馆藏档

华东区高等学校院系调整委员会苏南分会通知

教调字第二五号

转知华东调委会调委字第二〇四一四七号通知并附发介绍信及有关注意事项。

东吴大学、江南大学、苏南文教学院、苏州美专调整委员会:

奉华东区高等学校院系调整委员会(以下简称华东调委会)一九五二年九月十九日调委字第二〇四一四七号通知内开:"凡已按照我会规定或通知调动之人员各地分会间可直接互相介绍。"查有关调动人员名单业经华东调委会通知到会,兹特转发并附介绍信,希即有组织地前往新工作岗位报到。

注意事项:(一) 调动人员十月份薪金均在新工作岗位领取,工资转移证由原校填发。(二) 调动人员材料另寄。(三) 调动前应将调动人员及家属子女人数先行通知对方以便必要的接待。

一九五二年九月廿七日

抄送

华东区高等学校院系调整委员会

华东区高等学校院系调整委员会苏北分会

苏州市档案馆藏档

华东区高等学校院系调整委员会苏南分会批复

教调字9号

批复关于办理校产移关及有关问题。

私立东吴大学：

一九五二年九月廿五日东总(52)字第〇八四二号报告悉。批复如后：

一、兹根据华东区高等学校院系调整委员会通知，关于对各停办学校结束工作的几项规定，你校房舍、校具、图书等(随系科调整者除外)应自即日起由你校行政上负责向苏南师范学院筹建委员会办理移交，监交人由苏南师范学院筹建委员会委派适当人员代表本分会监交。

二、档案卷宗不属于随系科调整的仍按前案规定移交苏南师范学院筹建委员会接收。

三、关于推派职工代表参加上海成立的十四校联合结束办事处工作一节暂从缓议。

以上希即切实遵照办理具报。

一九五二年九月廿七日

苏州市档案馆藏档

华东区高等学校院系调整委员会苏南分会通知

教调字第13号

事　　由　通知苏南区高等学校院系调整物资迁运日程及应注意事项希查照办理由

主送机关　苏南文化教育学院院系调整委员会

私立东吴大学院系调整委员会

私立江南大学院系调整委员会

私立苏州美术专科学校院系调整委员会

一、苏南区有关院系调整各高等学校物资调拨初步方案，业经本分会根据华东区高等学校院系调整委员会调拨工作若干规定审查完竣，除专业报备外，为争取时间不致影响开学，决定自即日起开始进行迁运工作。

二、为使迁运工作有秩序地进行，避免在迁运过程中可能发生的混乱现象，特排定日程表一份，希有关方面密切联系进行工作。

三、迁运工作包括点交、接收（同时监交）、装箱、起运等工作，务希先期做好人员的配备及运输工具等项准备工作，争取如期完成任务。

四、负责保管、运输之工作人员，须遴选精干者主持，在迁运过程中，应特别注意精简节约爱护公物。

附日程表一份

抄送机关　华东区高等学校院系调整委员会

华东文化部

苏南师范学院筹建委员会

南京工学院筹建委员会

苏北农学院筹建委员会

华东财经学院筹建委员会

华东化工学院筹建委员会

华东艺术专科学校筹建委员会

华东药学院筹建委员会

苏州市档案馆藏档

华东区高等学校院系调整委员会苏南分会通知

教调字第27号

通知调动人员到新工作单位报到及有关注意事项希遵办由

主送机关：苏南文化教育学院院系调整委员会，私立东吴大学，私立江南大学，苏州美术专科学校。

抄送机关：华东区高等学校院系调整委员会，华东文化部。

苏南区各调整学校院系调整委员会关于师资职工调配初步意见，均已先后报送本会，本会根据华东区公私立高等学校院系调整师资、职工调配原则的几项规定草案业经审查并编制苏南区高等学校院系调整师资员工调配初步方案于本月十五日报请华东核示在案，顷奉华东区高等学校院系调整委员会通知：除苏南师范学院系科主任以上人员须待华东批准外，余均原则上同意，因开学在即，可即计划执行，为特抄发调动人员名单，并附介绍信，希即到新工作岗位报到，兹得有关注意事项通知如后：

一、职员中包括个别助教调任中、小学教职员者，请行署教育处负责介绍。

二、部分工友因尚须与有关方面洽商调配者，均暂留原地听候处理，处理前薪金照发。

三、调动人员十月份薪金均在新工作岗位领取，工资转移证由原校填发。

四、调动人员材料另寄。

五、调动前应将调动人员及家属子女人数先行通知对方，以便对方作必要的接待。

六、调动人员子女转学：原在学之初中以下子女，必须父母随时予以照顾而随家调动迁居者，待由原校之肄业证书及学校行政之证明，可在其父母新的工作岗位附近相当学校转学。

以上希即切实遵照办理呈报。

注：苏州美专暂留原地听候通知

一九五二年九月二十七日

苏州市档案馆藏档

华东区高等学校院系调整委员会苏南分会通知

调整字第33号

为你校化工系积压物资蒸汽机一部调拨事

主送机关:东吴大学院系调整委员会

抄送机关:华东化工学院筹建委员会

关于你校化工系积压物资蒸汽机一部调拨事,已奉华东区高等学校院系调整委员会九月廿九日调委字第二〇四三七四号批示同意调拨给华东化工学院,希你校迳与该院取得联系,商定迁运日期,届时由师范学院筹委会派员监交,具报为要。

一九五二年十月一日

苏州市档案馆藏档

报告奉令结束及调拨移交情形请核备由

我院因高等学校院系调整奉令结束，除法律、会计两系学生分别移转华东政法学院及上海财经学院外，所有我院房地、图书校具物资等均经遵照华东教育部指示分别处理如下：

一、我院昆山路一〇三号第二院房地连同水电设备等于本年九月十八日移交华东师范大学附属中学接管使用。

二、部分家具物资根据华东教育部调配通知单分别拨交复旦、同济、俄专及华东化工学院，已于九月下旬开始调拨，至十月十一日拨交完毕。

三、未外调之物资以及房地设备、行政文卷、印章、教务总务两处文卷、会计部门款项账册等均经先后分别造册移交上海市。一九五二年停办高等学校联合办事处于十月二十四日交接完毕。

四、我院图书馆全部图书移交华东政法学院，于九月底以前完成拨交手续，其中反动书籍在思想改造学习期间，由学委会依照规定检出造册送交文化部，所有移交政法学院图书清册一份已由图书馆喻友信主任于九月二十九日送交教育部调配科洪有丰同志收存。

五、所有奉令结束及调拨移交各情形，除呈报华东教育部外，兹特备文报请察核备案。

谨致

东吴大学校董会

一九五二年十一月一日

上海档案馆　245－1－112

华东区高等学校院系调整委员会苏南分会报告

教调字第一一五号

关于东吴、江南两校未了事宜的处理问题。

华东区高等学校院系调整委员会

关于停办学校未了事宜的处理问题,本会曾以教调字第九七号通知,对苏南文教学院、东吴大学、江南大学、苏州美专四校发出结束院系调整工作的几项规定,内第六点:"各校未了事宜,苏州美专的将来由华东艺专处理,其他三校则在苏南师范学院内指定专人办之。"该通知同时抄呈钧会。兹奉调委字第二〇五三九五号通知,经考虑认为东吴、江南两校均有相当人员调配在苏南师范学院工作,且档案也全部交师范学院,故仍拟维持分会原规定,将两校未了事宜交给师院办理(且已征得该院负责人同意),特报请监核。

华东区高等学校院系调整委员会苏南分会

一九五二年十二月五日

抄致

苏南师范学院

苏州市档案馆藏档

华东区高等学校院系调整委员会(通知)

调委　字第(04295)号

事由:
东吴大学经济系调整至复旦大学。
主送机关:
东吴大学学习委员会
抄送机关:
华东区高等学校院系调整委员会苏南分会(中共苏南区党委宣传部转)
拟办:×××
:

一、致上海财经学院学委会,告以教育部来文,东吴经济系调整至复旦,但东吴经济系所有资料,前已由王涵清送他处,现由王涵清投前,请将资料交他转复旦,以便接洽搬迁。

二、转复旦学委会,告以教育部来文,东吴经济系调整至他处。兹介绍系主任王涵清携来全部资料投前,希予具体接洽搬迁计划。

苏州市档案馆藏档

关于东吴大学账款移交

径启者前由你会代理的东吴大学房租账款现需与其他账款汇集准备移交。请你会将卫理公会“代理东吴大学房租”账户结束，并将全部存款归并“东吴大学董事会”账户，（上海银行 6325 账号）以凭办理为荷。

此致

卫理公会华东年议会司库处

朱慰如先生

东吴大学董事会

一九五二年十月六日

上海档案馆　245－112

华东区高等学校院系调整委员会苏南分会通知

教调字第八号

为发给编造校具等项清册式样希填写送会由

苏南文化教育学院、东吴大学、江南大学、苏州美专院系调整委员会

兹为统一苏南区各调整学校编造校具、实验器材、图书杂志、体育文娱设备、医疗器械设备等清册，在华东调委会未颁发统一式样前，特拟具统一式样，希各按式填写，于九月十二日前送会，以凭转报。

一九五三年九月六日

苏州市档案馆藏档

后　　记

作为苏州大学校史丛书之一的《东吴大学史料选辑（历程）》终于与大家见面了。本书汇编过程中得到了苏州大学校领导、发展委员会办公室和档案馆领导的热情关心和大力支持。在资料征集、整理和汇编以及英文资料的翻译过程中，得到了顾卫星、卞浩宇、王建忠、孙伟、赵高峰、薛坤、艾新军、颜志、王磊等大力支持，在此表示由衷的感谢。

本书的出版还要感谢苏州大学出版社总编辑吴培华、责任编辑施放为本书的出版付出的辛勤努力。

编　者

2010.3